Andreas Beutel

DAS ERWACHTE HERZ

Andreas Beutel

DAS ERWACHTE
HERZ

Anleitung zu Harmonie
und innerer Ausgeglichenheit

Wichtige Hinweise

Die im Buch veröffentlichten Empfehlungen wurden von Verfasser und Verlag sorgfältig erarbeitet und geprüft. Eine Garantie kann dennoch nicht übernommen werden. Ebenso ist die Haftung des Verfassers bzw. des Verlages und seiner Beauftragten für Personen-, Sach- und Vermögensschäden ausgeschlossen.

Der leichteren Lesbarkeit zuliebe wurde zumeist auf die Doppelung männlicher und weiblicher Formen nach dem Muster »der ... oder die ...«, »er bzw. sie« usw. verzichtet. Selbstverständlich soll die übliche männliche Form den weiblichen Teil der Bevölkerung umfassen.

Die geführten Meditationen dieses Buches können Sie auch für je 3,99 Euro unter www.beutel.momanda.de herunterladen.

© 2014 KOHA-Verlag GmbH Burgrain
Alle Rechte vorbehalten
Umschlaggestaltung: Guter Punkt, München | www.guter-punkt.de
Umschlagmotiv: © Sabine Dunst, Guter Punkt, unter Verwendung von Motiven von Iakov Kalinin und Photosani, beide shutterstock
Bildnachweis: Fotolia S. 8 u.a., 18 u.a., 119 rechts (Kugel);
alle weiteren Fotos und Grafiken: Andreas Beutel
Lektorat: Josef Pöllath
Layout: Birgit-Inga Weber
Gesamtherstellung: Karin Schnellbach
Druck: CPI Moravia Books
ISBN 978-3-86728-246-8

Inhalt

1	**Einleitung**	9
2	**Die Geometrie der Sinne**	13

Die Heilige Geometrie und der Kreis 13
* *Hören* 18
* *Schmecken* 21
* *Wahrnehmung* 24

3	**Das erwachende Herz**	29

Polarität oder Dualität 29
* *Das Denken beobachten* 34
* *Beobachter* 35
* *Wertvorstellung und Urteil* 36
* *Zirkelblumen zeichnen* 47

4	**Der Mensch – eingetaucht in die Vielfalt**	48

Der Mensch, das unbekannte Wesen 48
Schichten 56
* *Spurensuche* 56
* *Lebensplan* 61
Das Mehrkörpermodell des Menschen 72
* *Ein altes Thema anschauen* 78
Verteidigungsmechanismen 80
Zusammenfassung 85

5 Licht auf die Wahrnehmung — 87

Der innere Beobachter — 88
Die eigene Sprache entdecken — 90
* *Als Gast im Wohnzimmer* — *91*
* *Gefühltes Suchen* — *95*
Sinnliche Welten — 97
Die Botschaft festhalten — 107
Sich trauen — 108
* *Liebe dich selbst* — *109*

6 Meditation — 110

Was ist Meditation? — 110
Praxis — 116
* *Einer Emotion nachspüren* — *127*
* *Der Film deines Lebens* — *127*
* *Den Atem beobachten* — *131*
* *Herz und Hirn* — *135*
* *Wanderung durch den Körper* — *138*
* *Die Natur spüren* — *143*
* *Kontakt mit einem Baum aufnehmen* — *144*
Zusammenfassung — 145

7 Im Herzen erwachen — 147

Das senkrechte Weltbild — 147
Reisen im Körper — 155
* *Willkommen zur Reise in dein Herz* — *158*

8 Der Einheitsatem und das senkrechte Weltbild — 163

Einheitsatem — 163
Der Faden der Ariadne — 171
* *Zeichnen eines Labyrinths* — *172*

In einer glücklichen Welt 175
Die Meditation des Einheitsatems 176
* *Meditation: Einheitsatem* *177*

9 Das innere Kind **183**

Das innere Kind lebt 185
* *Kindheitserinnerungen* *188*
* *Reise zum inneren Kind* *199*

10 Reise zu den Ahnen **212**

* *Willkommen zu einer Reise zu den Ahnen* *226*

11 Abschluss **234**

Stichwortverzeichnis 237
Literatur 238
Der Autor 239

1 Einleitung

Es tut sich etwas in der Welt. Heute gibt es keinen Lebensbereich mehr, in dem alte Strukturen bestehen bleiben oder alte Konzepte weiter gelebt werden können, ohne hinterfragt zu werden. Was vordergründig aussieht wie eine Krise der Menschheit, ist nach meiner Wahrnehmung eine Krise des Bewusstseins. Unser Weltbild hat uns in diese Situation gebracht. Die Menschheit hat sich über Jahrtausende in eine Richtung bewegt und die Welt auf eine ganz bestimmte Weise betrachtet. Und diese Sichtweise ändert sich nun – wie sich an sehr vielen Stellen zeigt. Durch das Internet rücken die Menschen immer stärker zusammen. Sie entwickeln das Bewusstsein, dass alle miteinander verbunden sind. Viele Lügen, mit denen die Geschichte gelenkt wurde, lassen sich nicht mehr aufrechterhalten. Innerhalb kurzer Zeit werden sie dank der weltweiten Vernetzung aufgedeckt.

Mit dem veränderten Kommunikationsverhalten wird offenbar, dass der Reichtum der einen Seite der Welt nur durch die Armut der anderen möglich ist. Immer mehr Menschen spüren, dass wir so nicht weitermachen können.

Die Welt, in der wir bisher lebten, wurde durch unser folgenreiches Denken erschaffen. Sie ist größtenteils polar. Vielleicht lassen sich rational sogar Begründungen finden, warum es Arm und Reich auf der Welt geben müsse. Doch derzeit erwacht ein neues Zentrum, das in jedem von uns schlägt: das Herz! Es fühlt mit allem und kennt weder Trennung noch Polarität. Es sieht nur *eine* Welt. Wir sind nun an einem Punkt angekommen, an dem das Herz die Verwerfungen, die die Polaritäten mit sich gebracht haben, nicht länger ertragen kann. Immer mehr Menschen hören den Ruf, nach innen zu gehen und ihr Herz neu zu entdecken.

Seit 1997 gebe ich Seminare über die *Heilige Geometrie*. Ein paar Jahre vorher durfte ich *Drunvalo Melchizedek* kennenlernen, der die *Heilige Geometrie* und das Wissen um die *Blume des Lebens* wieder ans Tageslicht geholt hat.

Die Geometrie ist die Sprache, aus der die Formenvielfalt der Welt schöpft. Einerseits waren viele Menschen, die ich auf meinem Weg getroffen habe, fasziniert von der Klarheit der geometrischen Formen, andererseits hat die Beschäftigung mit Zirkel und Lineal aber auch etwas anderes angesprochen: Die Geometrie erzählt davon, dass alles in der Welt auf *einem einzigen* Bauplan aufgebaut ist. Er wird je nach Gattung variiert, aber es sind immer wieder die gleichen Muster, die sich im Leben ausdrücken. Je mehr ich mich damit beschäftigt habe und je mehr Menschen ich getroffen habe, desto spürbarer wurde für mich der Hintergrund, von dem die Geometrie schon immer erzählt hat. Es ist nicht nur eine Kopfgeschichte, dass alles Leben miteinander verbunden sei. Es ist ein lebendiger Fluss, der alles durchwebt und in jedem von uns lebt.

Die Idee zu diesem Buch entstand dank unzähliger Seminare und Begegnungen. Die Beschäftigung mit der Geometrie rührt immer wieder an den Grundfragen des Menschseins:
  Wer sind wir?
  Woher kommen wir?
  Warum sind wir hier?

Mir scheint, die Lüge auf diesem Planeten ist viele Tausende von Jahren alt. Manchmal ist eine offizielle Wahrheit näher an der

Realität, wenn ich sie um 180 Grad drehe. Die wahre Quelle des Wissens liegt in jedem von uns. Denn es ist das Herz, das subtil unsere Wege leitet. Schrittweise lernen wir, was uns guttut und welchen Weg wir gehen möchten. Und dieser Weg führt immer mehr nach innen.

Bei der Reise nach innen bin ich immer wieder über die gleichen Themen gestolpert, die den Blick auf das Herz versperren: der fehlende Kontakt zum Herzen, die mangelnde Anbindung an das Universum, ein verletztes inneres Kind und die gestörte Reihe unserer Ahnen. Aus diesem Blickwinkel heraus habe ich vier Meditationen zusammengestellt, die in vielen Begegnungen gewachsen sind. Immer wieder bekam ich Rückmeldungen, die ich nach und nach in den Meditationen berücksichtigt habe. Teilweise durfte ich mit der Saat großer Lehrer beginnen, für die ich sehr dankbar bin. Oftmals kamen Hinweise meines Herzens hinzu, die erst allmählich zu dem wurden, was nun in diesem Buch zu finden ist.

Das Buch ist in zwei Bereiche eingeteilt. Der erste ist theoretischer Natur. Hier habe ich Grundlagen zusammengetragen, die Ihnen das Basiswissen über Ihre Wahrnehmung und die Wirksamkeit des Meditierens näherbringen sollen. Dabei weise ich auf diverse Fallen hin, die auf dem spirituellen Pfad warten. Zusätzlich helfen Ihnen einige Betrachtungen, durch die Sie erkennen können, dass Sie viel mehr sind als dieser physische Körper. Die abschließenden Grundfragen des Meditierens orientieren sich nicht so sehr an den traditionellen Überlieferungen des Buddhismus oder einer anderen Religion. Vielmehr sind sie aus der praktischen Erfahrung heraus geboren, um Ihnen Wege anzubieten, Ihren eigenen Meditationsstil zu entdecken.

Im zweiten Teil des Buches geht es um die praktische Meditation. Schrittweise aufeinander aufbauend werden Meditationen vorgestellt, die Sie wieder in Kontakt mit Ihrem Herz bringen. Sie lernen einen einfachen Weg kennen, sich mit dem Universum und der Erde zu verbinden, und entdecken dann auf einer meditativen Reise Ihr inneres Kind. Den Abschluss bildet eine Begegnung mit Ihren Ahnen, die sich für ein großes Fest versammelt haben. Sie können die Meditationen zusammen mit Ihrem Partner oder einer vertrauten Person durchführen. Die geführten Meditationen können auch unter *www.beutel.momanda.de* heruntergeladen werden.

Obwohl die Kapitel schrittweise aufeinander aufbauen, können Sie einzelne Teile überspringen, wenn Sie bereits Meditationserfahrung haben. Ich empfehle Ihnen, sich für jede Meditation ausreichend Zeit zu nehmen und sich danach Ruhe zu gönnen, um die Wirkung zu erkunden bzw. nachzufühlen. Sie können natürlich auch mehrmals zu einer Meditation zurückkehren. Vielleicht entdecken Sie bei der erneuten Reise ganz neue Facetten Ihrer Innenwelt. Nehmen Sie sich ruhig etwas Zeit, damit das Herz sich in voller Schönheit entfalten kann. Es hat seine eigene Geschwindigkeit und kennt seinen Weg. Sie kennen bestimmt die Regel: Bis heute ist noch keine Pflanze schneller gewachsen, nur weil man an ihr gezogen hat.

Im Buch verwende ich zwar die Anrede »Sie«, doch um besser mit Ihrem Wesenskern kommunizieren zu können, erlaube ich mir bei Meditationen und Übungen, zum persönlicheren Du zu wechseln.

Wenn das Herz eines Menschen erwacht, ist es immer wieder berührend zu sehen, wie er plötzlich aufblüht und sein Leben umgestaltet. Mit einem Mal geht er Dinge an, die in seinem bisherigen Leben liegen geblieben sind. Er entdeckt wieder seine Träume und lebt sie. Dieses Glück wird vervielfacht, denn Träume, die vom Herzen geträumt und von Herzen gelebt werden, berühren zugleich die Herzen anderer Menschen. Das Herz kennt nichts Trennendes. Es sieht nur die Verbindungen von allem untereinander.

Begonnen habe ich also mit der Geometrie. Jede Zeichnung, die ich angefertigt habe, hat mich daran erinnert, dass es eine Quelle für all die wundervollen Muster gibt: Es ist die Geometrie, die aus dem Herzen entspringt, und es ist das Herz, das in der Geometrie sich selbst entdeckt.

2 Die Geometrie der Sinne

Die Heilige Geometrie und der Kreis

In unserer Kultur wird ein Zeichen anders definiert als ein Symbol. Ein Zeichen aus dem Alltag ist eine Brücke zu allgemein vereinbarten Regeln. Verkehrszeichen sind zum Beispiel Hinweise auf Vereinbarungen, wie wir uns auf der Straße verhalten sollen.

Es gibt jedoch auch Bilder, die eine direkte Anbindung an die Urkräfte des Universums haben. Diese Symbole öffnen Tore in höhere Ebenen, die unabhängig von den menschlichen Vereinbarungen existieren.

Ein Dreieck beispielsweise ist ein Symbol, das sich ebenso mit den Grundqualitäten der Zahl 3 verbindet wie mit dem spirituellen Konzept der Dreieinigkeit. Sie erkennen die Bedeutung der Dreiheit ebenso an der Stabilität von dreibeinigen Hockern, dem Querschnitt des Oberarmknochens beim Menschen, der Form von Melonen, Gurken und Bananen sowie vielen weiteren Ebenen der Geometrie.

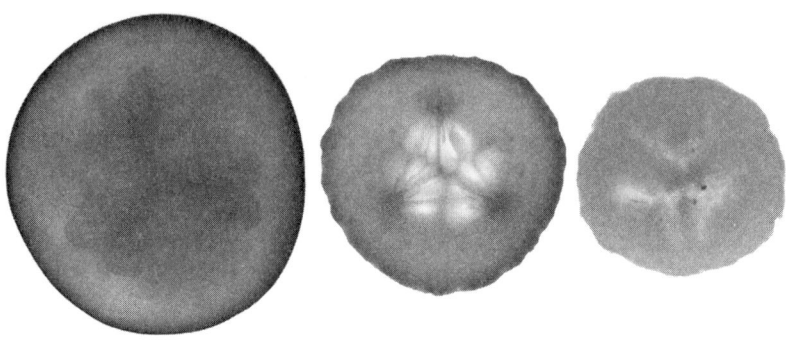

In der Schulmathematik dreht sich vieles um eine Welt der Zeichen, die in erster Linie rational-kognitiv ausgerichtet sind. Daneben gibt es ein Teilgebiet der Mathematik, das bei richtiger Anwendung aus lauter Symbolen besteht und den Weg frei macht zum Bauplan der Schöpfung. Diese Geometrie ist gleichzeitig erleuchtend und berührend. Sie umfasst das gesamte Leben und heißt deswegen *Heilige Geometrie*. Sie beschäftigt sich mit der tieferen Weisheit der Sprache der Formen.

Das Wort *heilig* kommt nicht so sehr aus einem religiösen Kontext, sondern steht für *gesund, ganz* und *heil*. Die *Heilige Geometrie* ist somit eine Wissenschaft, die viele Ebenen zusammenbringt. Ein klassisches Beispiel ist der Tempelbau: Ein Baumeister musste die Geometrie des Menschen und des Universums kennen, um beides mithilfe eines Tempels in Einklang bringen zu können. Für ihn war ein gelungener Tempel ein Symbol, das die Welt der Menschen, des Tempels und des Göttlichen vereint.

Das einfachste Symbol aus der *Heiligen Geometrie* ist der Kreis: Rund, ohne Ecken, alle Punkte des Kreisumfangs sind wie bei einer Diskussionsrunde am *runden Tisch* gleichberechtigt.

Außerdem zeigt der Kreis eine weitere Eigenschaft: Sein Umfang ist wie eine Trennlinie zwischen dem, was innen ist, und dem, was außerhalb liegt. Sich abgrenzen zu können ist die wichtigste Eigenschaft überhaupt. Nichts könnte existieren, ohne dieses Prinzip zu kennen und zu nutzen.

Alles, was sich benennen lässt, hat eine Grenze, die Innen und Außen unterscheidet. Sei es die Schale eines Hühnereis, die Rinde eines Baumes oder – ganz naheliegend – unsere Haut. Solche Membranen dienen ebenso der Abgrenzung wie der Identitätsfindung. Anders als eine feste, undurchlässige Mauer steht ein Zaun nicht nur als Symbol für die Abschottung, sondern gleichzeitig für den Austausch. Durch ihn wird bestimmt, was eigen ist und was draußen bleibt.

Aus dem Leben

Grenzen begegnen uns jeden Tag. In der Straßenbahn, wo viele Menschen dicht gedrängt stehen, kommen sie uns schnell zu nahe und dringen in unsere Grenzen ein. Wenn ich dagegen einen Menschen liebe, möchte ich ihn gern näher bei mir haben und ihn spüren. Eine Grenze brauchen Sie auch dann, wenn ein Freund von Ihnen spielsüchtig ist und sich regelmäßig Geld von Ihnen borgt, ohne es je zurückzuzahlen. Ziehen Sie hier keine Grenze, wird er Sie mit in den finanziellen Ruin ziehen, ohne sich mit seinem Thema zu konfrontieren.
Ein weiteres Beispiel: Unser Gehirn mit seinen Nerven ist so empfindlich, dass es durch eine Blut-Hirn-Schranke geschützt wird. Sie soll verhindern, dass Giftstoffe aus dem Blut die Nerven schädigen. Manche künstlichen Stoffe, wie der Geschmacksverstärker Glutamat, durchdringen diese Schranke und führen zu unangenehmen körperlichen Beschwerden.

So hat das einfache Symbol eines Kreises eine große Bedeutung für Ihr Leben. Sie können durch Ihre Grenzen etwas in sich hineinlassen oder herausnehmen. Sie dürfen Ihre Grenzen auch erweitern, um etwas in den eigenen Bereich zu integrieren. Genauso gut können Sie Ihre Grenze weiter nach innen verlegen, um etwas anderes auszuschließen. Ob etwas zu Ihnen gehört oder nicht, wird durch Ihr Selbstbild bestimmt, das sich immer wieder neu an der Frage orientiert: »Was passt zu mir und was nicht?« In diesem Sinne hat Ihr Körper mit seiner Haut ein Selbstbildnis dessen, was etwas Eigenes ist und was nicht. Er entscheidet damit, welche Stoffe aufgenommen werden und welche nicht.

Der Kreis als Symbol und fundamentales Urbild der Geometrie sagt sehr viel über unser Sein aus.

In einem Spiegel sehen Sie Ihr Ebenbild so, als würden Sie auf der anderen Seite noch einmal da stehen. Es ist genauso groß und hat den gleichen Abstand zum Spiegel wie Sie selbst, es ist allerdings spiegelverkehrt.

> **Hintergrundwissen**
>
> Die Physik kennt das Prinzip der Spiegelladung. Wir können vor eine Metallplatte, die elektrisch leitend ist, eine elektrische Ladung halten – zum Beispiel eine Kunststoffkugel, die durch die Reibung an einem nicht leitenden Fell geladen wurde. Auf der metallischen Oberfläche bildet sich nun ein Ladungsmuster aus, das so aussieht, als wäre sie ein Spiegel und dahinter befände sich eine ebensolche Kugel in gleichem Abstand zur Oberfläche, nur mit der entgegengesetzten Ladung.
> Das Gleiche gilt im übertragenen Sinn auch für unseren Kreis. Allerdings besteht er nicht aus einer geraden Fläche, wie im physikalischen Versuch, sondern ist in sich rund und geschlossen. Alles, was im Außen existiert, geladen oder ungeladen, findet sich im Inneren des Kreises wieder.

Im übertragenen Sinn gilt das Gleiche für den Kreis: Viele religiöse Schriften berichten davon, dass es nur *ein* Bewusstsein gibt. Es durchdringt alles und lebt in allem. Das trifft auch für die Welt zu, in der wir leben. Hier herrscht das Gesetz der Polarität; zu jedem Ding muss es ein Gegenstück geben. Für den Kreis, der sich mit seinem Rand aus der Einheit allen Bewusstseins löst, bedeutet das: Alles, was außerhalb von ihm existiert, spiegelt sich in seinem Inneren wider. Ein weises Wort des Philosophen *Hermes Trismegistos* beschreibt dieses Prinzip sehr anschaulich: »Wie innen, so außen.« Die Außenwelt und die Innenwelt eines jeden Menschen sind untrennbar miteinander verbunden.

> **Hintergrundwissen**
>
> In unserem Sonnensystem kreisen die Planeten um die Sonne. Die Sonne ist Teil eines größeren Systems, in dem sie das Zentrum der Galaxie umkreist. Jedes Atom unseres Körpers sieht ähnlich wie ein Sonnensystem aus. Das gleiche Bild wiederholt sich in der Zelle, wo der Zellkern die Sonne darstellt. Die anderen Zellbestandteile sind die Planeten. Im Körper ist das Herz die Sonne und die Organe die Planeten.
>
> Die Adern, die das Blut bis in die letzte Zehe hinein verteilen, verästeln sich genauso wie die Zweige eines Baumes oder das Delta eines Flusses. Am Anfang gibt es einen Hauptstamm, der sich dann immer weiter verzweigt.

Auch in Ihrer Alltagserfahrung gilt diese Regel. Alles, was Ihnen auffällt oder begegnet, ist ein Spiegelbild dessen, was in Ihnen vor sich geht. Manchmal liegen die beiden Welten so nahe beieinander, dass der Eindruck entsteht, Sie selbst sind derjenige, der die Realität erschafft. In anderen Momenten sind Innen und Außen so weit auseinander, dass man glauben möchte, die beiden hätten nichts miteinander zu tun. Und doch gibt es immer wieder genau diese Wechselbeziehung.

Pythagoras wird nachgesagt, dass es eine seiner fundamentalsten Lehren gewesen sei, immer nach dem ausgleichenden Element zu suchen, um die Polarität aufzuheben und dahinterschauen zu können und um zu erkennen, was der Wille des Urbewusstseins ist.

> **Aus dem Leben**
>
> Bei einem fahrenden Boot erzeugt die Schiffsschraube einen Druck auf das Wasser. Eine gleichgroße Gegenkraft, das ausgleichende Element, wirkt im selben Moment auf das Boot. Da es sich leichter bewegt als das Wasser, wird das Boot vorwärtsgetrieben.
>
> Auf einem Flohmarkt entdeckte eine Freundin von mir ein altes Märchenbuch mit Goldschnitt und vielen Bildern, das sie sofort an das Märchen-

zimmer eines entfernten Bekannten erinnert. Sie kann nicht widerstehen und kauft das Buch. Zu Hause erzählt sie ihrer Mutter, welches Glück sie empfindet bei dem Gedanken, jemandem eine Freude machen zu können. Doch entgegen ihrer Erwartung, Zustimmung für ihre Herzlichkeit zu bekommen, wird die Mutter ausfällig und macht sie so nieder, dass sie sich am Ende ganz schlecht fühlt und unsicher ist, ob sie das Buch überhaupt an jemanden verschenken soll, den sie kaum kennt.
Was ist passiert? Die Tochter kommt mit offenem Herzen zu ihrer Mutter. Idealerweise würde die Mutter die Herzlichkeit fühlen und sich mit der Tochter freuen; beide würden sich verbinden und auf einer Welle schwingen. Stattdessen reagiert die Mutter, indem sie Druck auf die Tochter ausübt. Das heißt nicht, dass sie herzlos ist. Ein Teil von ihr fühlt trotzdem mit der Tochter mit. Da sie sich aber innerlich gegen die Regungen des Herzens sperrt, muss sie Kraft aufwenden, um das Herz wieder einzuengen, das gerade dabei war, sich zu öffnen. Den Druck nach innen kann sie aber nur erzeugen, indem sie eine gleichgroße ausgleichende Kraft nach außen bringt und auf der Tochter ablädt. Die Suche nach dem Ausgleich zu der seltsamen mütterlichen Reaktion führt also nach innen.
Am Ende lässt die Tochter die Emotionen der Mutter hinter sich und vertraut auf ihren ersten Impuls, das Buch dem entfernten Bekannten zu schenken. Der freut sich riesig über die Bereicherung für das Märchenzimmer, das er für seine Enkel eingerichtet hat.

Der Kreis mit seinem Innenraum steht hier als Sinnbild für Ihr Empfinden, von der Außenwelt getrennt zu sein. Übertragen auf den Menschen ist die Umfangslinie des Kreises unsere Haut. Sie ist Sinnesorgan, Bindeglied und Schutz zugleich. Unsere Sinne helfen uns, zu erkennen, was im Außen vor sich geht, sie vermitteln zwischen den zwei Welten. Durch diese Pforten wird unsere Weltsicht grundlegend geprägt. Es lohnt sich daher, einmal genauer hinzusehen.

Hören

Halte einen Moment inne. Wenn du magst, schließe deine Augen. Richte die Aufmerksamkeit auf deine Ohren und lausche. Was hörst du? Beschreibe deine Wahrnehmungen und mach sie dir bewusst.

Nun lass deinen Hörbereich weiter werden. Stell dir vor, deine Ohren wären zehn Meter von deinem Kopf entfernt und könnten jedes Geräusch in diesem Bereich hören. Was hörst du?

Ohne darüber nachzudenken, ohne deine Wahrnehmungen zu beurteilen, stell dir nun vor, deine Ohren wären einen Kilometer von dir entfernt. Was hörst du jetzt? Spiele mit deiner Wahrnehmung und Fantasie.

Falls du dich fragst, ob das, was du hörst, real ist oder ob du es dir nur einbildest, weit entfernt zu hören, mach dir keine Gedanken darüber. Lass es einfach zu und beobachte!

Was wäre, wenn deine Ohren alles bis zum Horizont hören würden? Spiele mit dieser Idee. Was würdest du hören, wenn deine Ohren irgendwo auf der Welt sein könnten? Lass dir einen Moment Zeit, während deine Eindrücke auf dich wirken.

Gehe noch einen Schritt weiter. Stell dir vor, dein Kopf wäre die Erde und deine Ohren wären an ihrer Oberfläche, um ins All zu hören. Was hörst du jetzt? Spiele ein wenig mit dieser Idee. Nimm sie aber nicht ernst. Sei neugierig wie ein Kind.

Wenn du den Kosmos belauscht hast, lass deine Aufmerksamkeit zu deinen Ohren zurückkehren. Höre wieder so, wie du es gewohnt bist.

Kehre jetzt die Wahrnehmungsrichtung deiner Ohren um und richte sie nach innen. Höre, was du in deinem Körper hören kannst. Welche Geräusche erscheinen in deiner Wahrnehmung? Hörst du das Geräusch deines Atems, während er durch die Nase strömt? Und hörst du das Rauschen des Blutes in deinen Ohren?

Lass deine Empfindungen sensibler werden. Was ist das leiseste Geräusch, das du jetzt wahrnehmen kannst? Beschreibe es und mach es dir bewusst.

Diese kleine Wahrnehmungsübung zum Hören zeigt Ihnen ein einfaches Prinzip: Sie haben einen Körper, mit dem Sie sich in dieser Welt bewegen. Er ist Ihr Werkzeug, um die Realität zu erfahren und gleichzeitig auf sie einzuwirken. Sie haben aber auch ein Bewusstsein, mit dem Sie dieses Werkzeug steuern können. Sie steuern damit Ihren Leib und seine Sinne.

Bei einem Radioempfänger sind Sie gewohnt, ihn auf die Frequenz eines Senders abzustimmen, damit er in Resonanz mit dem gewünschten Programm tritt. In Ihrem Körper ist es das Bewusstsein, das permanent abstimmt, was Sie wahrnehmen möchten, woran Sie denken und wohin Ihre Konzentration geht. Wir Menschen sind auf diese Weise direkt mit dem Abstimmknopf verbunden, sodass wir kaum merken, wie wir ständig unsere Aufmerksamkeit regulieren oder sie auf etwas anderes richten.

Besonders bei den Ohren wird die enge Verbindung zwischen dem Punkt unserer Aufmerksamkeit und der Wahrnehmung deutlich. Trotz eines Wusts an Geräuschen sind Sie in der Lage, sich auf einen einzelnen Klang zu konzentrieren und ihm zu lauschen. Auf einer Party laufen oft viele Gespräche parallel. Und doch können Sie eine bestimmte Unterhaltung auswählen und ihr folgen. Menschen mit Hörstörungen fehlt diese Fähigkeit, aber auch ADHS-Betroffene haben Schwierigkeiten, sich auf *eine* Stimme unter mehreren zu konzentrieren.

So, wie die Haut die Körpergrenze darstellt, ist sie auch der Mittelpunkt für den Hörsinn. Es ist möglich, in den Körper hineinzuhören oder den Hörbereich wie eine Seifenblase nach außen zu dehnen. Gehen Sie nach außen, um auf ein entferntes Geräusch zu lauschen, erweitern Sie den Kreis Ihrer Wahrnehmung. Hören Sie in sich hinein, lassen Sie den Kreis kleiner werden. Wenn Sie sich auf ein entferntes Geräusch konzentrieren, verlagern Sie den Kreis der Wahrnehmung Ihres Gehörs komplett von Ihrer Mitte weg auf den Ort des Klanges in einer bestimmten Richtung und Entfernung.

Jeder Ihrer Sinne liefert Ihnen Signale, die von Ihnen in Wahrnehmungen umgewandelt werden. Dabei ist unsere Wahrnehmung gar nicht so exakt, wie wir annehmen. Ihr gesamtes Wahrnehmungssystem besteht aus verschiedenen Schichten mit unterschiedlichen Funktionen: Da sind zum einen die Merkmale, die der Körper empfängt, zum anderen die Muster und Strukturen, die in der Vorverarbeitung erkannt werden, und schließlich die inneren Bilder, mit denen die eingegangenen Informationen abgeglichen werden. Das Bild, das Sie von der äußeren Welt sehen, ist unreal, als Sie glauben. Es entsteht in Ihnen selbst. Daraus folgt, dass niemand genau die gleiche Wahrnehmung hat wie Sie.

> **Aus dem Leben**
>
> Sie fahren nach zwanzig Jahren zu Ihrem ersten Klassentreffen. Einige erkennen Sie sofort wieder, andere erst einmal nicht. Irgendwann kommen Sie mit einem der »Unbekannten« ins Gespräch – es lässt Ihre Erinnerung aufleben. Plötzlich erkennen Sie auch die Gesichtszüge des Gegenübers. So, als wäre die Zeit stehen geblieben. Das äußere Bild ist das eine. Das Beispiel zeigt aber, dass Sie den Menschen nur erkennen können, wenn Sie im Inneren eine Vorlage dafür haben, der Sie ihn zuordnen können.

Natürlich gibt es objektive Bestandteile, die wir alle ähnlich wahrnehmen und sehen, sonst wären wir nicht in der Lage, miteinander zu kommunizieren. Die Frage, ob das Blau, das Sie sehen, wirklich das gleiche Blau ist, das Ihr Partner sieht, lässt sich allerdings niemals beantworten. Vielleicht würde er es als Grün bezeichnen, wenn er mit Ihren Augen schauen könnte.

Bezogen auf das Symbol des Kreises, der in der polaren Welt alles außerhalb von ihm noch einmal in sich spiegelt, bilden Ihre Sinne diese Spiegelebene. Sie spiegeln also das Äußere in ein inneres Bild. Dieses Abbild der äußeren Realität im Inneren wiederum begreifen Sie eben nur mit Ihren eigenen Antennen, den eigentlichen Sinnen, die Sie in sich tragen. Das innere Bild kann aus verschiedenen Quellen gespeist werden. Für Ihre Sinne ist das gleichwertig, wie die folgende Übung zeigt.

Schmecken

Stell dir vor, eine saftige Orange liegt vor dir. Du fühlst förmlich ihre Haut, riechst ihren Duft und schmeckst, wie fruchtig sie ist. Du nimmst ein Messer, schneidest die Orange auf und siehst ihr Fruchtfleisch. Ein paar Tropfen fallen auf das Schneidebrett. Gleichzeitig füllt sich der Raum mit Orangenduft.

Stopp! Was ist in Ihrem Mund passiert? Spüren Sie, wie Ihnen das Wasser im Mund zusammenläuft? Konnten Sie die Orange schmecken? Ihr inwendiger Sinn wurde gespeist mit Ihrem inneren Bild einer Orange, die objektiv gar nicht vorhanden war. Und doch hat Ihr Körper reagiert und Speichel produziert, als ob das Bild als realer Impuls von außen gekommen wäre.

Wie eng die äußere und die innere Welt verbunden sind, zeigt sich auch an folgendem Beispiel, das Sie vielleicht schon einmal bewusst erlebt haben: Sie beschäftigen sich sehr intensiv mit einem Thema. Sie tragen sich zum Beispiel mit dem Gedanken, ein neues Auto zu kaufen, und favorisieren schon einen Typ oder eine Farbe. Damit entsteht in Ihrer inneren Realität eine Vorliebe für dieses Modell. Gleichzeitig wirkt sich dieser Wunsch auf die Wahrnehmung der Außenwelt aus. Zum Beispiel sehen Sie plötzlich viel öfter diese Automarke oder diese Farbe, die Ihnen vorher gar nicht so aufgefallen ist.

> **Aus dem Leben**
>
> **Ein »nie gesehenes« Auto**
> Peters alter Wagen wird nicht mehr durch die TÜV-Untersuchung kommen, also braucht er einen neuen. Natürlich soll es ein besonderes Auto sein: einerseits eines, das praktisch für ihn und seine Familie ist, andererseits eines, das nicht jeder hat.
> Erst kommt es ihm wie ein seltsamer Zufall vor, doch je länger er das Phänomen beobachtet, desto öfter begegnet ihm etwas Wundersames in seiner Welt ... Peter entdeckt im Autohaus seines Vertrauens einen silbernen Kombi. Dieses Modell einer deutschen Marke hat er zuvor nie bewusst gesehen. Er ist infiziert: Das Auto scheint perfekt für ihn zu sein: keine Einheitsfarbe, groß genug für die Familie, sparsam im Verbrauch. Er lässt sich das Auto vorführen, macht eine Probefahrt. Zum Abschluss des Beratungsgespräches streicht er noch einmal sanft über den Kotflügel »seines« neuen Autos, das ihm so einmalig auf der Welt vorkommt.
> Er macht sich glücklich auf den Heimweg. An der ersten großen Kreuzung, an der er warten muss, träumt er schon von seinem neuen Untersatz, als eines der vorbeiziehenden Autos seine Aufmerksamkeit auf sich zieht: Es ist silbern und gleicht genau jenem Wagen, den er vorher noch nie gesehen hat. Dabei war er im Autohaus so sicher, dass es ein einmaliger Wagen sei. Bis er zu Hause ankommt, erspäht er »sein« Auto noch fünf Mal, jeweils mit einem anderen Kfz-Kennzeichen. Peter ist verwundert.
> Zu Hause sinnt er über dieses Erlebnis nach. »Vielleicht sollte ich mit meiner Freundin über den geplanten Autokauf reden. Was sie wohl heute so

erlebt hat? Und was wird sie zu meiner seltsamen Wahrnehmung über Autos sagen?« Und wie er noch so in Gedanken an seine Freundin ist, klingelt das Telefon. Wer meldet sich? Die Frau, an die er soeben noch gedacht hat.

Täglich erleben wir unzählige voneinander unabhängige Ereignisse, die von außen gesehen in keinem Zusammenhang stehen. Wahrscheinlich sehen Sie im Lauf eines Tages eine beliebige Anzahl Autos aller Farben und Marken. Was die oben beschriebene Erfahrung so bemerkenswert macht: Es scheint einen persönlichen Zusammenhang zwischen der inneren und der äußeren Welt zu geben. Sie haben sich auf ein Auto eingestellt, und Ihre Wahrnehmungssinne liefern Ihnen nun prompt dieses Bild in der Außenwelt, weil Sie bewusst oder unbewusst Ihren Fokus darauf ausgerichtet haben.

Der Schweizer Psychoanalytiker *C. G. Jung* bezeichnete dies als *Synchronizität* – ein Phänomen, das bis dahin in unserer westlichen Welt nicht beschrieben worden war, aber in östlichen Philosophien schon lang bekannt ist.

Die materielle Wissenschaft taucht immer tiefer in die Welt der Teilchen ein. Sie findet neue Teilchen, die kleiner sind als die Atome. Je winziger aber die Maße werden, desto größer ist die Annäherung von Materie und Geist, die sich schließlich berühren und miteinander verschmelzen.

Mittlerweile hat sich die Erkenntnis durchgesetzt, dass die Erwartung des Beobachters auf den Verlauf eines jeden Experiments einwirkt. Für die meisten Physiker gilt diese Regel nur hinsichtlich der atomaren und subatomaren Teilchen, also jenen, die kleiner als ein Atom sind. Sie merken offensichtlich gar nicht, wie sie damit auf die Wahrnehmung ihres Lebensexperiments einwirken.

Hintergrundwissen

In der Studie eines Lernforschers wurde eine Nachhilfestunde mit einem Schüler untersucht. Dazu wurden zwei Lehrer ausgewählt. Bei den Lehrern und dem Schüler wurden jeweils mit einem EEG die Gehirnwellen gemessen. Dem ersten Lehrer wurde vermittelt, er habe einen Musterschüler vor sich. Mit dieser Erwartung erlebte der Lehrer einen aufmerksamen und aufnahmefähigen Schüler. Seine Hirnmuster fanden sich sehr exakt in dem Schüler wieder.

> Dem zweiten Lehrer wurde mitgeteilt, er werde es mit einem sehr schlechten Schüler zu tun haben. Also ging er mit einer entsprechend anderen Erwartung zu demselben Schüler. Mit dem Schüler war fast gar nichts anzufangen; er hatte Schwierigkeiten, den Stoff des Lehrers aufzunehmen. In seinem Gehirnmuster zeigten sich Frequenzen, die eine fast vollständige Blockade der Aufnahmefähigkeit darstellten.

Mit der folgenden kleinen Übung erfahren Sie, wie sehr Ihre innere Einstellung die Außenwelt und Ihre Wahrnehmung beeinflusst.

Wahrnehmung

Such dir ein Thema, das zu deinem momentanen Leben passt.
Beispiel Farbe: Wähle eine bestimmte Farbe und beschäftige dich ein paar Tage mit ihr. Welche Facetten hat sie, wo tritt sie auf etc.?
Vor allem aber beobachte, was dabei in dir passiert: Wie fühlt sich die Farbe für dich an?
Nach und nach stellst du fest, dass du diese Farbe, auf die du dich eingestellt hast, immer öfter siehst. Du hast dein Inneres auf einen Teil der Realität eingestimmt, den du jetzt vermehrt wahrnimmst.

Beim Falten eines DIN-A4-Blattes wird es in viele kleinere Blätter geteilt, die alle das gleiche Seitenverhältnis wie das Originalblatt besitzen. Sie sind selbstähnlich zueinander.

Die Mathematik nennt solche Muster *holografisch* oder *fraktal*. In einem derartigen Muster hat jeder Mittelpunkt Zugang zu den Informationen der großen wie der kleinen Formen. Damit bekommt der Mittelpunkt eine besondere Beachtung.

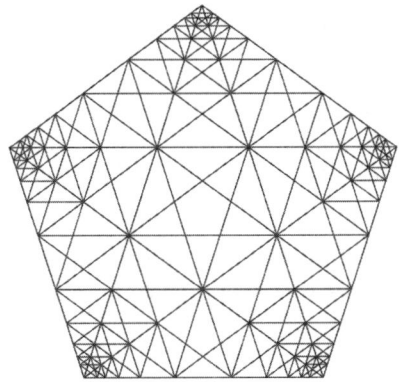

Im Menschen ist es das Herz, das in allen alten Kulturen als der eigentliche Kern in uns angesehen wurde. Während die Sinne nur Eindrücke an der Oberfläche vermitteln, ist das Herz mit der Unendlichkeit verbunden und spürt alles von innen heraus. Um ein Gegengewicht zur lauten Außenwelt zu bilden, die sich immer mehr und immer schneller ändert, liegt es nahe, die Innenwelt zu erobern. In ihr ist der ruhige Gegenpol dazu.

Während die äußere Welt sich zunehmend in ihre Polaritäten verstrickt, können Sie nach innen schauen und den Weg zu sich selbst frei machen. Doch wie sieht der Weg zurück »nach Hause« aus? Ähnlich wie Sie bei der Hörübung Ihren Hörbereich nach innen gelenkt und nach außen gedehnt haben, können Sie den Kreis Ihres Bewusstseins von außen nach innen verschieben und umgekehrt. Sobald Sie sich auf den Weg machen, weil Ihr Herz Sie ruft, beginnt eine spürbare Entwicklung, die Sie von außen nach innen führt.

Der Weg nach innen kann mit der Wahrnehmung von *Synchronizitäten* beginnen, die Ihnen im Alltag begegnen. Vielleicht sind Sie schon Tausende Male bei Ihnen aufgetreten, doch mit einem Mal wird Ihnen der Zusammenhang zwischen innerer und äußerer Welt bewusst. Von dem Tag an ändert sich Ihr Leben.

> **Herzlicher Empfang**
> Vor Kurzem gab ich ein Seminar, in dem es um den Kontakt zum eigenen Herzen ging. Zwei Teilnehmerinnen bezogen ihr Ferienhaus für die Seminarwoche. Als sie auf die Terrasse traten, fanden sie im Baum einen herzförmigen Luftballon, dazu eine Karte mit zwei Herzen darauf. Eine weitere Teilnehmerin trank ihren Morgentee. Am Fähnchen des Teebeutels entdeckte sie den Spruch »Willkommen auf dem Weg des Herzens«. Die Zeichen im Außen hatten den Weg schon gewiesen.

> **Herzensräume in Türkis**
> Teil meiner Seminare ist es, den heiligen Raum des Herzens zu betreten. In dem Zeitraum eines der Seminare waren alle Pensionen rund um das Seminarzentrum ausgebucht. Eine Teilnehmerin musste deshalb während der Seminartage die Pension wechseln, um wieder eine Unterkunft zu haben. Das geschah an dem Tag, an dem wir diesen Herzensraum erstmalig besuchten. Bei ihrer Reise ins Herz traf sie auf einen türkisfarbenen Raum und eine gleichfarbige Schildkröte, die sie begleitete.
> Als sie am Abend ihr Zimmer in der neuen Pension bezog, war es tatsächlich ein türkisfarben gestrichener Raum! Und auf dem Weg zum Seminar am nächsten Morgen entdeckte sie vor der Tür der Pension eine türkisfarbene Schildkröte.

Im nächsten Schritt entdecken Sie, dass es in Ihrem Inneren einen genauso großen Kosmos gibt wie im Außen. Sie beschäftigen sich mit Meditation, Yoga und östlichen Weisheitslehren. Damit beginnt die Phase der Einkehr. Mit dem Blick nach innen können auch Themen auftauchen, die Ihr bisheriges Leben und Ihre Wahrnehmung unterbewusst beeinflusst haben. Sicher erfahren Sie dabei auch Phasen der Verwirrung oder der Überforderung, doch sie bilden notwendige Übergänge von der Welt des Kopfes, die im Außen fixiert ist, hin zu einem Weg des Herzens, der in Ihre Mitte führt.

> **Ein Grundstück mit Quellwasser**
> Peter hat sich einen Traum erfüllt und ein Grundstück gekauft. Dort befindet sich auch eine Quelle mit einem kleinen Teich davor. Leider ist die Quelle versiegt. Der Vorbesitzer hat hinter dem Haus am Hügel eine Menge Unrat und Schutt aufgeschichtet. Irgendwann ist dieser ganze

Haufen zugewuchert. Die Last des Berges drückt auf das Erdreich. Eines der Wasserrohre ist zerbrochen, sodass die Quelle im Erdreich versickert. Seit Jahrzehnten hat sich niemand mehr um das Grundstück gekümmert. Der Teich hat zwar noch Wasser, doch er ist verschlammt, voller Algen und recht unansehnlich. Von dem Geruch, der sich über das Gelände ausbreitet, ganz zu schweigen.
Doch eines Tages ist es so weit. Peter nimmt sich der Quelle an. Er räumt den Schuttberg weg und findet dabei Steine, die zeigen, dass das Quellwasser einmal in einem kleinen offenen Bett zum Teich floss. Also gräbt Peter alle Rohre aus der Erde aus und verlegt die alten Steine wieder zu einem geschwungenen Pfad, auf dem das Wasser zum Teich fließen kann. Eigentlich hat er sich erhofft, dass der Teich wieder sauber werden würde. Doch zunächst wird der Teich trüber, und der Gestank scheint größer zu werden. Das neu einströmende Wasser beginnt alle abgelagerten Stoffe aufzuschwemmen und an die Oberfläche zu treiben.
Es dauert ein paar Tage, bis der See wieder ruhiger wird. Das Wasser ist noch trüb, aber es kehrt wieder Leben ein. Das ständig nachfließende Wasser reinigt nach und nach den See. Der offene Bachlauf belebt durch den aufsteigenden Wasserdampf die umliegende Natur.
Im nächsten Frühjahr stellt sich ein neues Gleichgewicht ein. Der See ist klar und rein, es wachsen neue Pflanzen an seinem Ufer, und vielleicht ist es eines Tages sogar wieder möglich, in ihm zu baden.

Beim Blick nach innen ist es ähnlich wie bei einem schmutzigen Teich. Sobald Sie frisches Wasser hineinschütten, werden zuerst einmal die abgesetzten Themen nach oben gespült. So kann es sein, dass Sie auf viele ungesagte Worte und verpasste Gelegenheiten in Ihrem Leben stoßen. Der dadurch entstehende innere Umbruch ist ein gutes Zeichen, denn er gehört zum Prozess des Wandels.

Je tiefer Sie tauchen und je öfter Sie sich in der inneren Welt aufhalten, desto vertrauter wird sie Ihnen. Damit kann Platz entstehen für das, was wirklich wichtig und wesentlich ist. Nur wenn es in Ihrem Inneren »aufgeräumt« und klar ist, kann sich auch im Außen Klarheit zeigen.

Also gilt es, die Innenwelt zu erkunden. Am Anfang sind es nur Verknüpfungen in der Wahrnehmung – wie die bemerkten Synchronizitäten –, die Innen und Außen verbinden. Später finden Sie Themen in Ihrem Inneren, die Sie bewusst erkunden und ändern möchten, weil Sie spüren, dass Ihnen gewisse Situationen, Beziehungen, Erfahrungen wiederholt zu schaffen machen. Mit jeder Wandlung in Ihnen ändert sich auch messbar Ihre äußere Welt.

Sie besitzen bereits alle Werkzeuge für den Weg nach innen: Ihren Körper, Ihre Sinne und den inneren Beobachter, der alles betrachten kann. Dies ist der Moment, an dem sich Innen und Außen begegnen, und *jetzt* ist der einzige Augenblick, in dem Sie Einfluss auf Ihr Leben nehmen können.

3 Das erwachende Herz

Polarität oder Dualität

In der universellen Sprache der Symbole ist das Yin-Yang-Symbol eines der bekanntesten spirituellen Bilder. Es steht für zwei zusammengehörende Kräfte, die umeinander kreisen. Sobald eine von beiden Seiten ihre größte Ausdehnung erreicht, ist in der Mitte bereits der Samen für das Umschwenken in den Gegenpol gelegt. Wenn das Licht am hellsten ist, ist schon absehbar, dass das Gesamtsystem wieder in Richtung der Dunkelheit schwenken wird. So, wie das Licht weniger wird, wird die Dunkelheit nun stärker und stärker, bis sie ihren Höhepunkt findet. Und auch bei ihr ist bereits der Boden für den Untergang vorbereitet.

In unserer Welt ist alles polar aufgebaut: hell und dunkel, Mann und Frau, heiß und kalt, plus und minus, Nord und Süd. Wir sind vertraut mit dem Leben dieser polaren Welt. Abends legen wir uns vertrauensvoll zur Ruhe, weil wir sicher sind, dass es am Morgen wieder hell wird. Wir gehen gelassen in den Winter, weil wir wissen, dass die kalte Jahreszeit vergehen und ein neuer Frühling kommen wird. Beim Kochen bringen wir die Lebensmittel auf eine relativ hohe Temperatur, danach lassen wir die Speisen wieder etwas abkühlen, um sie essen zu können. Tiefgefrorenes wird aufgetaut, um es in den passenden Temperaturbereich zu heben. Für jeden Einzelnen besteht das Leben darin, zwischen den Polen zu schwingen und dabei immer wiederkehrend das eigene Gleichgewicht zu finden.

Die zwei Punkte in der Mitte der beiden Pole von Yin und Yang zeigen, wie sehr die Kräfte miteinander verwoben sind. Eine Seite kann nie ohne die andere existieren. Indem wir die eine Seite kräftigen, stärken wir zwangsläufig die andere mit.

Wie Yin und Yang innerhalb eines Kreises dargestellt werden, so hängen die äußere und die innere Welt eines jeden Menschen eng miteinander zusammen. Dabei besteht die Gefahr, dies zu übersehen und eine Seite in uns zu verneinen. In der Psychologie wird dieser negierte Teil *Schatten* genannt. Wird der eigene Schatten nicht als Verdrängtes wahrgenommen, hat er nur die Möglichkeit, sich außerhalb von uns zu zeigen.

Ein Haustier als »Spiegel«

Der Hund von Frau Hämpel ist krank. Seit Wochen hat er Probleme mit der Verdauung. Da sie schon alles probiert hat und der Arzt auch nicht weiterweiß, ist sie sehr besorgt. Sie kann das Leiden des Tieres nicht aushalten und spürt es fast körperlich.
Einmal hat sie sich erinnert, dass sie vor Kurzem selber Verdauungsschwierigkeiten hatte. »Und jetzt der Hund. Wahrscheinlich liegt es am Wasser«, denkt sie. »Wenn man den Hund nur fragen könnte.«
Von einer Freundin wird sie auf eine Tierkommunikatorin aufmerksam gemacht, die Kontakt mit Tieren aufnimmt und für sie sprechen kann. Vielleicht sollte sie das mal ausprobieren.
Gesagt, getan. Bei der Sitzung mit der Kommunikatorin erzählt der Hund, wie eng er mit Frau Hämpel verbunden ist. Gleichzeitig nimmt er ihre emotionalen Themen wahr, die ihr auf den Magen schlagen. Er habe das Thema aus Liebe zu ihr übernommen, um ihr im Außen zu zeigen, dass sie sich mit ihren Emotionen beschäftigen muss, die sie immer in sich hineinfrisst.

Die polare Welt birgt eine Stolperfalle, die gerade in der spirituellen Szene immer wieder Thema ist. Menschen, die als Lichtarbeiter für die lichte Seite arbeiten, negieren oft die dunkle Seite. Dadurch wird jedoch die Polarität nicht überwunden. Im Gegenteil: *Dadurch* kommt es zum Fall auf eine tiefere Stufe, zur Dualität. Sie ist auch ein Aspekt der Zweiheit, die sich jedoch immer über die Abwesenheit des Gegenübers definiert. Dabei übersieht die Dualität ein höheres ordnendes Prinzip der Einheit.

Es ist, als würde ein Baum seine eigenen Wurzeln verleugnen und immer weiter in die Höhe streben. Auch bei ihm wird die eine Seite gestärkt und die andere verneint, sodass sein Weg in ein Ungleichgewicht führen muss. Irgendwann genügt ein Windhauch, um seine Welt auseinanderbrechen zu lassen und ihn zu fällen.

Eventuell ist die Bewegung hin zum Lichtarbeiter auch Teil einer Pendelbewegung, bei der das frühere Leben komplett umgekehrt gelebt wird, um die andere Seite des bisher Gelebten zu erfahren. Diejenigen, die lang genug dabei bleiben, merken diese Illusion auf ihre Art und finden meist ihren Weg in die Mitte, wo beide Seiten gelebt werden können.

Ein ähnliches Phänomen begegnet uns in der Geschichte der Menschheit. Laut Umfragen sind große Teile der Weltbevölkerung gegen jegliche Form von Krieg. Und doch ist unsere Vergangenheit und Gegenwart eine einzige Aneinanderreihung von Kriegen. Gleichzeitig beten jeden Tag Millionen von uns für den Frieden. Aber innerhalb der Polarität bedingen sich beide Seiten. Jene, die am Krieg verdienen und sich nicht aus der polaren Sicht herausbegeben haben, erschaffen völlig unbewusst die Friedensbewegung als ausgleichendes Element dazu. Diejenigen, die in der Friedensbewegung aktiv sind, haben das Prinzip jedoch genauso wenig verinnerlicht. Sie nähren durch ihr Tun die Kriegsindustrie mit.

> **Hintergrundwissen**
>
> Mahatma Gandhi ist allgemein bekannt für seinen gewaltfreien Weg. Um sein Tun zu beschreiben, nutzte er zwei Worte: *Ahimsa*, das heißt »Nicht-Verletzen«, wurde bei uns als »Gewaltfreiheit« wiedergeben. Für das zweite Wort – *Satjagrah* – wurde erst in den 1990er-Jahren eine Übersetzung gefunden: »Gütekraft«.
>
> Aus der Arbeit von Martin Arnold, der diese Übertragung prägte, ist ein eigener Weg entstanden, Frieden und gesellschaftliche Veränderungen herbeizuführen, ohne die Gegenseite zu nähren. Während Gewaltfreiheit über die Abwesenheit von Gewalt definiert wird, legt die Gütekraft den Fokus auf das Gute, das in jedem Menschen zumindest angelegt ist. Die Gütekraft-Forschung bietet ein mehrstufiges Handlungsmodell an, deren erster Schritt der Blick nach innen auf die eigene Beteiligung ist.

Kein Wunder, dass sich in Anbetracht der Polarität von Kriegführung einerseits und (gut gemeinten) Friedensaktionen andererseits bis heute kaum etwas geändert hat.

Fast könnte man meinen, in einer polaren Welt gibt es kein höheres Gut. Und doch liegt hinter allem so etwas wie eine ewige Basis. Wir richten unser Handeln bewusst und/oder unbewusst an größeren Werten aus. Dabei ist es für die eigene Entwicklung hilfreich, sich diese grundlegendere Ebene generell bewusst zu machen, um sich besser auf sie einstimmen zu können.

Das Einheitsfeld

Das Yin-Yang-Symbol hätte unmöglich ohne ein helles Blatt Papier als Malgrund gemalt werden können. Die weiße Unterlage ist neutral. Unter idealen Umständen besitzt sie keinen eigenen Willen. Wenn wir zu zeichnen beginnen, verwandeln wir uns in diesem Augenblick zum Schöpfer und damit zu demjenigen, der seine Ideen in eine materielle Form bringt. Mit der Entwicklung des Yin-Yang-Bildes ist dem Zeichner ein wunderbares Symbol gelungen. Es wird aus einem Kreis heraus erschaffen, der ein höheres Prinzip darstellt als die miteinander ringenden Kräfte in seiner Mitte. Deswegen heißt es in vielen Schriften zu diesem Symbol, der wahre Meister stelle sich nicht auf eine der Seiten, sondern ehre den Fluss des Lebens als Ganzes. Im Sinne der östlichen Philosophie ist dieser Lebensfluss das *Dao,* das alles umfasst. Es ist der Geist und das Bewusstsein, das sich ähnlich in den Religionen der Welt wiederfindet.

Es gibt einen Weg zurück in die Einheit, der weder im Außen noch in einem der scheinbaren Gegensätze liegt. Hinter beiden Seiten steht eine höhere Einheit – das *Dao* –, die in jedem von uns lebt und täglich erfahrbar ist. Die Polarität ist nur eine Erscheinung dieses höheren Prinzips. Beispielsweise glauben wir an das universelle Prinzip der Liebe oder Menschlichkeit, das außerhalb der Polarität liegt. Oder können Sie sich vorstellen, Gesundheit nur als eine Abwesenheit von Krankheit zu definieren? Lieben Sie Ihre Partnerin oder Ihren Partner, weil Sie sie oder ihn gerade nicht hassen? Das wäre ein seltsamer Gedanke.

Die spirituellen Traditionen sehen das Bewusstsein, von dem wir alle nur ein Teil sind, als die eigentliche Basis unserer Welt an. Mit Worten kann das Prinzip eines alles umfassenden Geistes niemals richtig erklärt werden, denn die meisten europäischen Sprachen sind in ihrer Struktur polar aufgebaut und bestimmen auf diese Weise unser Denken. Wir können nur versuchen, von einem Sein oder einer Welt jenseits dieses Bewusstseins zu reden.

Jedes unserer Worte bietet immer auch die Möglichkeit der Verneinung. *Dao* als allumfassender Geist beinhaltet dagegen *alles.* Das Benennbare wie das Unnennbare. In der östlichen Philosophie heißt das, sich in der polaren Welt nicht auf die eine oder andere Seite der Polarität zu versteifen, sondern das *Dao* als das Göttliche hinter allem zu sehen und die Handlungen daran auszurichten. Eine Philosophie oder Religion, die innerhalb der Polarität stecken bleibt, kann niemals den Weg zurück in das Einheitsbewusstsein weisen.

Einsicht

Um die Einheit allen Seins zu erfahren, gibt es unterschiedliche Möglichkeiten. Laut Definition sollte die Einheit alles umfassen. Da Sprachen polar sind, können sie kaum etwas Unpolares beschreiben. Also schauen wir nach anderen Wegen, in dieses Einheitsfeld einzutauchen.

Lassen Sie es einfach auf einen Versuch ankommen und nehmen Sie an, die Existenz des Einheitsfeldes sei möglich: Spielen Sie mit dem Gedanken. Wenn es nur *ein* Bewusstsein gibt und wir alle ein Teil davon sind, der sich als eigenständiges Wesen erfährt, dann sollte dieses Einheitsbewusstsein auch in uns leben. Öffnen wir uns für das Erleben der Einheit allen Seins! Ich flechte daher immer wieder kleinere Übungen ein, um das erweiterte Bewusstsein spürbar zu machen.

Das Denken beobachten

Nimm einen Zettel und einen Stift und beobachte dich beim Denken. Wann immer ein Gedanke auftaucht, notiere ihn, ohne darüber nachzudenken. Beschäftige deinen Verstand nicht zusätzlich mit Gedanken, das richtige Stichwort zu finden. Sinn der Übung ist, dir darüber bewusst zu werden, wie viel du denkst und worum sich deine Gedanken drehen. Falls also Gedanken an einen Menschen auftauchen, mach eine kurze Notiz, z. B. »XY anrufen«, »das Gespräch von gestern«, »Zukunftsgedanken« etc.

Ist es dir möglich, dich selbst als Beobachter deiner Gedanken wahrzunehmen? Wer denkt? Und wer beobachtet dann?
Wenn du dich in die Position des Beobachters begibst, ist es dir dann möglich, eine Minute nicht zu denken und nur zu sein?

Konnten Sie sich selbst beim Denken zusehen? Wer ist es, der Ihnen dabei zusah? Und wer sind Sie dann wirklich?

Eine Grundannahme, die immer noch unser Abendland bestimmt, stammt von *René Descartes:* »Ich denke, also bin ich.« Das eigene Sein wird damit nur über das Denken definiert. Obwohl es absurd ist, hat dieser Satz so viel Macht über uns gewonnen. Wenn Sie ehrlich sind, ist es sehr gut möglich, zu sein, ohne zu denken. Sie kennen bestimmt die intensiven Momente, die das Leben ausmachen und in denen das Denken eher hinderlich ist.

Haben Sie *gedacht,* als Sie das letzte Mal verliebt waren?

Denken Sie, wenn Sie gerade einen Berg erklommen haben, die Aussicht genießen und die frische Luft tief einatmen?

Denken Sie beim Schwimmen oder Joggen etc. – oder *sind* Sie einfach?

Und wenn Sie trotzdem *sind,* obwohl Sie gerade *nicht denken,* was existiert dann? Wer sind Sie wirklich?

Beobachter

Halte noch einmal einen Moment inne, achte auf deinen Atem und versuche, nicht zu denken.
Spüre den Teil in dir, der nur beobachtet und ist. Wie fühlt er sich an? Begrüße ihn als einen wichtigen Teil von dir.

Wenn es nur das *eine,* alles umfassende Bewusstsein gibt, lebt es in Ihnen genauso wie in jedem Wesen, dem sie gegenüberstehen. In den Momenten, in denen der Verstand zur Ruhe kommt, sind wir unserem eigentlichen Wesen viel näher als sonst.

Manchmal begegnet Ihnen ein Mensch auf der Straße oder in Ihrem Umfeld, Sie schauen sich gegenseitig an, und ganz unbewusst blinzeln Sie im selben Augenblick. Ist es das Universelle, das in jedem lebt, das sich gerade in Ihnen beiden wiedererkannt hat?

Vielleicht ist es aus diesem Blickwinkel einfacher zu verstehen, weshalb wir manchmal Begegnungen als synchron erleben, obwohl sie nur ein zufälliges Ereignis zu sein scheinen.

Wir begegnen uns ständig selbst. Die Seite, die denkt, ist nur ein Teil von vielen – und noch dazu derjenige, der am leichtesten zu täuschen ist. Der denkende Verstand ist wichtig. Wir haben ihn bekommen, damit wir ihn auch nutzen, aber nicht, um uns ihm zu unterwerfen. Es gibt viele andere Ebenen, die Ihr Sein ausmachen und aus denen heraus Sie leben.

Wertvorstellung und Urteil

Beobachte dich einmal, wie du auf das reagierst, was dir im Außen begegnet. Du kannst einen Spaziergang machen oder den Fernseher einschalten, je nachdem, wie deine Realität aussieht. Stell dir vor, du lernst dich neu kennen und möchtest liebevoll verstehen, wie du eigentlich denkst.

Was passiert zum Beispiel, wenn du einem Menschen begegnest, der nicht deinen Wertvorstellungen entspricht oder der ein anderes Lebenskonzept für sich gefunden hat? Kannst du ihn einfach sein lassen, wie er ist? Oder bist du schnell dabei, über ihn zu urteilen? Wie fühlt es sich an, zu urteilen?

Für fast alles, was wir tun, nutzen wir hilfreiche Werkzeuge. Da sie aber ebenfalls der Polarität entstammen, tragen sie – wie wir an den folgenden Beispielen sehen – immer auch eine dunkle Seite in sich. Von Zeit zu Zeit ist es deshalb sinnvoll, die eigenen

Werkzeuge aus diesem Blickwinkel heraus zu beleuchten, um ihre andere Seite zu erfassen, die sie mitgebracht haben. Stimmt das Gleichgewicht zwischen Nutzen und Schatten noch?

Hintergrundwissen

Im Prinzip ist alles, was wir im täglichen Leben verwenden, ein Werkzeug. Dementsprechend besitzt aber auch alles eine Kehrseite. Ein Schuh hilft Ihnen, auf dem Asphalt der Stadt zu gehen, engt jedoch die Füße ein, schwächt Ihre Bänder und isoliert Sie von den Feldern der Erde. Die Straßenbeleuchtung macht die Straße sicher, verschmutzt aber den Nachthimmel und damit unsere Anbindung an den Kosmos.
Das Gleiche gilt für eher geistige Werkzeuge. Die Schrift einerseits ist ein wunderbares Hilfsmittel, um Informationen zu speichern und zu übermitteln. Andererseits hindert sie Menschen am räumlichen Denken und Merken.

Wenn wir den Verstand als ein solches Werkzeug realisieren und betrachten, entdecken wir den Vorteil, den er uns bietet: Dank ihm können wir unsere Umwelt erfassen und analysieren; er ermöglicht es uns, etwas bis ins kleinste Detail zu untersuchen. Darüber hinaus kann er in Zusammenhängen denken und ein Gesamtbild erkennen. Der Verstand ist so etwas wie eine Lupe, die vergrößern oder verkleinern kann. Auf der dunklen Seite steht aber seine Unmöglichkeit, das Verbindende zu sehen oder Empathie zu empfinden. Neutral ist er also nicht.

Betrachten wir einmal die letzte Übung. Sie begegnen einer Situation, die nicht Ihren Wertvorstellungen entspricht. Wie reagieren Sie als Erstes? Welche Gefühle entstehen? Führen Sie einen inneren Dialog oder werten Sie mit Worten ab? In Momenten, in denen Sie beobachten, wie so ein Urteil entsteht, können Sie erkennen, dass der Teil, der gerade spricht, kein neu entstandener selbstständiger Gedanke ist. Vielmehr erscheinen die Gedanken oft wie eine Reaktionsmaschine: Es kommt ein Bild von außen auf uns zu – und augenblicklich haben wir einen Stempel darauf gedrückt, der es uns ermöglicht, uns nicht weiter damit befassen zu müssen. In dem Augenblick, in dem das geschieht, sind Sie bereits aus der eigenen Mitte herausgefallen. Sie haben ein Urteil gefällt.

Die Menschen sind voll von eigenen Programmen, Vorstellungen und Ängsten, die sich regelmäßig wie kleine Stimmen zu Wort melden. Indem sie diesen Stimmen folgen, verlassen sie regelmäßig ihre Mitte. Für sich zu entdecken, dass das eigene Innere vorurteilsfrei beobachtet werden kann, gibt Ihnen die Freiheit, zu entscheiden, ob Sie einer inneren Stimme folgen wollen oder nicht. Viel zu leicht reagieren wir darauf, ohne die innere Freiheit zu erkennen und zu nutzen.

> **Aus dem Leben**
>
> **Eine angelernte, folgenreiche Befürchtung**
> Giselas kleine Tochter Maria ist sehr lebhaft, sie rennt viel herum und erkundet alles. Gisela ist dabei nicht immer wohl. Einmal sieht sie, wie ihre Tochter davonstürmt. Fast automatisch ruft sie ihr hinterher: »Nicht so schnell! Pass auf, du fällst noch hin!« Ein paar Augenblicke später geht die Befürchtung prompt in Erfüllung. »Siehst du, ich habe es dir doch gesagt! Sei vorsichtig!«
> Die kleine Maria versteht gar nicht so recht, was die Mama von ihr will, speichert aber die Schmerzen und das ungute Gefühl des Stolperns nun mit dem Rennen und den Worten der Mutter ab.
> Eines Tages, wenn sie selber Kinder hat, werden die Worte wieder nach oben kommen. Sie wird sie ihren Kindern hinterherrufen, so wie ihre Mutter eben die Geschichte ihrer eigenen Kindheit wiederholt hat.
> Natürlich haben Gisela und später Maria auch die Möglichkeit, hinzuschauen und zu sehen, dass sie ihrem Kind trauen können. Die ängstlichen Worte erkennen sie dann als etwas, das sie unreflektiert von ihrer jeweiligen Mutter oder anderen nahestehenden Personen übernommen haben.

Ein anderes irdisches Werkzeug ist unsere Sprache. Mit ihren Regeln und Gesetzen formt sie unser Denken. Gleichzeitig kann sie eine sehr weise Ratgeberin sein. Lauschen wir ihr. Die Vorsilbe *ur* stammt aus dem Althochdeutschen und Altnordischen und steht für das Erste, den Anfang, den Ursprung. Wir begegnen der Vorsilbe relativ häufig. Zum Beispiel ist eine Urkunde der erste schriftliche Moment, in dem ein Ereignis kundgetan wurde: die Ur-Kunde. Der Urwald ist der erste Wald. Im Fall des Urteils, das wir im Denken fällen, ist es das erste Mal, dass der Urgrund geteilt wurde. In diesem Moment trennen wir uns vom Ursprung allen Seins.

In jedem Augenblick, in dem wir nicht denken, stehen wir in unserer Mitte. Sooft wir urteilen oder verurteilen, ist es das erste Mal, in dem wir uns von unserer eigenen Quelle abtrennen. Das ist auch der Grund, warum *Jetzt* der einzige Moment ist, in dem sich alles entscheidet, und wir somit zu jeder Zeit die Kraft haben, einen neuen Weg zu wählen. In dem Augenblick, in dem Sie über eine Sache urteilen, trennen Sie sich von ihr. Da Innen und Außen miteinander verbunden sind, ist das, was Sie nicht mögen, genauso ein Aspekt von Ihnen wie das, was Sie schätzen und lieben. Hier gibt es einen Fallstrick, der leicht zu Verwechslungen führen kann. Urteilen Sie noch oder entscheiden Sie schon? Es ist nicht falsch, Dinge beim Namen zu nennen. Eine Erdbeere ist eine Erdbeere, und ein Pferdeapfel ein Pferdeapfel. Wir unterscheiden, um Ordnung ins Sein zu bringen und in ihr zu leben. Dabei unterteilen wir, trennen uns aber nicht vom Gesamtbild, das alle Aspekte als wichtige Bestandteile enthält. Der Pferdeapfel ist gut zum Düngen der Erdbeeren, zum Essen hingegen sind nur die Erdbeeren gut. Wenn wir unserem Leben eine scheinbare Ordnung geben, die sich aus angenommenen oder übernommenen moralischen Werten speist, trennen wir uns vom Gesamtbild und verlagern uns aus der Mitte heraus.

Um das Bewusstsein jenseits der Polarität zu vermitteln, hat es seit jeher unterschiedliche Wege gegeben. Prinzipiell sollte der Pfad dorthin einfach sein – zumal wir ja bereits da sind. Wenn das *Dao* alles umfasst, beinhaltet es auch jeden Einzelnen, der sich als eigenständige Identität oder als Ego erlebt. Damit braucht nur der Weg zu dieser inneren Quelle geöffnet zu werden, um wieder an dem großen Bewusstsein teilhaben zu können, das alles kennt und alles weiß. *Pierre Teilhard de Chardin* sagte so schön, wir seien keine menschlichen Wesen, die eine spirituelle Erfahrung machen, sondern spirituelle Wesen, die eine menschliche Erfahrung machen.

Um sich hier auf der Erde als getrennt zu erleben, war für uns eine ganze Reihe von Stufen notwendig, bei denen sich jeder Einzelne schrittweise von der Quelle entfernt hat. Im christlichen Umfeld ist dabei vom Sündenfall die Rede: Der Mensch oder die Menschheit ist als Ganzes aus einem paradiesischen Zustand der Verbindung mit allem gefallen, heraus aus dem Urbewusstsein.

Mit dem Sturz in die Polarität und deren Verwechslung mit der Dualität folgte die Orientierungslosigkeit und damit eine ganze Menge an Verstrickungen, die sich über Äonen angesammelt haben und aufgelöst werden wollen. Über viele Jahrhunderte war es sehr schwer, solche Muster zu durchdringen und hinter die scheinbare Realität zu schauen. Glücklicherweise leben wir in einer Zeit, in der sich immer mehr Menschen auf den Weg machen, ihr Herz zu entdecken und diese Freiheit für sich zurückzuerobern. Heute ist es viel leichter, solche Verstrickungen zu erkennen und zu lösen. Dadurch wird die Einheit allen Seins immer klarer erkannt und in das eigene Handeln mit einbezogen. Da ein höherer Maßstab, mit dem die Menschheit und das Leben als Ganzes gesehen werden, und die etablierten Kontrollstrukturen schwer vereinbar sind, haben Letztere zu bröckeln begonnen. Es scheint so, als würde sich das Einheitsfeld einen Weg zurück in unser Bewusstsein suchen.

Kopf und Herz

Eines der Hauptprobleme des heutigen Menschen ist, sich über seinen Kopf zu definieren. Wir stellen uns die Büsten berühmter Persönlichkeiten in den Schrank oder auf die Plätze unserer Städte. Das Gehirn gilt als unser »wichtigstes« Organ. Von *Albert Einstein* und anderen bedeutenden Menschen hat man es konserviert, während der Leib beerdigt wurde.

In Ägypten wurden hochstehenden Persönlichkeiten sämtliche Organe entfernt und in speziellen Gefäßen beerdigt. Das Herz wurde wieder in den Körper gelegt, das Gehirn dagegen weggeworfen. Auch in vielen europäischen Adelshäusern ist es noch Tradition, Körper und Herz zu trennen und an jeweils anderen Orten beizusetzen. Es ist eine Umkehrung der ägyptischen Rituale, zeigt aber, dass es ein Bewusstsein für die besondere Bedeutung des Herzens gibt.

Einer der bekanntesten ägyptischen Papyri erzählt von der Wägung des Herzens. Sie zeigt, ob ein Mensch im Einklang mit sich gelebt hat. Die Redensart, etwas auf Herz und Nieren zu prüfen, birgt eine Spur von jener Zeremonie. Sie geht mindestens bis auf biblische Zeiten zurück.

Innerhalb des Kopfes gibt es zwei Gehirnhälften mit unterschiedlichen Funktionen. Wohl jeder hat schon einmal Bilder davon gesehen. Die linke Hirnhälfte, die mit der rechten Körperseite verbunden ist, ist der logisch denkende Teil, der alles in Strukturen und linearen Mustern betrachtet. Sie ist verantwortlich für einen Großteil unseres Gesellschaftssystems, vor allem für die Wissenschaft. Die rechte Gehirnhälfte hängt mit der linken Körperseite zusammen. Sie ist für das verknüpfende Denken und die Kreativität zuständig. Betrachten wir mit dem Gehirn einen beliebigen Aspekt der Welt, wird jede Gehirnhälfte auf ihre Weise Antwort geben. Die Kunst besteht darin, das Gehirn so zu nutzen, dass es nicht zu Widersprüchen kommt.

Der Sündenfall zum Beispiel war vor allem eine Verlagerung aus dem Herzzentrum heraus in den Kopf. Von da an wurde die Realität aus der Perspektive eines Organs wahrgenommen, das ständig zwei Seiten sieht.

Wie tief der Fall in die Dualität geworden ist, zeigt der Weg der Wissenschaft, des Rechtes und der Medizin. Diese Denkrichtungen und deren Geheimsprachen bestimmen ihr Weltbild durch die völlige Reduzierung auf die logische Hälfte des Gehirns. Damit wird permanent jene kreative Seite in uns unterdrückt, die auch die Verbindung aller Menschen untereinander wahrnimmt. Wir verdrängen damit jene Sichtweise auf die Realität, die die Möglichkeit bietet, zunächst im Kopf für einen Ausgleich zu sorgen. Wenn wir den Weg weiter so beschreiten wie bisher, erwachsen aus den Lösungen des Kopfes nur neue Probleme.

Es ist ein offenes Geheimnis, dass die Welt auch mit dem Herzen gesehen werden kann. Sie kennen vermutlich den Satz in Antoine de Saint-Exupérys Geschichte »Der kleine Prinz«, dass man nur mit dem Herzen gut sehe. Während das Hirn und die Augen die Oberfläche wahrnehmen, sieht das Herz viel tiefer. Es besitzt ein Netzwerk an Nervenzellen, das als eigenes Gehirn angesehen werden kann; es zeichnet sich durch ein Energiefeld aus, das bis zu tausendmal größer ist als das des Gehirns und dessen Durchmesser circa 9 Meter beträgt. Daher durchdringen sich die Felder aller Menschen, denen wir begegnen. Auch das Energiefeld unseres Nachbarn kommt mit unserem Feld in Berührung, obwohl wir uns womöglich nie treffen. Über diese Feldebene ist das Herz in der Lage, Stimmungen und Gefühle eines Gegenübers zu spüren und zu erkennen. Diese Signale des Herzens wiederum beeinflussen unser gesamtes System bis hin zum Gehirn, das angeregt wird, seine beiden Gehirnhälften wieder in Harmonie zu bringen.

Auch in der Medizin findet gerade ein Bedeutungswandel statt: von der Betrachtung des Gehirns als bestimmendes Organ hin zur Weisheit des Herzens. Ein ähnlicher Wandel, der direkt damit zusammenhängt, passiert zeitgleich in der Physik. Die physikalischen Modelle, die immer neuen Messungen angepasst werden müssen, gehen mittlerweile von 5 Prozent sichtbarer und 95 Prozent unsichtbarer Materie aus, der sogenannten *Dunklen Materie*. So ist der Mensch auch in diesem Bereich gezwungen, sich mit seinem verdrängten Schatten auseinanderzusetzen, der offensichtlich bereits sehr groß geworden ist. Der Paradigmenwechsel in der Physik verschiebt sich immer weiter in Richtung Feldphysik, bei der wieder mehr auf die Felder der Himmelskörper geachtet wird. Über den nicht mechanischen Energieaustausch der Himmelskörper untereinander lernt die Physik die Prozesse des Kosmos völlig neu verstehen.

Wir sind Kinder der Erde. Egal, wie sehr wir uns anstrengen mögen, wir entkommen ihr nicht. Wollen wir einen hohen Berg besteigen, nehmen wir ein Stück Atmosphäre in einer Flasche mit, um atmen zu können. Das Gleiche geschieht beim Tauchen. Besonders deutlich wird es in Flugzeugen oder Raumstationen: Um überleben zu können, sind wir gezwungen, eine künstliche Lebensumgebung zu schaffen, die der Lufthülle der Erde entspricht. Gleichzeitig müssen bei längeren Aufenthalten künstliche Magnetfelder erzeugt werden, die dem Erdmagnetfeld ähneln, damit die Gesundheit der Astronauten nicht aus dem Gleichgewicht gerät.

In der Schule wird das Bild gelehrt, dass die Erde durch den beinahe leeren Raum um die Sonne gleitet. Dabei hat der Sonnenwind unseres Zentralgestirns eine Ausdehnung, die ungefähr

100.000-mal so groß ist wie der Abstand zwischen Sonne und Erde. So leben wir immer noch im Feld der Sonne und sind damit auch ihr Kind. Die Sonne wiederum ist ein Kind der Galaxie, da sie in deren Feld nur ein Fünkchen ist.

Der Blick der heutigen Kosmologie entspricht in etwa dem Blick des Gehirns auf die Oberfläche der Dinge. Der Blick des Herzens jedoch geht auf die Felder, die alles durchdringen und verbinden. Es ist ein Blick der Einheit.

Heilige Geometrie: Geometrie der Einheit

Im Lauf der Geschichte gab es verschiedene Systeme, um die Menschen in ein höheres Wissen und deren ursprüngliche Bewusstseinsstufe einzuweihen. Viele Geheimgesellschaften gingen aus solchen okkulten Einweihungslehren hervor. Manche verloren dabei ihren Kern und ihre Anbindung und existieren heute nur noch als mentales Konstrukt ohne Verbindung zum Herzen des Suchenden. Mit der Zeit tauchten aber immer wieder Systeme auf, die teilweise aus alten Einsichten zusammengesetzt sind und völlig neue Impulse enthalten, da sie durch sehende Adepten begründet wurden.

Zu diesen neueren Systemen, die eine tiefgreifende Sichtweise bieten, gehören die Lehren von *Drunvalo Melchizedek*. Er hat sich während seines Studiums auf den Weg gemacht, Alternativen zu unserem Gesellschaftssystem und dessen Sichtweisen zu finden. Dabei hat er sich der Spiritualität und Meditation zugewandt. Im Rahmen der Meditationspraxis ist er von seiner inneren Führung zu über 70 verschiedenen Lehrern und Schulen geführt worden, um dort ihre jeweilige Essenz zu erfahren. Darüber hinaus kam er auf der inneren Ebene in Kontakt mit mehreren Meistern, die nicht mehr als physische Menschen auf der Erde weilen.

Eines dieser Wesen, denen *Drunvalo Melchizedek* begegnete, ist ein Priester aus Atlantis, der in Ägypten unter dem Namen *Thot* bekannt wurde. Er gilt als Gott der Weisheit, weil er der Menschheit die okkulten Wissenschaften und die Schrift gebracht hat. In seiner griechischen Form wurde er *Hermes Trismegistos* genannt.

Sein Auftreten, wiederum als Weisheitslehrer, führte dazu, dass viele der geheimen Wissenschaften bis heute als *hermetische* Wissenschaften bezeichnet werden. Schon vor der Begegnung mit *Thot* erhielt *Drunvalo* durch seine innere Führung und verschiedene Lehrer Unterricht in der sogenannten *Heiligen Geometrie*. In der Begegnung mit *Thot* wurde dieses Wissen dann um den Ansatz erweitert, der in ägyptischen Mysterienschulen weitergegeben wurde. In seinen Büchern über die *Blume des Lebens* beschreibt er, wie diese Schule aufgebaut war.

Da den Ägyptern bereits bekannt war, dass die menschliche Wahrnehmung der Welt über das Gehirn in zwei Seiten gespalten ist, wurde die Schule den beiden Seiten entsprechend aufgebaut. Der Oberbegriff der Schule war das *Gesetz des Einen*. Es ging auch hier um das Bewusstsein, das hinter allem steht und alles ist. Das Einweihungssystem bestand aus der Schule des linken Auges und der Schule des rechten Auges des Horus. Die linke Seite des Körpers ist der weiblichen Kraft, der Intuition und den Gefühlen gewidmet. Dementsprechend wurden in dieser Schule die Gefühle betrachtet und der Weg ins Herz gelehrt. Erst wenn dieser Teil gemeistert war, erfolgte das Training der zweiten Seite, der Schule des rechten Auges des Horus. Dieser Bereich ist dem mentalen Wissen zugeordnet. Es ist der Weg des Verstandes, der zeigt, dass es nur *ein* Bewusstsein gibt. Die Hauptsprache, in der das Wissen der mentalen Seite vermittelt wurde, war die *Heilige Geometrie*.

Als das *eine* Bewusstsein diese Welt erschuf, legte es ein Grundraster bzw. eine Blaupause an. Dadurch wurde ein Raum aufgespannt, der es uns ermöglicht, Erfahrungen zu machen, die scheinbar nichts mit dem Urbewusstsein zu tun haben. Ähnlich dem Pixelmuster eines Bildschirms bildet die Geometrie eine Matrix mit unendlich vielen Möglichkeiten. Diese Urmatrix entfaltet sich aus ineinander verschachtelten Wellen und Kugeln, die unterschiedliche Größen besitzen und sich endlos ausgebreitet haben. Die Wissenschaft der *Heiligen Geometrie* befasst sich mit genau dieser Urform, um das Geheimnis unserer Welt zu verstehen. Aus ihr lassen sich alle Erscheinungen der Realität ableiten. Es gibt eine Geometrie für die Musik, die Farben, die Welt der Kristalle usw. Auch die Maße des Menschen und ihre Zusammenhänge mit den Planeten lassen sich daraus herleiten. Am Ende wird das Wissen in einem Symbol zusammengefasst, das unter dem Namen *Blume des Lebens* bekannt ist. Dieses Symbol ist mittlerweile rund um die Welt in unzähligen Tempeln und Klöstern gefunden worden.

Um das *eine* Bewusstsein zu erfahren, spielt die *Heilige Geometrie* auch heute eine große Rolle. Das Yin-Yang-Symbol basiert auf der Geometrie und lässt sich direkt aus der Blume des Lebens ableiten.

Da das menschliche Bewusstsein in die Dualität abgestürzt ist, besteht der erste Schritt darin, aus ihr wieder herauszutreten und auf der praktischen Ebene beide Gehirnhälften anzusprechen. Je nach individueller Ausrichtung muss die eine oder die andere Seite gestärkt werden, um sie auf das Niveau der anderen zu heben. Die Beschäftigung mit der Geometrie bietet dabei ein interessantes Hilfsmittel.

Die Geometrie arbeitet mit den Grundwerkzeugen Zirkel und Lineal. Der Zirkel zeichnet Kreise und repräsentiert damit im übertragenen Sinne die weibliche Kraft der runden Formen und geschwungenen Linien. Das Lineal dagegen steht mit seinen geraden Linien für das männliche Prinzip. Erst in der gleichwertigen Begegnung von beiden entsteht der Zugang zu einer höheren Information. Die physische Arbeit mit Zirkel und Lineal ist deshalb so wichtig, weil der Körper mit eingebunden wird und wir damit nicht nur auf der mentalen Ebene stecken bleiben.

Zirkelblumen zeichnen

Erinnere dich an die Zeit, als du Kind warst und gern mit dem Zirkel gespielt hast. Hol deinen Zirkel wieder hervor! Zeichne einen Kreis und sechs Kreise um ihn herum, die eine scheinbare Blüte bilden. Wenn du Freude hast, kannst du sie bunt ausmalen oder weitere Kreismuster zeichnen. Achte dabei auf dein Inneres. Wie fühlst du dich dabei?

Zeichnen wir einen Kreis, so passieren viele Dinge gleichzeitig: Während die Hände eine minimale Kreisbewegung vollführen, folgen die Augen der Stiftspitze und vollziehen den Kreis mit. Mit jedem Kreis, den wir physisch zeichnen, überschreiten wir die Ebene unserer beiden Körperhälften und verbinden dabei im Äußeren und gleichzeitig im Inneren die zwei Gehirnhälften.

Das Zeichnen der Geometrie gleicht einer lebendigen Bewegungsmeditation. Da der gesamte menschliche Körper in dieser Geometrie gebaut ist, ziehen sich ihre Muster bis auf die Ebene der Zellen und ihre Erbinformation hin. Die Verbindung zur Urinformation allen Seins ist nicht zu löschen. In vielen Bereichen haben wir den Zugang jedoch durch unsere Erfahrungen in der Dualität und ihrer Konzepte überschrieben.

Die Beschäftigung mit der Urgeometrie ruft also auch innerlich die Erinnerung an dieses Urbewusstsein hervor. Jede Zelle hat die Möglichkeit, sich zu erinnern. Mit der Neuverknüpfung der beiden Gehirnhälften entsteht eine Ordnung, die jenseits der Dualität und Polarität liegt und die in der Lage ist, uns für die Erfahrung des Einheitsbewusstseins zu öffnen.

Damit ist die *Heilige Geometrie* eines von vielen Hilfsmitteln, um die Einheit in uns erfahrbar zu machen und das Eintauchen in sie zu erleichtern.

4 Der Mensch – eingetaucht in die Vielfalt

Wie bei jeder Reise ist es auch in diesem Buch wichtig, eine Landkarte zu haben. Wenn wir mehr Klarheit in unser Leben bringen und den Weg für die Erfahrung der eigenen Innenwelt freiräumen möchten, sollten wir als Erstes ein Konzept des Menschen beschreiben, auf dessen Basis wir arbeiten.

Der Mensch, das unbekannte Wesen

Wie durch die *Heilige Geometrie* sichtbar wurde, gibt es ein einheitliches Hintergrundmuster, die Matrix, aus dem alles Leben und alle Erscheinungen erwachsen. Sprachlich gesehen stammen die Worte *Mutter*, *Materie* und *Matrix* aus derselben Wurzel und haben damit eine sehr ähnliche Bedeutung. Die Urmatrix ist einem großen Bewusstsein jenseits von Zeit und Raum entsprungen. Es durchzieht alles und lebt in allem. Von diesem Standpunkt aus scheint der Weg hinunter zur Erfahrungsebene unendlich weit zu sein. Er hat für die meisten Menschen nichts mit der täglichen Erfahrung zu tun.

Die Idee eines ewigen Bewusstseins scheint oft recht abstrakt und ist für den Verstand schwer nachzuvollziehen. Betrachten wir den Homo sapiens aus irdischer Sicht, hat er viele Eigenschaften, die ihn den Tieren ähnlicher erscheinen lassen als einem spirituellen Wesen. Und doch ist etwas anders.

Was ist Leben?

Auf materieller Ebene ist der Körper dasjenige, was am einfachsten zu begreifen ist. Er ist für unsere Augen sichtbar. Und doch offenbart seine Anatomie eine Weisheit, die Hinweise gibt auf eine dahinterliegende Kraft, die ihn geformt hat. Ein indisches Sprichwort sagt: »Gott schläft im Stein, atmet in der Pflanze, träumt im Tier und erwacht im Menschen.« Bei der Betrachtung der Muster des menschlichen Organismus finden wir viele Details, die das Wort bestätigen.

In der Wissenschaft gibt es eine Definition von vier Eigenschaften, die Leben ausmachen: Erstens hat es ein abgegrenztes Stoffsystem. Zweitens befindet es sich über diese Grenze hinaus in einer Wechselwirkung mit dem Äußeren. Drittens bildet es in sich ein selbstregulierendes Gleichgewicht. Viertens hat es die Fähigkeit, sich fortzupflanzen.

Kristallwelten

Die Welt der Steine ist gekennzeichnet durch kristalline Strukturen, Festigkeit und Härte. Von den Eigenschaften des Lebens treffen nur wenige auf sie zu. Jeder Stein, jeder Kristall hat eine Oberfläche und damit eine Abgrenzung zu seiner Umgebung.

Über diese Außengrenze steht ein Stein oder Kristall in begrenztem Austausch mit ihr.

Das feste Prinzip der Mineralien finden wir abgebildet in den Knochen unseres Körpers. Es ist eine schöne Analogie, zu sehen, dass die Erde mit ihren Kontinenten und Meeren einem gigantischen Kristall gleicht, der durchs All schwebt. Vom All aus gesehen ist die prozentuale Wassermenge, die die Erdoberfläche bedeckt, in etwa die gleiche Menge, die der Körper an Wasser enthält. Die Beziehung zwischen Stein und Pflanze ist noch sehr oberflächlich. Es ist der Stein, der im Wasser eingebettet ist, aber nur wenig davon in seiner eigenen Kristallstruktur beherbergen kann. Ein Verhältnis, das sich zu den komplexen Lebensformen hin immer mehr verschiebt.

Pflanzen

Auf dem Weg von den Einzellern hin zu Mehrzellern, die sich zu eigenständigen Wesen verbunden haben, sind die Pflanzen entstanden. Sie zeigen sehr hohe Formen der Selbstorganisation und Komplexität. Viele Gewächse haben eigene Traggerüste, die sie offensichtlich vom steinigen Prinzip übernommen haben. Gleichzeitig haben sie das Wasser als Lebensgrundstoff in sich aufgenommen, ohne das sie nicht existieren können. Andere Lebensprinzipien – wie die Fortpflanzung – existieren in der Pflanzenwelt bereits. In der Pflanze tauchen Module auf, die auf spezielle Aufgaben ausgerichtet sind. So hat die Wurzel einen anderen Aufbau als der Stamm oder das Blatt. In diesem Zusammenhang können wir sehr vereinfacht von den ersten Organen sprechen. Allerdings fehlt ein eigenständiges Element, das die Flüssigkeit durch den Organismus bewegt. Damit stehen wir an der Schwelle zu einer feineren Schicht des Lebens.

Auch wenn eine Pflanze kein eigenes Herz oder pulsierendes Organ besitzt, wandeln sich ihre Lebensprozesse doch in einem regelmäßigen zeitlichen Rahmen. Sie steht in einer engen Verbindung mit der Sonne und der Erde, die im Tanz umeinander die pflanzlichen Körpersäfte von außen steuern. Es ist nur der menschliche Verstand, der die Pflanze als eigenständiges Lebewesen sieht. Dabei ist sie undenkbar ohne die kosmischen und irdischen Kräfte um sie herum.

Betrachtet man die einzelnen Reiche aus Sicht der *Heiligen Geometrie,* so verwirklicht sich diese bereits in einfacher Form in der Mineralwelt der Kristallformen. Alle Kristallgitter basieren auf der Zahl 6, die wir zum Beispiel in den Außenflächen des Bergkristalls und des Basalts wiederfinden. Es zeigt sich aber noch keine höhere Geometrie, die nach außen getragen wird, wie es im Pflanzenreich der Fall ist.

Die Pflanzengeometrie offenbart als Erstes eine Verbindung zur Zahl 5, die in der normalen Kristallgeometrie nicht auftaucht. Erst seit relativ kurzer Zeit wird die Fünf bei einer Sonderform, den Quasikristallen, beobachtet. Die ersten Symmetrieregeln in den Samen beginnen bereits höhere geometrische Ordnungsprinzipien sichtbar zu machen, aus denen die Pflanze entsteht; sie setzen sich fort bis zur Anordnung der Blätter und dem Aufbau einer Blüte. Die Pflanze folgt damit wirklich erstaunlichen Regeln.

Zwischen den Welten

Obwohl sich die Reiche der Mineralien, Pflanzen, Tiere und Menschen voneinander unterscheiden, überlappen sie sich doch. Bereits einzelne Kristalle haben die Fähigkeit, Verletzungen zu heilen – eine Eigenschaft, die unter die Definition der Selbststeuerung fällt. Eine Pflanze bewegt sich in Richtung des Tierreichs, wenn sie fleischfressend ist oder eigenständige Bewegungsmechanismen entwickelt, wie eine Blüte, die sich morgens öffnet und abends schließt. Von der anderen Seite her ragen einzelne Tierarten in die Pflanzenwelt hinein, zum Beispiel wenn sie nicht in der Lage sind, das ganze Jahr über ihren Wärmehaushalt zu regulieren. So wie sich eine Pflanze in unseren Breiten gleichsam nach innen zurückzieht, gehen manche Tiere in den Winterschlaf über, wiederum dem großen Lauf der Sonne folgend. Das Gleiche geschieht bei kleineren Vögeln und Insekten, die abends in eine Art Kältestarre versinken und am Morgen mit der Kraft der Sonne wieder erwachen. Damit könnte man die Sonne als externes Steuerungsorgan bezeichnen.

So ist es nicht verwunderlich, dass wir immer wieder Tieren begegnen, die fast menschliche Fähigkeiten wie Einfühlungsvermögen und Spieltrieb besitzen. Umgekehrt gibt es Menschen, die in ihrem Verhalten dem Tierreich sehr nahe stehen.

Ein Blick auf die Herkunft des Menschen als Naturprinzip öffnet eine weitere Perspektive, die eigenen Verhaltensweisen besser zu verstehen und entsprechend zu handeln.

Im Tierreich

Das Tier hat eine neue Stufe erklommen, als es sich vom Untergrund gelöst und die Fähigkeit entwickelt hat, den Ort zu wechseln. Dadurch wurde es unabhängig vom Wechselspiel der äußeren Kräfte, die zur inneren Bewegung beitrugen. Das Tier muss seine Sonne sozusagen bei sich tragen. Hier wurde das Blut als neue Flüssigkeit geboren, das mit dem Herzen zusammen ein System bildet. Ein Stück weit hat sich die Sonne von außen nach innen verlagert.

Deswegen gibt es in den okkulten Wissenschaften eine Analogie vom Herzen zur Sonne, bei der beides gleichgesetzt wird. Wie in einem Sonnensystem sind es beim Menschen die Organe, die in Verbindung mit den Planeten stehen. Allerdings kreisen sie nicht um die Sonne, sondern die Planetenbahn kreist sinngemäß um das Herz und kommt am Planeten vorbei.

Information

Je höher die Komplexität eines Lebewesens ist, desto klarer tritt eine steuernde Struktur hervor, die hinter der sichtbaren Welt lebt und sich hier nur durch unterschiedliche Grade der Verdichtung und der Eigenständigkeit ausdrückt.

In unserer Sprache gibt es den Begriff der Information: das Wissen, das etwas in Form bringt. Insofern können wir die dahinterliegende Ordnung als bewusstes Informationsfeld bezeichnen.

Torus

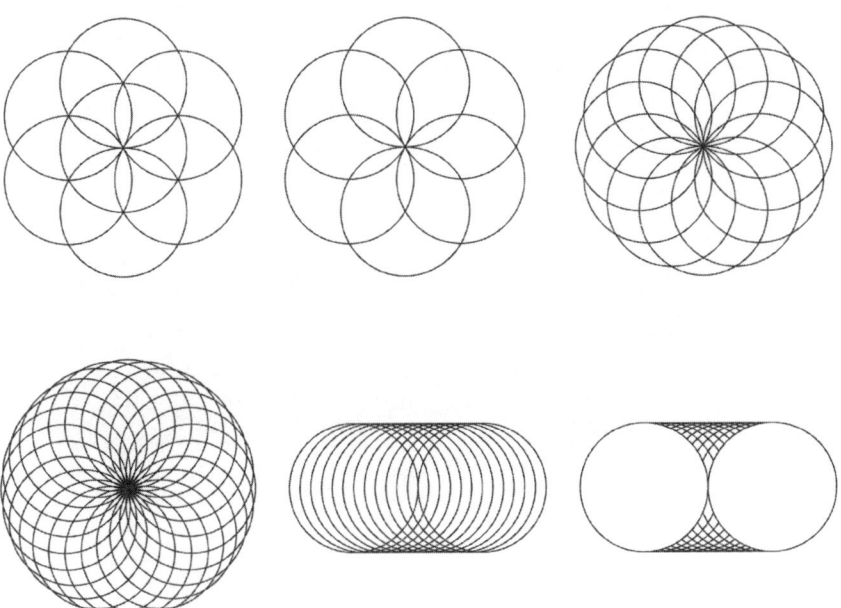

In der Geometrie ist die Zirkelblume ein einfaches Grundmuster voll eigener Harmonie und Schönheit, das aus sechs Kreisen entlang des Umfangs eines Ursprungskreises gebildet wird. In der *Blume des Lebens,* wie sie *Drunvalo Melchizedek* beschreibt, entwickelt sich daraus ein Muster, das in der Mathematik als *Torus* bezeichnet wird. Er erinnert in seiner Form an einen Bagel oder einen Donut, ein ringförmiges Gebäck mit einem Loch in der Mitte.

Der Torus stellt eine der wichtigen Strukturen der Geometrie dar. In der Physik folgt jedes Magnetfeld diesem Urbild. Im Pflanzenreich findet man den Torus in der Gestalt der Früchte wieder. Fast alle Früchte haben eine Blüte und einen Stiel. Zwischen diesen beiden Polen liegt die eigentliche Frucht. Ein weiteres anschauliches Beispiel dafür ist der Baum, dessen Säfte nach dem Torusprinzip fließen.

Er nimmt Wasser und Nährstoffe aus der Erde auf und transportiert sie im Stamm bis zu den Blättern und Früchten. Wenn die Blätter oder Früchte dann außen herunterfallen, folgen sie immer noch dieser Bewegung. Am Boden werden sie zersetzt und speisen sich von Neuem in diesen Kreislauf ein. Es ist ein torusförmiger Zyklus, der zur Umwelt und ihren Einflüssen hin ein wenig geöffnet ist.

Auch in größerem Maßstab beggnen wir dem Torus: Die gewaltigen Magnetfelder der Planeten und der Sonne haben dieselbe Struktur ausgebildet.

Vor einiger Zeit hat ein Film im Internet für Furore gesorgt: »Thrive – Gedeihen«. Darin geht es um eine neue physikalische Sichtweise auf die Welt und die Konsequenzen für unsere Gesellschaft. Anhand vieler Beispiele wird ein Modell präsentiert, das auf dem universellen Prinzip des Torus basiert.

Torus im Menschen

Aus Sicht der Geometrie gibt es nur einen Bauplan, der in unendlichen Variationen auftritt. So, wie die Pflanzen, die Sonnen und Planeten den Torus als Grundlage haben, sind auch die Tiere nach ihm gebaut. Ein lebendiges Beispiel hierfür ist der Schmetterling. Bei ihm sitzt der Körper in der Mitte des Feldes, und seine Flügel ragen mit ihrer Rundung in die Form des Torus hinein.

Der Torus, wie er bei den Tieren auftritt, ist ebenso ein Teil des menschlichen Feldes. Wir stehen mit unserem Körper in seiner Mitte. Permanent durchfließt uns Lebensenergie, die von den beiden Polen oben und unten in uns hineinströmt.

Schichten

Bei der Geburt ist ein Kind – der gängigen Genetik zufolge – angeblich ein leeres Buch, das erst nach und nach beschrieben wird, um daraus sein eigenes Wesen, seinen Charakter, seine Persönlichkeit zu entwickeln. Wenn Sie eigene Kinder haben, wissen Sie, wie unterschiedlich sie sind. Das eine mag es eher sauber, während das andere mit Freude in jede Pfütze tappt. Eines ist eher musikalisch, das andere eher mathematisch interessiert. Jeder Mensch bringt seine eigenen Anlagen mit.

Spurensuche

Nimm einen Zettel und Stift zur Hand. Gehe in dich und erlaube dir einen Blick auf dein Leben in all seinen Facetten. Verschaffe dir nur einen Überblick über das Ganze – ohne Urteil, ob etwas gut oder schlecht gelaufen ist. Welche Eigenschaften hat dein Körper, den du mitbekommen hast? Ist er sportlich oder eher unsportlich gebaut? Ist er oft kränklich oder fühlst du dich sehr gesund? Was macht deinen Körper aus?
Gehe wieder in dich und erlaube dir einen Blick auf deinen Lebenslauf. Wer bist du, wenn du dich von deiner Zeugung an siehst? Was haben dir deine Eltern mitgegeben? Was ist ihr Anteil an deinem Wesen? Was haben deine Großeltern oder im erweiterten Sinn deine Ahnen dazu beigetragen, dass du das werden konntest, was du bist? Das können auch Fähigkeiten oder Überzeugungen sein, die dein Leben beeinflusst haben.
Schau nun auf das Land oder die Länder, in denen du längere Zeit gelebt hast oder noch lebst. Was haben sie dir mitgegeben?
In welcher Sprache denkst du? Ist es deine Muttersprache? Wenn nicht, seit wann sprichst du in dieser Sprache? Und in welcher Sprache träumst du? In welchen Situationen wechselst du deine Sprache?

Schon ein kurzer Blick genügt, um zu erkennen, dass es gar nicht so einfach zu sagen ist, woher wir unsere Fähigkeiten haben. Wenn wir alle Ideen über die Entstehung des Menschen weglassen, bleiben genug Rätsel übrig. Und doch ist es wichtig, genauer hinzusehen, um zu begreifen, wer wir eigentlich sind.

Versuchen wir also einmal, von außen nach innen zu ordnen. Die äußerste Schicht finden wir im Hier und Jetzt. Wenn Sie eine beliebige Person fragen, wer sie ist und was sie so tut, antwortet sie meistens mit einer Beschreibung des Berufes, der familiären Verhältnisse und der Anzahl ihrer Kinder. Diese Schicht ist die gesellschaftlich anerkannte Ebene und definiert sich über Äußerlichkeiten, die wiederum vom aktuellen Zeitgeist geprägt werden. Beinahe alles, was wir tun, unterliegt einem ständigen Wandel.

Beim Betrachten von Fotos, die vor zehn Jahren oder noch früher aufgenommen wurden, wundern Sie sich wahrscheinlich, dass Sie die damalige Kleidung oder Frisur, aber auch Gegenstände modern und geschmackvoll finden konnten. Das ist eine Folge der Prägung von außen, die einen Rahmen vorgibt für das, was wir als akzeptabel ansehen und was nicht.

Reisen bildet

Wir leben in einem christlich geprägten Kulturkreis. Obwohl der Anteil der Menschen immer größer wird, die sich von der Kirche abwenden, feiern wir in den Familien nach wie vor die christlichen Jahresfeste wie Weihnachten, Ostern und Pfingsten. Wer sich auf den Weg macht, seine Heimat zu verlassen, um einen anderen Kulturraum zu erkunden, wird schnell feststellen, dass nicht alle Menschen so leben wie wir. Oft leben sie in einem anderen Rahmen, der ihnen wiederum ihr Leben plausibel erscheinen lässt.

Großen Einfluss auf unser Denken und unsere Wahrnehmung hat die Sprache, die wir sprechen und in der wir denken. In ihr liegt viel altes Wissen verborgen, und gleichzeitig birgt sie unendlich viele Manipulationsmöglichkeiten. Ein einfaches Beispiel, das ich gern verwende, sind Sonne und Mond: In der deutschen Sprache ist *die* Sonne weiblich und *der* Mond männlich. Doch in den meisten Sprachen der Welt ist es gerade umgekehrt. Der Mond ist mit den Gefühlen und dem Wasser bzw. mit der weiblichen Seite verbunden – und die Sonne mit ihrer Strahlkraft mit der männlichen Seite. Durch irgendein Ereignis in der Geschichte wurde die Polarität in der deutschen Sprache verdreht. Damit fällt es uns schwerer, diese Eigenschaften auch als solche wahrzunehmen und zu fühlen, weil sie undenkbar geworden sind

Die Sprache ist zum Beispiel einer der Faktoren, durch die sich Diktaturen als Erstes offenbaren, weil über eine Veränderung der Sprache das Denken der Menschen beeinflusst und gesteuert werden kann.

Gruppenseele und Individualseele

Vielen Menschen gilt Deutschland immer noch als das Land der Dichter und Denker. Gerade unsere empfindsamen Vorfahren haben die Möglichkeiten der Sprache ausgelotet und genutzt, um die Welt zu beschreiben. Für Außenstehende erscheint unsere Grammatik sehr schwierig. Dabei bietet sie sehr viele Möglichkeiten, etwas exakt und genau zu schildern. Eine Eigenschaft, die allgemein den Deutschen zugeschrieben wird. Dieses analytische Denken bestimmt unsere Geschichte als Volk sowie unseren individuellen Weg ganz grundlegend.

Wir sind auch ein Kind unseres Zeitgeistes, der viele Normen und Werte um uns herum bestimmt. Viele ungeklärte Fragen unserer eigenen Geschichte wirken sich bis ins private Leben hinein aus. Wer in der ehemaligen DDR aufgewachsen ist, hat erlebt, wie sich der Zeitgeist mit den Jahren von einem großen Bruder zum anderen gedreht hat.

Allein durch die Macht der Sprache in den Medien wird das Denken eines großen Teils der Menschen in bestimmte Bahnen gelenkt, um ihnen andere Blickrichtungen vorzuenthalten.

Wenn Sie also in sich und in Ihrem Leben aufräumen möchten, um Freiheit zu erlangen, sind die Gruppenseele und der Zeitgeist die wirkungsvollsten Schichten, in denen viele Programme und versteckte Energien liegen. Zugleich ist es eine Ebene, die die größten Potenziale bietet, mit neuen Erkenntnissen anzuecken.

Familienbande

Neben der großen Gruppenseele gibt es einen kleineren Rahmen, der uns genauso intensiv formt. Es ist nicht so wichtig, welche Rolle die Genetik hier spielt. Es sind die Familienbande, die uns am stärksten beeinflussen.

Aus dem Leben

Familiengeheimnisse
Melanie hat von klein auf ein gestörtes Verhältnis zu ihrem Vater. Irgendwie fühlt sie sich in seiner Nähe nicht wohl. Gleichzeitig richtet sie ihre Aggression gegen sich selbst, da sie sich schlecht fühlt, denn es gilt als ungehörig, den eigenen Vater nicht zu lieben.
Später entdeckt sie in einer Therapiesitzung einen Puzzlestein, der ihr ungutes Gefühl bestätigt. Mit einem Mal lösen sich die Selbstzweifel und damit der Druck gegen sich selbst auf: Ihr Vater hat einen Zwillingsbruder. Die beiden Männer haben aus einer Laune heraus beschlossen, für eine Nacht ihre Rollen als Ehemann und Schwager zu tauschen. In dieser Nacht ist Melanie entstanden.

In dem kompletten Kosmos seiner Überzeugungen und Erfahrungen, die jeder Mensch in sich trägt, liegt auch ein kleines Abbild unseres Familiengefüges. Gab es in Ihrer Familie ein Thema mit der männlichen oder der weiblichen Kraft, kann das Ihr ganzes Leben prägen, solange es nicht angeschaut wird. Relativ häufig gehen Menschen sogar an der Last ihrer Familienthemen zugrunde. Gerade wenn die Sprache keine Worte dafür kennt, was in solchen Systemen unterschwellig läuft, wird eine im Außen liegende Ursache nach innen projiziert und kann zur Selbstzerstörung führen.

Gleichzeitig liegt hier jedoch eine große Kraft, die befreit werden möchte und die sich auch befreien lässt. Nachdem unsere

Ahnen hinübergegangen sind, lassen sie einen Großteil des Grolls und der vielleicht vorhandenen Kontrollmuster hinter sich. Was übrig bleibt, ist die Erfahrung und die Liebe. Wenn es Ihnen gelingt, die Kraft Ihrer Ahnen wieder richtig in Ihr Energiefeld einzubringen, wie in Kapitel 10 angesprochen, können Sie die Erfahrung Ihrer Ahnen als Ratgeber mit einem Wissensschatz von Jahrhunderten hinter sich spüren.

Biologisches

Unser Gehirn besteht nicht nur aus der großen grauen Masse mit vielen Furchen. Auch hier finden sich verschiedene Ebenen, die aus unterschiedlichen Zeiträumen stammen und uns dementsprechend bestimmen.

Folgen wir dem Rückenmark nach oben, so weit es sich zu einem ersten Zentrum: dem sogenannten Hirnstamm. Hier liegt ein Großteil der grundlegenden Steuerungen des Organismus. Die *Medulla oblongata* im Hirnstamm ist unter anderem für die Regulierung des Blutkreislaufes und der Atmung zuständig. Außerdem ist es der Sitz für verschiedene Reflexe wie Niesen, Husten und Schlucken. Am Beispiel der Atmung zeigt sich, dass der Hirnstamm nicht ganz autonom arbeitet, sondern auch für Steuerungssignale höherer Ebenen offen ist. Wir können mit unserem Bewusstsein die Atmung steuern.

Unterhalb des Großhirns und hinter dem Hirnstamm befindet sich die nächste Ebene: das Kleinhirn. In ihm werden viele motorische Vorgänge gesteuert und vorausgeplant.

Der oberste Teil des Gehirns ist das Großhirn – jener Teil, den wir als eigentliche Darstellung des Gehirns kennen. Das Großhirn ist wiederum in drei Schichten eingeteilt, die nach der Zeit ihrer mutmaßlichen Entwicklung benannt wurden: Paläocortex, Archicortex und Neocortex.

In den einzelnen Bereichen des Gehirns liegen viele Grundprogramme für unser Überleben, das Revierverhalten und Teile unserer sexuellen Vorlieben.

Seelisch

Neben den gesellschaftlichen, familiären und biologischen Prägungen gibt es eine Schicht, die möglicherweise den größten Einfluss auf die Biografie hat. In jungen Jahren meinen wir, wir seien frei und unabhängig von den Meinungen unser Eltern. Sobald wir uns vom Elternhaus zu lösen beginnen und schrittweise in unser eigenes Leben starten, fängt eine neue Zeitrechnung an. Viele Menschen lassen ihre Kindheit so weit hinter sich, dass sie sich später kaum noch an sie erinnern. Sie fühlen sich frei von allen Zwängen und meinen, die Welt läge ihnen zu Füßen und warte nur auf sie. Doch im Lauf des Weges zeigt sich, dass es so einfach nicht ist; Tiefschläge blockieren den geplanten Weg. Wenig später spült uns das Leben in ganz andere Bereiche, die uns erfreuen, was wir uns vorher nie hätten vorstellen können. So bildet sich nach und nach eine eigene Geschichte heraus, wer wir sind, warum wir manches lieben und wo wir mit unserem Leben hinmöchten. Je länger das Leben gelebt wird, desto klarer wird, dass es eine Art individuellen Faden in ihm gibt. Mit etwa 30 Jahren stellt sich im Rückblick auf das bisherige bewusste Dasein die Erkenntnis ein, dass es Kräfte gibt, die uns führen. Die wirklich großen Wegscheiden – wie den Lebenspartner, den Beruf oder den Wohnort zu finden – haben viele sich nicht bewusst ausgesucht. Sie sind in diese Phasen hineingestolpert. Hinter alldem steht der persönliche Plan, den wir uns für dieses Leben ausgedacht haben und wie uns das Leben gern sehen möchte. Gelegentlich stecken auf dieser Ebene Programme, die noch aus früheren Leben stammen. Das alles können wir unter den Bereich des *Seelischen* zusammenfassen.

Lebensplan

Nimm dir ein paar Minuten Zeit. Halte Zettel und Stift bereit.
Lass deinen Körper nun zur Ruhe kommen und richte deine Aufmerksamkeit nach innen.
Stell dir vor, du hättest einen Zeitpfeil vor dir, der von deiner Ge-

burt bis zum jetzigen Moment läuft. Schau einmal auf wichtige Punkte, die deinen Weg entscheidend geprägt haben. Woher kamen die Impulse dazu? Waren es eigene Entscheidungen oder hat das Leben für dich entschieden? Kannst du diese Ebene des Einflusses als etwas Positives annehmen?
Nimm noch einmal deine Aufzeichnungen von der Spurensuche (in diesem Kapitel) zur Hand. Welche Einflüsse lassen sich aus den oben skizzierten Punkten erkennen?

Anhand der Übungen und der Beschreibung soll gezeigt werden, dass es sehr viele Richtungen gibt, aus denen wir gesteuert werden können. Um wirkliche Freiheit zu finden, ist es deshalb notwendig, sich mit allen Einflüssen zu beschäftigen, die auf uns einwirken.

Grundprogramme

In den tieferen Schichten des Gehirns begegnen uns Programme, die wir von Geburt an mitbekommen. Sie begleiten uns ständig. Wir könnten nicht leben ohne einige von ihnen, denn in wichtigen Momenten sichern sie unser Überleben.

Die einfachsten Programme sind uns gar nicht bewusst. Atmung und Herzschlag laufen automatisch ab. Die Atmung kann jeder relativ einfach bewusst wahrnehmen und verändern. Dagegen können nur trainierte Sportler oder Meditationserfahrene ihren Herzschlag steuern.

Der Volksmund sagt, Kinder seien die besten Lehrmeister. Das Lernen dank der Kinder beginnt schon im Moment der Empfängnis. In dem Augenblick, in dem eine Schwangerschaft beginnt, werden im weiblichen Körper Programme abgerufen, die bisher geschlummert oder sich leise, aber stetig als Kinderwunsch gemeldet haben. Mit einem Mal weiß der Körper, was ihm guttut und was er braucht. Nun beginnt etwas, was meist scherzhaft als »Nestbautrieb« bezeichnet wird.

Nach der Geburt lässt sich die Entfaltung des kindlichen Wesens wundervoll beobachten. Im Mutterleib, wo es bereits neun Monate gelebt hat, hat es eine riesige Entwicklung durchgemacht. Jetzt, da es auf der Welt ist, können wir noch besser zuschauen, wie das Kind unbewusst seine Muskeln trainiert, zu stehen lernt und eines Tages die ersten Schritte macht. In diesem wunderbaren Moment erkennt man, dass das Aufstehen und das Gehen keine Fähigkeiten sind, die dem bloßen Willen des Kindes entspringen. Sie kommen vielmehr aus dem Inneren heraus und warten nur, bis der Körper stark genug dafür ist. Manchmal sieht man sogar, wie die ersten Schritte gegangen werden und das Kind verwundert und erfreut zuschaut, wie sein eigener Körper losläuft.

Einem weiteren Programm begegnen wir, wenn wir beobachten, wie Kinder auf alles Mögliche und Unmögliche hinaufsteigen. Dabei legen sie oft Fertigkeiten an den Tag, die ihnen niemand gezeigt hat. Im Gegenteil, viele Eltern versuchen am Anfang, das Kind gar nicht zu solchen Touren zu animieren, um es nicht in Gefahr zu bringen. Und doch beginnen die Kleinen von alleine zu klettern. Wenn wir uns an dieser Stelle etwas zurücknehmen, können wir lernen, wie erstaunlich sicher das Körperbewusstsein ist. Es entspringt unserem biologischen Grundprogramm.

Programme der Erwachsenen

Im Erwachsenenalter scheinen viele Kindheitsprogramme verloren und vergessen zu sein. Dabei sind sie immer noch unser ständiger Begleiter.

Sie erinnern sich: Eine der Definitionen für *Leben* lautet, dass ein Lebewesen ein in sich abgeschlossenes System mit der Fähigkeit zur Selbstregulation ist. Die Selbstregulation begegnet uns immer dann, wenn wir eine Verletzung heilen und den Körper regenerieren.

Das trifft auch auf seelischer Ebene zu. So wie wir eine Haut haben, die uns vom Äußeren trennt, haben wir einen »Rahmen« für unsere Realität, der unseren seelischen Bereich nach außen abgrenzt. Kein Mensch kann existieren ohne ein in sich schlüssiges Konzept seiner Welt. Wir sind immer bestrebt, unsere Welt so zu gestalten, dass es keine größeren Verwerfungen in ihr gibt.

Manchmal erscheinen uns Lebensentwürfe seltsam, wenn wir von außen auf ein anderes Leben schauen, doch für denjenigen, der dieses Leben lebt, ist es in diesem Moment schlüssig. Wäre dem nicht so, würde er alles daran setzen, um die offenen Punkte seiner Realität zu schließen und zu einem in sich schlüssigen Gesamtbild zurückzufinden.

Natürlich ist ein solches Selbstbild immer fehlerhaft, aber es hilft jedem Einzelnen, auf seiner Ebene sein Leben zu organisieren. Gleichzeitig bestimmt dieses eigene Weltbild das persönliche Handeln. Bewusst oder unbewusst richtet jeder sein Handeln an seinem Konzept von der Welt und an seinen Maßstäben aus.

> **Aus dem Leben**
>
> Der Wissenschaftler
> Martin P. ist Astronom. Er liebt das Denken und die theoretische Himmelskunde. Stundenlang kann er an Planetenbahnen herumrechnen. Er ist verheiratet und hat Kinder, ist aber nicht so emotional, da Gefühle für ihn etwas Bedrohliches haben.
> Seine Frau, die einen Zugang zu eher alternativen Wissenschaften gefunden hat, zeigt ihm einen Artikel, in dem es um die Schönheit der Natur geht und der sie sehr berührt hat. Dort wird beschrieben, wie Venus einen Fünfstern an den Himmel zeichnet und dieses Bild einer Wiesenblume ähnelt. Irgendwie lässt der Artikel Martin keine Ruhe, er rüttelt an Martins Weltbild.
> Dem Astronom wird erst wieder wohler, nachdem er nächtelang herumgerechnet und Beispiele gefunden hat, wie zufällig Planetenbahnen wirklich für ihn sind. Er findet wieder in sein Weltbild zurück. Doch er spürt nicht, wie er sich dadurch seiner Frau ein Stück entfremdet.

Für einen Materialisten kann Bewusstsein nicht ohne Materie existieren, und für ihn ist es ein zufälliges Produkt der Evolution. Um dieses Konzept aufrechtzuerhalten, werden alle anderen Informationen ausgeblendet. Der Glaube an die Materie bestimmt alle Lebensentscheidungen. Beim Thema »Medizin und Gesundheit« kommt für ihn nur eine materielle Lösung infrage, seien es Impfstoffe, Medikamente, eine Operation oder etwas ähnlich Greifbares. Eine Behandlung mit Homöopathika hat in diesem Weltbild keinen Platz.

Neuromarketing

Es gibt keine Entdeckung, die wir nicht gegen uns selbst oder unsere Mitmenschen einsetzen. Anstatt die Natur der Erde besser zu verstehen, werden beispielsweise Kameras und Computer intensiv dafür verwendet, andere Menschen zu überwachen. Selbst einfache Fotoapparate haben heute eine Gesicht-Erkennung eingebaut, mit denen sich die fotografierten Menschen automatisch benennen lassen. Diese Fähigkeit kommt aus der Militärforschung, die sie in Drohnen zur automatischen Zielerkennung und -tötung verwendet. In der Psychologie ist es deswegen ein weites Feld, die vorhandenen Programme des Menschen zu erforschen und sie zu nutzen. Diese Forschungen reichen weit in die Vergangenheit zurück und finden heute ihre Fortsetzung in der Erforschung unseres Konsumverhaltens. Dabei werden einzelne Impulse genutzt, die relativ einfach stimuliert werden können. Die Forschungsrichtung dafür heißt *Neuromarketing* – also Marketing, das auf das Gehirn abgestimmt ist.

Neben anderen hat man so zum Beispiel grundlegende Programme entdeckt, die einen Kaufreiz auslösen können. Wir können uns als Belohnung etwas gönnen, unseren scheinbaren Status gegenüber den Freunden anheben oder aus Gewohnheit heraus ein bestimmte Produkt kaufen. Werbung wird dann auf solche Urprogramme abgestimmt, um sie zu triggern oder auszulösen.

Wichtig in diesem Zusammenhang ist es, dass wir nur selten ein Produkt kaufen, weil wir es benötigen oder weil es unser Leben erleichtern würde. Die meisten Einkäufe lösen ein *Gefühl* in uns aus. Wir erwerben also selten bestimmte Dinge, sondern Gefühle. Wer diesen Zusammenhang einmal erkannt hat, für den ist es weit interessanter, das Gefühl zu erkunden, das beim Kauf befriedigt werden möchte, als sich mit dem Gegenstand zu beschäftigen, denn es zeigt uns einen weiteren Schritt zu mehr innerer Freiheit.

Den Rahmen verlassen

Wie sehr wir von unseren Grundprogrammen gesteuert werden, wird immer dann klar, wenn wir den Rahmen des Wohlgefühls verlassen. Solange unsere Welt in Ordnung ist, geht es uns gut. Unser Weltbild ist rund und in sich schlüssig. Kleinere Fehler können ausgeblendet werden. Wir stoßen immer wieder einmal an sie und werden auf diese Weise gefordert, unsere Weltsicht zu hinterfragen. Wenn wir uns darauf einlassen, können wir uns bei jeder Begegnung mit unseren Grenzen ein Stück weit mehr öffnen und den Rahmen unserer Realität erweitern.

Werden wir durch innere oder äußere Ereignisse gezwungen, unseren Wohlfühlbereich zu verlassen, haben wir die Gelegenheit, unsere Welt von außen zu sehen. Auf einmal erkennen wir die Zwänge und Programme, die uns ständig begleiten und die wir bisher vielleicht als gegeben angenommen haben.

Aus dem Leben

Automatisches Unterwegssein

Herr Dr. Bankmann hatte alles, was er sich wünschen konnte. Er war im mittleren Management eines großen Konzerns tätig. Er besaß ein Haus und mehrere Anlageobjekte im ganzen Land verteilt. Über die Firma war ihm eine betriebliche Altersvorsorge garantiert. Sein jetzt schon fürstliches Einkommen garantierte ihm einen Lebensstandard weit über dem Durchschnitt der meisten Menschen seiner Stadt. Jeden Morgen, nachdem er aufgestanden war und sich angekleidet hatte, las er die Morgenzeitung und blickte kurz auf den Börsenticker, um sich auf den kommenden Tag vorzubereiten.

Er verließ sein Haus über eine Tür, die direkt in die Garage führte. Die Haustür hatte er schon lange nicht mehr benutzt. Das Garagen- und Hoftor ließen sich per Fernbedienung öffnen. Er liebte es, noch selber zu fahren, obwohl er es schon lange nicht mehr nötig hatte. Der Weg zur Arbeit war etwas länger, da er am Stadtrand wohnte, weit weg von den größeren Wohngebieten mit ihren vielen Mietern auf engstem Raum.

Kam er an der Firma an, fuhr er in die Tiefgarage und verbrachte dann den ganzen Tag in seinem vollklimatisierten Büro. Tagein, tagaus lebte er sein Leben so, ohne zu merken, dass er irgendetwas vermisste.

Bis eines Tages auf dem Nachhauseweg das Auto kaputtging. Seltsamerweise hatte er heute sein Telefon im Büro liegen lassen und war nicht in

der Lage, den Autoservice oder ein Taxi zu rufen. Zum ersten Mal seit Langem stieg er aus seinem Auto, um zu Fuß nach Hause zu gehen. Es war Frühling.
»Seltsam«, dachte er, »wie lange ist es wohl her, dass ich das letzte Mal Vögel gehört und beobachtet habe?«

Ein relativ einfaches Beispiel für ein Programm in uns ist unser Zeitgefühl. Sobald wir den gewohnten Rahmen verlassen und beispielsweise in den Urlaub fliegen, zeigt sich, wie sehr wir eingebettet sind in unsere Zeitstruktur und ihre Programme.

Falls Sie das Gefühl haben, in Ihrem Leben festzustecken, ist es leicht, sich mit folgender Regel etwas Lebendigkeit zurückzuholen: »Tue jeden Tag mindestens eine Sache, die du noch nicht getan hast. Gehe einen Weg nie zweimal, sondern schau, dass du deine täglichen Wege immer wieder variierst.«

Gerade im zwischenmenschlichen Umgang erkennen Sie verborgene Kontrollstrukturen, sobald Sie die Spielregeln ändern und sich anders verhalten als gewohnt. Plötzlich lassen Mitmenschen ihre Fassade fallen und zeigen, was sie fühlen oder wirklich über Sie denken.

Hoffnung

Obwohl wir von vielen dieser Programme gesteuert werden und davon profitieren, lassen sie sich auch ändern. Wir haben die Besonderheit des Bewusstseins mitbekommen und können damit viele eingefahrene Muster durchdringen. Entgegen früherer Auffassung können Nervenfasern neu wachsen, also neue Verbindungen gelegt werden, die ursprünglich nicht vorhanden waren. Ebenso können bisher schwache Verbindungen zum Beispiel zugunsten neuer Vorlieben gestärkt werden. Der erste Schritt ist nicht, ein Muster oder ungeliebtes Thema zu verdrängen, sondern es sich anzusehen und es anzunehmen.

Abspaltung

Der Weg, wie Programme im Unterbewusstsein entstehen, lässt sich sehr gut am Beispiel *Trauma* erklären: Ein Trauma entsteht, nachdem wir in eine Situation geraten sind, die wir nicht »verkraften« können. Dabei wird ein Teil unserer Energie abgespalten und bleibt in diesem Ereignis hängen. Der Augenblick birgt so große Schmerzen, dass wir nicht mehr in der Lage sind, sie zu fühlen, sondern sie verdrängen müssen. Deswegen wird in diesem Zusammenhang oft von einer *Abspaltung* oder Verdrängung gesprochen. Die Verdrängung kann so weit gehen, dass wir uns an das konkrete Ereignis nicht mehr erinnern; es wird aus dem runden Bild der eigenen Realität ausgeblendet.

Das alltägliche Verhalten der meisten Menschen wird durch viele kleine Traumata mitbestimmt. Beispielsweise kann ein negatives Erlebnis mit einer Bulldogge dazu führen, dass jemand Hunde generell ablehnt. Entweder ist er sich der Tatsache bewusst und trägt die vor langer Zeit geschehene Geschichte wie ein Schutzschild vor sich her, oder er verdrängt das Ereignis, um sich nicht mehr daran zu erinnern, während er sich innerlich sagt, seine Abneigung sei schon immer da gewesen.

Im größeren Rahmen ist Abspaltung ein Schutzmechanismus des Organismus, bei dem der Teil, für den uns im Moment die Kraft zur Bearbeitung fehlt, ausgelagert wird, um ihn später aufzuarbeiten. Im Bestreben, ein rundes Weltbild zu haben, leben wir erst einmal mit einer Verletzung weiter und entwickeln uns dafür in anderen Bereichen. Haben wir in unserer Entwicklung an anderen Stellen genug Energie aufgebaut, dann kommt der Impuls automatisch, uns die ursprüngliche Verletzung anzusehen.

Wenn wir eine Seite von uns verdrängen, kostet sie uns ständig einen Teil der Lebensenergie. Verborgene Themen sind an drei relativ einfachen Mechanismen zu erkennen: Damit wir überleben können, lehnen wir den Bereich, in dem ein Trauma liegt, entweder komplett ab, oder wir reagieren mit einer Überkompensation, oder wir neigen unbewusst zur Wiederholung des Musters, um es irgendwann besser zu verstehen.

Ablehnung

Wenn wir erfahren haben, dass uns etwas nicht guttut, und entsprechend handeln, ist das eine bewusste Entscheidung. Ein Mechanismus zeigt sich jedoch daran, dass wir einen Teil des Lebens komplett ablehnen. Hier ist die *starke* Ablehnung gemeint, mit der wir uns weigern, einen Bereich anzuschauen. Das kann eine offene oder eine verborgene Ablehnung sein, wenn wir beispielsweise ein Musikinstrument nicht lernen wollen, weil wir selbst (oder einer unserer Ahnen) eine schlechte Erfahrung damit verknüpft haben.

> **Aus dem Leben**
>
> Sprachprobleme
> Klaus ist in den 1970er-Jahren in der DDR aufgewachsen. Während er in allen anderen Fächern der Schule gut bis sehr gut war, ist von dem Russisch fast nichts hängen geblieben. Sosehr er sich später auch bemüht, dieses Wissen zu reaktivieren, es gelingt ihm nicht.
> In der männlichen Linie der Familie gibt es ein größeres Trauma: Kurz nach dem Zweiten Weltkrieg war der Großvater nach Russland verschleppt worden und kurze Zeit später in einem unbekannten Lager verstorben. Seine Frau starb ein paar Jahre später in der Heimat infolge einer Krankheit. Die Kinder wuchsen ohne die Eltern auf und versuchten so, ihr Leben zu leben. Klaus' Vater konnte sich nie richtig auf Beziehungen einlassen, da er sehr unter dem frühen Verlust seiner Eltern leidet.
> Im Zusammenhang mit einem anderen Problem wendet sich Klaus an eine Kinesiologin, um auf verborgene Glaubensmuster zu schauen, die seinen Weg behindern. Dabei stößt er auf die alte Familiengeschichte, die einen Zusammenhang zu haben scheint mit den verdrängten Russisch-Kenntnissen.

Ein anderes Beispiel: In Familien, in denen es Alkoholprobleme gab, sind die Kinder vielleicht nicht abhängig, lehnen aber Alkoholgenuss strikt ab, um nicht an den Niedergang der Familie erinnert zu werden. Aus einer solch tiefen Abneigung heraus wird das alte Muster jedoch immer noch mit Energie versorgt.

Überkompensation

Kann eine Bedrohung nicht beherrscht werden, muss sie vereinnahmt werden. Unter diesem Motto läuft die Überkompensation. Ein Mensch, der diesem Weg folgt, wird den Bereich, der ihn an eine Verletzung erinnert, besonders intensiv leben und damit vermeiden, sich mit dem eigentlichen Thema zu beschäftigen. Wer in der Kindheit zu wenig Liebe erfahren und für seine Gefühle keinen Raum gefunden hat, kann zu überkompensieren beginnen: Um mit der eigenen Verletzung klarzukommen, entscheidet er sich, einen besonders liebevollen Familienalltag zu führen und keine aggressiven Stimmungen zuzulassen. In diesem Haushalt liegt alles unter dem Mantel der Harmonie, der anderen Familienmitgliedern aber keinen Raum lässt, die eigenen Emotionen zu spüren.

Aus dem Leben

»Glatt gebügelte« Differenzen
Johanna ist die Liebe in Person. Sie hatte keine leichte Kindheit und hat lange gekämpft, sich von ihren Fesseln zu befreien. Ihre Mutter war gewalttätig und emotional übergriffig. Johanna hatte nie das Gefühl, ihren eigenen Freiraum zu haben und sich selber finden zu können. Sie wusste, dass sie nie so werden wollte wie ihre Mutter. Also entschied sie sich für das komplette Gegenteil: Sie wollte so liebevoll wie möglich sein. Alle Konflikte in ihrer eigenen Familie sollen sofort angesprochen werden und niemals unter dem Deckel gehalten werden. Wenn man sie fragt, wird sie sagen, dass es in ihrer Familie keine Konflikte gibt. Alle treffen sich regelmäßig zum Familienrat, und was gerade anliegt, wird sofort ausgesprochen. Auch als ihre Tochter einmal sagt, dass sie sich selber erst über ein paar Dinge klar werden muss, wird sie im Namen der Liebe überredet, alles gleich auszusprechen. Ihre Tochter fühlt sich zwar unwohl, ist aber nicht in der Lage, dieses Familiensystem zu hinterfragen, da an der Liebe doch nichts falsch sein kann.
Wenn man Johanna und ihre Tochter von Weitem sieht, könnte man meinen, sie seien Schwestern: Beide tragen die gleiche Frisur und die gleichen Klamotten. Es ist sogar das größte Kompliment, das man Johanna machen kann. Dann fühlt sie, dass sie alles richtig gemacht hat, jung geblieben ist und niemals so wie ihre eigene Mutter geworden ist.

Wiederholung

Bei der Wiederholung geraten wir immer wieder in ähnliche Situationen oder an ähnliche Menschen. Wir trennen uns von einem Partner, um einen anderen Menschen in unser Leben zu lassen, erkennen aber nach kurzer Zeit, dass es zu den gleichen Problemen kommt wie mit dem vorigen Partner, nur in anderem Gewand. Hier suchen wir unbewusst die Wiederholung, um das Muster zu erkennen und daraus zu lernen.

Aus dem Leben

Verblüffend ähnliche Familienverhältnisse
Klaus hat eine Schwester, Sabine. Auch in ihr wirkt das alte Familientrauma der verlorenen Großeltern fort. Bei ihr hat das Elternhaus solche Spuren hinterlassen, dass sie nicht fähig ist, sich auf eine ernsthafte Beziehung mit einem Mann einzulassen. Obwohl sie schon auf verschiedenen Wegen versucht hat, das Rätsel ihres Lebens zu durchdringen, gelingen ihr erst mit Ende dreißig wichtige Schritte, um zu verstehen. Mit ihrem Bruder redet sie manchmal über ihre beiden Sichtweisen auf die Kindheit und die Eltern mit ihren Wertvorstellungen.
In den letzten Jahren haben sie bemerkt, dass sie wohl nicht die Einzigen sind, die sich mit solchen Themen herumschlagen; es ist das Thema ihrer ganzen Generation. Klaus entdeckt im Radio eine Sendung über die sogenannten Kriegsenkel und Kriegskinder. In der Beschreibung finden sich beide wieder auf der Ebene der Enkel, während die Eltern fast eins zu eins die Generation der Kriegskinder widerspiegeln.
Bei einem Gespräch fällt es Sabine wie Schuppen von den Augen, als sie erkennt, dass sie eine fast körperlose – und unglückliche – Fernbeziehung mit einem Mann führt, der ihrem Vater sehr ähnelt. Der Vater von Klaus und Sabine war sieben Jahre alt und das zweitjüngste von vier Geschwistern, als sein Vater nach Russland verschleppt wurde und dort starb. Der entfernte Freund von Sabine ist ebenfalls das zweitjüngste von vier Kindern. Und er war sieben Jahre alt, als sein Vater plötzlich verstarb.

Beim Rückblick auf das eigene Leben sehen wir oft unsere erste große Liebe als prägende Erfahrung. Mit diesem Blick übersehen wir jedoch, dass der erste Partner nur derjenige ist, bei dem wir das erste Mal außerhalb der Familie Liebe erfahren haben. Bis dahin haben wir schon lange Jahre mit Mutter und Vater gelebt und insgeheim einen von beiden als Partner betrachtet. Mädchen begegnen dem anderen Geschlecht meist zuerst in der Person des Vaters; er ist für sie die Hauptfigur, die ihr Männerbild prägt. Bei Jungen ist es die Mutter, die das zukünftige Frauenbild mitbestimmt. Ein wirklich freies Leben und eine freie Entscheidung für einen Partner können junge Menschen nur dann leben, wenn die Beziehung mit den Eltern abgeschlossen ist und sie den Schritt zum Erwachsensein vollzogen haben.

Oft wird diese Entwicklung dadurch erschwert, dass die Elternbeziehung unausgeglichen war und der Vater oder die Mutter in der Ehe eine dominante Rolle spielte. Außerdem werden Kinder oft unbewusst zu Ersatzpartnern gemacht, wenn ein Elternteil alleinerziehend ist oder der Partner nicht alle Bedürfnisse befriedigen kann. Die Kinder brauchen dann unter Umständen ein Leben lang, bis sie verstehen, dass es sich dabei um einen emotionalen Missbrauch handelte, der ihr Wertesystem völlig verschoben hat. Zu einer solchen Grenzüberschreitung kann es schon kommen, wenn der Vater zum Beispiel verreist und dem Sohn aufträgt, gut auf die Mutter aufzupassen. Oder wenn eine alleinerziehende Mutter es sich allzu gut mit ihrem Sohn eingerichtet hat, ohne einen neuen Partner in der Familie zuzulassen. Damit fehlt dem Jungen eine wichtige Seite, um seine Rolle als Mann zu finden.

Das Mehrkörpermodell des Menschen

Alle esoterischen Wege bauen auf dem Verständnis auf, dass der Mensch mehr als den bekannten physischen Körper besitzt. Je nach System werden zwölf und mehr Bereiche unterschieden. Auch ohne großes Lehrgebäude im Hintergrund können Sie Ihren Erfahrungsraum erweitern, indem Sie Ihre Wahrnehmung in verschiedene Bereiche Ihres Wesens lenken, die wir als »Körper« bezeichnen können.

Der physische Körper

Am klarsten ist die Beschreibung des physischen Körpers. Er ist all das, was an *Materie* vorhanden ist und uns ausmacht. Reine Materialisten können sich nicht vorstellen, dass es mehr gibt als diesen einen Körper. Schon bei der Sinnesbetrachtung konnten wir sehen, dass es nicht nur die physischen Sinne gibt, sondern auch die inneren Sinne, die den äußeren gleichwertig gegenüberstehen. Jeder physische Körper speichert eigene Erfahrungen und Bilder. Antrainierte Muster führt er fast selbstständig durch. So ist eine einmal erlernte Fähigkeit wie das Fahrradfahren in den Zellen und Muskeln des Körpers so gespeichert, dass wir auch nach Jahren, in denen wir nicht einmal auf einem Fahrrad saßen, jederzeit leicht wieder auf ein Rad steigen und losfahren können.

Als es noch keine Smartphones mit unendlich großem Speicher gab, tippte man die Telefonnummern per Hand ein. Heute fällt es uns manchmal schwer, eine Nummer einzugeben, weil wir sie vergessen haben oder es uns nicht mehr bewusst möglich ist. Schalten wir dagegen den denkenden Verstand aus, können wir die Körpererinnerung durch das »automatische« Tippen der einzelnen Ziffern wieder hervorrufen, was jetzt nur noch genau beobachtet werden muss. Dies ist ein Beispiel für die Speicherfähigkeit unseres Körpers.

Der physische Körper kann auch dank seiner Vernetzung mit den feineren Körpern immer wieder als Auslöser dienen, Muster ins Bewusstsein zurückzurufen, die in anderen Körpern lagern. So tauchen Erinnerungen auf, wenn wir eine bestimmte Körperhaltung einnehmen, die uns an ein früheres Geschehen erinnert.

Der Mentalkörper

Der Mentalkörper ist ein eigenständiger Körper, in dem das rationale Betrachten der Welt passiert. In ihm ist unsere ganze innere Bilderwelt und das Verstandesdenken verborgen. Er liebt klare Strukturen und sorgt für innere Disziplin und Abläufe. In Momenten höchster gedanklicher Konzentration sind wir haupt-

sächlich in Kontakt mit ihm. Physikalisch wird er als »elektrisch« bezeichnet.
Ein Großteil der heutigen Welt wird aus diesem Wesen heraus geformt. Ohne die ausgleichende Kraft des Fühlens steht er für Kontrollstrukturen, die in sich gesehen gefühlskalt sind.

Der Emotionalkörper

Im Emotionalkörper finden die Emotionen statt. Seine Kraft ist magnetischer Natur. So wie der physische Leib durch die Bewegung trainiert wird, damit wir ein feineres Körpergefühl entwickeln, so werden auch die anderen Körper trainiert. Da der Mentalkörper in der heutigen Zivilisation so stark hervorgehoben wird, droht der Emotionalkörper oftmals zu verkümmern. Zusätzlich wird er durch die gesellschaftlichen Regeln und Medien mit niederen Emotionen gefüttert. Richtig entfalten und spüren können Sie ihn dagegen in Augenblicken des Glücks, der Unsicherheit und Trauer. Gerade Künstler und Dichter zeigen, welch großes Feld die Emotionen darstellen und wie sehr sich ein Körpergefühl im Emotionalkörper entfalten kann.

Der spirituelle Körper

Der physische Körper, der Mentalkörper und der Emotionalkörper sind eher stofflicher Natur. Wir brauchen und benutzen sie die meiste Zeit unseres Lebens in dieser Welt. Neben dieser profanen Seite werden wir von etwas beseelt, das am ehesten an dem roten Faden erkennbar ist, der das Leben ebenso wie die eigenen bewussten Entscheidungen durchzieht. Es beobachtet den Weg aus einer höheren Perspektive. Besonders erlebbar wird diese höhere Kraft in Momenten, in denen wir uns mit dem Leben zutiefst verbunden fühlen.

Sie betreten beispielsweise eine Landschaft, in der Sie definitiv noch nie waren, und dennoch haben Sie das Gefühl, nach Hause gekommen zu sein; Sie fühlen sich sofort geborgen, als wären Sie schon oft hier gewesen.

Ein ähnliches Empfinden überkommt Sie bei schicksalhaften Begegnungen, in denen Sie einen Menschen zum ersten Mal sehen und sofort eine tiefe Verbundenheit mit ihm spüren, als wären Sie bereits manchen Weg miteinander gegangen.

Dieser höhere Sinn, der das Leben mitbestimmt, ist in den unterschiedlichsten spirituellen Büchern und Religionen beschrieben worden. Für den Einstieg reicht es, sich der Möglichkeit zu öffnen, dass es mehr gibt als nur die drei festeren Formen (physischer Körper, Mental- und Emotionalkörper).

Abspaltung einzelner Körper

Normalerweise sind wir ganz im Hier und Jetzt verankert. Alle Körper bilden eine Einheit und sind präsent. Unmittelbar vor einem traumatischen Ereignis fehlte aber meist ein Teil, der sich vielleicht als ungutes Gefühl geäußert hätte. Während des Traumas hatten wir dann einen sehr hohen Energiepegel. Entweder waren wir freudig erregt, oder uns befiel Angst und Panik. Bricht nun das besagte Ereignis über uns herein, haben wir nicht die Kraft, die physische Gewalt, das Bild oder das Gefühl auszuhalten, das mit dem Geschehen einhergeht. Einer der Körper zieht sich zurück oder spaltet ein Stück von sich ab.

Die Beine oder Arme des physischen Körpers knicken weg, sobald eine Kraft auf ihn einwirkt, die er nicht mehr tragen kann. Im schlimmsten Fall brechen sogar einzelne Knochen, was zu einem Trauma führt. Der Körper braucht Zeit, wieder zu heilen.

Das Gleiche kann geschehen, wenn wir einer Situation mental nicht gewachsen sind. Auf emotionaler Ebene wird ein Gefühl verdrängt, das mit diesem Ereignis verbunden ist.

Nach einem Angriff eines Hundes beim Joggen im Wald kann das eigentliche Ereignis verdrängt werden. Allerdings bleibt eine tiefere unbekannte Abneigung gegen Hunde und den Wald zurück.

Stellen Sie sich vor, Ihre Beziehung zerbricht: Zufällig sehen Sie, wir Ihr Partner, den Sie lieben und mit dem Sie schon lange zusammen sind, mit einer anderen Frau zusammen einen Kinderwagen schiebt. Dann sind erst einmal Ihr Mentalkörper und Emotionalkörper verletzt. Der Mentalkörper versucht zu verstehen und untersucht alle vielleicht übersehenen Warnsignale. Gleichzeitig bemüht er sich, mehr Daten zu bekommen, um das Bild zu bestätigen. Spätestens wenn die andere Beziehung nicht mehr zu leugnen ist, zeigen sich auch die Symptome im emotionalen Körper. Sie sind wütend, enttäuscht und traurig. Ihr Vertrauen in den Partner und das Leben ist zerstört. Wie sehr die drei Körper miteinander verbunden sind, erleben Sie in Phasen, in denen der Körper nichts mehr essen möchte und sich nach körperlicher Ruhe sehnt.

Um diese Situation zu überwinden, ist es nun an Ihnen, beide Körper zu heilen. Emotional spüren Sie, dass die Beziehung nicht mehr weitergehen kann. Mental müssen Sie sich entscheiden, das auch umzusetzen. Der Emotionalkörper braucht seine Zeit, das Alte hinter sich zu lassen und zu vergeben. Der Mentalkörper muss alles umkrempeln, eine neue Wohnung suchen, die Haushalte trennen etc., um sich dann wieder mit einem neuen Selbstbild zu beruhigen.

Wenn wir aus einer Situation nicht mehr mit allen Körpern heil und gesund herauskommen, brauchen wir Zeit für Heilung, Zeit für die Selbstbetrachtung oder eine Therapie. Der physische Körper heilt im Normalfall kleinere Verletzungen automatisch. Im Verstand und damit im Mentalkörper schaffen wir uns eine Erklärung dafür, wie es zu dieser Situation kommen konnte. Je nach Ausgangslage vergeben wir uns oder den Beteiligten. Damit können wir das Erlebte ertragen.

Gerade wenn ein Erlebnis emotional nicht durchlebt wurde, bleibt ein Teil der Energie auf dem Niveau stecken, an dem der Emotionalkörper ausgestiegen ist. Der hohe Energiepegel bei einem Trauma spielt bei der Heilung noch einmal eine Rolle. Nach dem Erlebnis fallen wir auf ein niedrigeres Energielevel zurück. Diese Energie reicht aber nicht, sich dem Trauma zu nähern, da es ungefähr der gleichen Stärke bedarf, um es noch einmal anzusehen. Entweder wird durch persönliche Weiterentwicklung genug Energie aufgebaut, oder in der Therapiesitzung fließt genug Kraft zusammen, das Thema anzugehen. Vorher zeigt es sich nicht. Wenn es sich zeigt, muss das Thema auch emotional angegangen und vergeben werden, um dem Frieden wirklich Raum zu schaffen. Erst dann können sich alle Ebenen wieder zusammenfügen, erst dann kann Ruhe in unser Leben einkehren.

Im Grunde seines Herzens sehnt sich jeder Mensch danach, gesund zu sein und wieder »nach Hause«, zu seiner Quelle zu kommen. Wenn wir eine Erinnerung abgespalten haben, weiß mindestens ein Teil von uns, dass wir nicht vollständig sind. Er möchte jedoch zu uns zurückfinden.

Möglicherweise erinnern wir uns nicht mehr an das abgetrennte Ereignis. Da unser Wesen aber nach Ganzheit und Heilung strebt, wird es Signale senden, die uns zeigen, wo der Schlüssel zu unserem Leben und zu der Energie eines verborgenen Ereignisses liegt.

Oft ist es die letzte Szene vor der eigentlich traumatischen, die immer wieder im Bewusstsein auftaucht und uns beschäftigt. Manchmal ist es aber auch eine Kette von Ereignissen. Dann deuten die Signale meist auf das erste Erlebnis hin und führen uns schrittweise immer tiefer in das Verstehen des Gesamtzusammenhangs.

Im Beispiel der Joggerin, die von einem Hund im Wald angefallen wurde, könnten wir uns folgende Kette vorstellen: Aus dem Angriff des Hundes bleibt ein ungutes Gefühl bei »Hund und Wald« zurück. Später wird die Frau bei einem Urlaub im Wald wieder erinnert oder retraumatisiert. Jetzt koppelt sich das ungute Gefühl auch an den Urlaub. Da der Urlaub aber von ihrem Freund gebucht wurde, kommt auch dieser noch ins Spiel, obwohl er überhaupt nichts mit dem Ursprungsereignis im Wald zu tun hatte.

Falls Sie also in Ihrem Leben einen ständig wiederkehrenden Gedanken entdecken, der immer von derselben Situation erzählt, dient Ihnen dies als ein Hinweis darauf, einmal genauer hinzusehen, denn dort liegt etwas verborgen.

Hier könnte also der Urlaub als ungute Erinnerung immer wieder auftauchen. Wenn die Joggerin genauer hinschaut, »landet« sie zunächst bei ihrem Freund und beim Wald und danach erst bei der viel früheren Geschichte mit dem Hund.

Gerade um sehr frühe Emotionen neu zu sortieren, empfiehlt es sich, sich dem *inneren Kind* zuzuwenden, mit dem wir uns in einer Meditation (siehe Kapitel 9) ausführlicher beschäftigen werden.

Die Bedeutung der Ebenen für die innere Arbeit

Das Mehrkörpermodell hilft Ihnen, zu erkennen, auf welcher Ebene eine Verletzung ungeklärt ist. Damit können Sie das Thema bearbeiten. Vielleicht haben Sie ein Lebensthema schon aus unterschiedlichen Richtungen bearbeitet und dennoch das Gefühl, dass Sie es noch nicht zu Ende gebracht haben. Was ergibt sich, wenn Sie schauen, welcher der Körper bisher geheilt wurde? Gibt es noch etwas zu tun?

Ein altes Thema anschauen

Gönnen Sie sich einen Augenblick Ruhe. Nehmen Sie Papier und Stift zur Hand, um sich Notizen zu machen. Entspannen Sie sich und schauen Sie nach innen.
Betrachten Sie ein Thema, das Sie früher sehr bewegt hat und von dem Sie meinen, dass noch etwas ungeklärt sei. Versuchen Sie, sich möglichst lebendig daran zu erinnern.
Wenn Sie wieder in der Situation sind, gehen Sie mit jeweils einem der Körper noch einmal durch den zeitlichen Verlauf hindurch.
Fragen Sie sich dabei jeweils: Was ist körperlich passiert? Ist etwas verletzt worden? Sind alle Wunden geheilt? Gibt es noch Energien des Ereignisses, die im Körper gespeichert sind? Und was können Sie tun, um sie zu befreien und loszulassen?
Wie ist es dem Mentalkörper ergangen? Kam er mit dem Bild des schmerzlichen Ereignisses klar oder taucht es gelegentlich wieder auf? Ist etwas verletzt worden? Sind alle Wunden geheilt? Und was können Sie tun, um sie zu befreien und loszulassen?

Was fühlt der Emotionalkörper? Konnte er wieder zu seiner alten Stabilität zurückfinden oder möchte noch etwas gefühlt werden? Was können Sie tun, um ihn zu befreien und loszulassen? Falls Sie merken, dass auf einer der drei Ebenen noch etwas offen ist, schauen Sie genauer hin und kümmern sich darum.

Bei der Meditation sollten Sie darauf achten, dass Sie alle Körper spüren. Sobald sich eine Ebene zurückzieht, ist dies ein Zeichen dafür, dass dort ein Problem liegt.

Warum sollten Sie anfangen, sich mit einem Thema auseinanderzusetzen? Weil jede abgetrennte Erinnerung permanent Energie von Ihnen fordert. Das Auflösen eines Themas erfordert zwar etwas mehr Kraft, als täglich Energie für ein gestautes Problem aufzuwenden. Dennoch lohnt sich die Aufgabe, denn die Energie, die sonst jeden Tag abfließt, steht Ihnen danach täglich für den Rest Ihres Lebens zur freien Verfügung.

Sobald Sie wissen, dass eine wichtige Frage beachtet werden möchte, sollten Sie nicht mehr wegsehen. Sie brauchen alle Energie, um Ihren Weg zu gehen und Ihren Traum zu verwirklichen. Ein Thema, das sich auf dem Weg nach oben auftut, ist eine wunderbare Chance, mehr Lebenskraft zu gewinnen. Helfen Sie ihm, sich zu zeigen, und hören Sie auf die Botschaft, die das Thema mit sich bringt.

Wenn Sie feststellen, dass Sie bei einem Thema nicht weiterkommen, scheuen Sie sich nicht, sich Hilfe zu holen. Ein erfahrener Therapeut sieht als Experte und neutraler Beobachter meist mehr als der betroffene Mensch. Wir sind oft betriebsblind im eigenen »Haus«, in unserem Körper, mit dem wir täglich durchs Leben gehen, und haben Scheuklappen hinsichtlich des eigenen Lebenskonzepts.

Verteidigungsmechanismen

Gehen Sie bitte weiter, hier gibt es nichts zu sehen!

Ein Problem oder eine abgekapselte Geschichte möchte zwar einerseits gelöst werden, andererseits erscheint aber die Lösung so schmerzhaft, dass wir sie vor uns verbergen wollen. Um den Schmerz nicht fühlen zu müssen, gibt es mehrere »Kreise« des Schutzes oder der Verteidigung.

Der erste Kreis kommt meist aus dem Großhirn und ist eher mentaler oder emotionaler Natur. Er wird versuchen, mit einfachen Mitteln unsere Aufmerksamkeit von dem schmerzbehafteten Thema wegzulenken.

Vielleicht kennen Sie einen guten Freund, der schon sehr lang allein lebt, aber damit unglücklich ist. Haben Sie sich mit ihm unter vier Augen über eine mögliche neue Beziehung unterhalten, konnte er detailliert beschreiben, wie es sein würde, eine Partnerin zu haben. Allerdings findet er tausend Begründungen, warum er nicht gut für eine Partnerin sei. Und eigentlich sei er allein auch sehr glücklich. Außerdem habe er ein tolles Hobby, in das er all sein Herzblut steckt und das ihm gar keine Zeit für eine Partnerschaft lasse. Alle diese Geschichten sind Zeichen von Abwehrmechanismen im äußeren Kreis. Diese Erzählungen und Muster lenken an dem eigentlichen emotionalen Problem vorbei, warum er in Wahrheit niemanden an sich heranlassen möchte; sie sind Teil der ersten Abwehr gegenüber sich selbst und gegenüber Ihren Fragen unter vier Augen.

> **Aus dem Leben**
>
> **Das UFO**
> Stell dir vor, du hast von dem Gerücht gehört, im Wald nahe deiner Stadt sei ein UFO abgestürzt. Außerdem hast du erfahren, dass alle möglichen seltsamen Menschen in der Gegend herumstreichen, um Besucher davon abzuhalten, den Wald zu besuchen. Da du schon seit Jahren auf ein Zeichen einer außerirdischen Existenz wartest, machst du gemeinsam mit deiner Familie einen Ausflug, damit deine Nachforschungen möglichst unauffällig aussehen.
> Je näher ihr aber dem geheimnisvollen Wald kommt, desto merkwürdiger

werden die Menschen, die du triffst. Beim Ersten fällt dir das gar nicht auf, aber als dir der Zweite, Dritte und Vierte begegnen, wird es schon seltsam. Die Ersten kommen euch entgegen, lachend und fröhlich sprechen sie euch an: »Habt ihr schon gehört? In der Stadt ist heute großer Jahrmarkt! Das solltet ihr euch auf keinen Fall entgehen lassen!« Die Nächsten kommen euch entgegen und erzählen, sie seien mal wieder im Wald gewesen und sehr enttäuscht, weil er so ungepflegt sei; es lohne sich wirklich nicht, in den Wald zu gehen. Ihr ignoriert auch sie und geht weiter.

Nach dem zehnten Paar fällt dir auf, dass dir sehr viele Menschen entgegenkommen, ihr aber die Einzigen zu sein scheint, die zielstrebig in Richtung des Waldes weitergehen. Jene, die euch abzuhalten versucht haben, lassen sich aber in die zwei Kategorien einteilen, die die ersten beiden Begegnungen symbolisch dargestellt haben: Entweder sie versuchen euch auf etwas viel Schöneres hinzuweisen, das woanders stattfindet, oder sie versuchen dir klarzumachen, dass der Wald völlig uninteressant ist und du viel besser daran tätest, in eine andere Richtung zu schauen.

Damit ist zwar dein Interesse an dem UFO noch nicht gestillt, aber du hast zwei Wege des ersten Abwehrkreises kennengelernt.

Die einfachste Methode der Ablenkung besteht darin, sich einzureden, es sei *nicht* interessant, ein bestimmtes Thema anzusehen. Da es wie bei der Aufgabe, sich keinen rosa Elefanten vorzustellen, schwer möglich ist, einen Raum mit etwas *nicht* zu füllen, kommt sehr schnell die zweite Methode hinzu: Wir reden uns ein, ein anderer Bereich sei viel interessanter. Übrig bleibt allerdings ein ungutes Gefühl oder die Wahrnehmung, dass etwas fehlt. Dennoch ist der Teil, der sich eine andere Realität einredet, zunächst stärker. Dann beginnen wir, schrittweise an diese neue Realität zu glauben, und vertiefen uns immer mehr in sie.

Der Volksmund sagt, wer lügt, braucht ein gutes Gedächtnis. Die Wahrheit dagegen spricht immer für sich. So werden um die Lüge weitere kleine Lügen gebaut – sowohl gegenüber sich selbst als auch gegenüber anderen Menschen –, die oft das Hauptthema verdecken. Diese Lügen um die Hauptverletzung herum werden manchmal auch auf Freunde und Bekannte ausgedehnt.

Im Grunde müssten diese Menschen es spüren, wenn jemand aus ihrem Umfeld eine Verletzung verbirgt und wahrhaftig ist. Doch wenn sich ein Kreis von Leuten zusammengefunden hat, die das Spiel mitspielen, liegt es nahe, dass sie sich unbewusst ähnliche Verletzungen aufgeladen haben. Sie bestätigen sich gegenseitig und ziehen teilweise andere mit hinein, nur um sich nicht mit einem bestimmten Thema beschäftigen zu müssen.

> **Aus dem Leben**
>
> **Wahrheitsliebe und Stehvermögen**
> Eine typische Männerrunde in der Kneipe. Jeder hat seine Erfahrungen mit Frauen und Beziehungen gemacht. Wenn einer einen Spruch loslässt wie »Frauen und Männer passen einfach nicht zusammen, oder?«, schickt er eine selbsterfüllende Überzeugung von sich aus. Mit dem angehängten »Oder?« werden alle am Gespräch Beteiligten zur Zustimmung aufgefordert. Was die meisten Männer gerne bereitwillig tun, ohne nachzuspüren oder nachzudenken. Die Lüge wird sozusagen auf viele Schultern verteilt. Kommen Sie jetzt zu einem solchen Gespräch hinzu, wenn Sie mit sich und Ihren Körpern vertrauter sind, könnten Sie sich innerlich sagen: »Ach, lass sie doch, das übliche Machogehabe.« Emotional spüren Sie aber, wie eine solche Lüge Sie unterschwellig mit hineinzieht. Um also weiterhin im Einklang mit sich bleiben zu können, müssen Sie einen Weg finden, das »Oder?« zurückzuwerfen oder offenzulegen, ohne viel Aufruhr zu verursachen.

Wenn für Sie die Maxime gilt, bei sich und bei anderen immer auf die Anwesenheit und Ausgeglichenheit aller Körper zu achten, können Sie eine solche Scheinrealität aufspüren. Bei einem der Körper werden Sie dann eine Veränderung oder Abweichung fühlen können.

Schlafende Hunde wecken

Neben den einfacheren Schichten des Ablenkens und Kleinredens gibt es einige Verteidigungsmuster, die dem älteren Stammhirn entspringen. Sie gehen auf alte Überlebensmuster zurück und treten immer wieder auf, solange sie nicht gelöst worden sind.

Ist ein Lebewesen einer äußeren lebensgefährdenden Bedrohung ausgesetzt, reduziert sich die Anzahl der Reaktionsmöglichkeiten auf wenige Grundmuster. Die einfachsten sind Angriff, der vorgetäuschte Tod oder die Flucht.

Angriff

In der ersten Variante geht der Bedrohte auf Angriff über. Er verlässt den eigenen sicheren Kreis und versucht, den vermeintlichen Feind zu vertreiben, indem er in dessen Bereich eintritt. Dieser Angriff kann wieder auf einer der drei Körperebenen erfolgen. So wird ein Mensch entweder *körperlich* gewalttätig, versucht das Gegenüber *mental*, das heißt mit Worten in eine andere Richtung zu lenken, oder er wird *emotional* verletzend. Gerade die subtileren Formen sind nicht immer leicht zu erkennen. Dazu gehören solche Spielarten wie Du-Botschaften (»Du hast nicht aufgepasst!«, »Du hast versagt!« etc.), emotionale Erpressung und Verdrehung der Wahrnehmung, sodass sich der andere am Ende schuldig fühlt.

> **Aus dem Leben**
>
> Wer lügt?
> Bernd lebt getrennt von Monika, seiner Exfrau, und seinen Kindern. Was Termine angeht, ist er immer sehr unzuverlässig. Anna, die achtjährige Tochter, die ihren Vater vergöttert, fragt ihn am Telefon, wann er sie am nächsten Tag abhole. Alle anderen in der Familie hören, wie Bernd sagt, er werde pünktlich um 16 Uhr da sein.
> Am nächsten Tag rennt Anna schon eine Viertelstunde vor vier mehrmals zur Tür und schaut im Treppenhaus, ob der Papa kommt. Doch der fährt erst um 17.30 Uhr vor. Mit traurigen Kinderaugen sagt Anna: »Du wolltest doch um vier hier sein!« Bernd daraufhin: »Das stimmt gar nicht. Das habe ich nicht gesagt!« Damit verdreht er die richtige Wahrnehmung von Anna. Als sie darauf besteht: »Doch, das hast du gesagt!«, schiebt er nach: »Hör auf zu lügen, sonst hab ich dich nicht mehr lieb.« Damit bringt er seine Tochter mit einer emotionalen Erpressung auch noch in weitere Konflikte.

Vorgetäuschter Tod

Was passiert, wenn Sie eine Schnecke oder Spinne berühren? Sie zieht sich zusammen bzw. lässt sich auf den Boden fallen und stellt sich tot. Das Gleiche lässt sich bei anderen Arten beobachten. Viele Räuber im Tierreich reagieren auf Bewegungen, um ein

Lebewesen zu erkennen. Wenn eine Katze mit einer Spielzeugmaus spielt, ist die Maus nur interessant, solange sie sich bewegt.

Hier kommt ein weiteres Muster zum Vorschein: Menschen, die Schwieriges erlebt haben, können sich partiell tot stellen, um den verborgenen Schmerz nicht fühlen zu müssen. Das reicht vom Verdrängen bis zur Ablehnung des gesamten körperlichen oder emotionalen Bereiches. In unserer Gesellschaft zeigt sich das beispielsweise, wenn wir eine Kultur des Intellekts pflegen, den Körper bzw. die Gefühle jedoch abtun.

Flucht

Neben Angriff und Totstellen gibt es als Reaktion bei Bedrohung noch die Flucht. Ein Wesen bringt sich aus der Gefahrenzone in Sicherheit.

Dieses Prinzip zeigt sich am Beispiel der Vögel: Kommen wir ihnen im Park zu nahe, fliegen sie einfach weg.

Im menschlichen Umgang miteinander ist der Fluchtinstinkt sehr präsent. Bei plötzlich auftretender Gefahr auf der Straße springen Sie normalerweise spontan zur Seite oder laufen weg.

Gerade bei Beziehungsthemen fallen wir gern in dieses Muster zurück. Im Gespräch kommt das Muster zum Vorschein, wenn sich Ihr Gegenüber aus der unangenehmen Situation herauswindet. Er lenkt vom Thema ab, verlässt den Raum oder nimmt andere Fluchtwege.

Ein Extremfall zeigt sich bei Missbrauchsopfern, die sich nur aus der Situation retten konnten, indem sie sich von ihrem Körper abgespaltet haben.

Das Muster der Flucht zeigt sich auch immer, wenn jemand auf eine andere Ebene wechselt oder in eine Scheinwelt flüchtet.

Selbstbeobachtung und Hilfe von außen

Ich habe hier einige Abwehrmechanismen vorgestellt, die jeder in sich trägt. Es geht darum, sich dies bewusst zu machen und sich regelmäßig die Frage nach der eigenen Präsenz zu stellen: Bin ich zu 100 Prozent im Hier und Jetzt – oder vielmehr in der Vergangenheit oder in der Zukunft? Der jetzige Moment ist der einzige, in dem ich wirklich etwas ändern kann.

Die zweite Frage betrifft die Anwesenheit aller Körper: Sobald Sie sich dabei ertappen, den Kontakt zu einer der Ebenen zu verlieren, sollten Sie sofort innehalten und sich erinnern, wann und warum sich ein Teil verabschiedet hat.

Sowie Sie sich bei einer Abwehrhaltung ertappen, können Sie die Chance ergreifen, einer tieferen Schicht Ihrer Muster zu begegnen. Im Allgemeinen gibt es kein Problem im Bewusstsein, das wir in der aktuellen Lebenslage nicht lösen könnten.

Dennoch sollten wir uns dazu Hilfe holen. Beim Thema sexueller Missbrauch ist es zum Beispiel sehr wichtig, sich an erfahrene Therapeuten zu wenden, da sie von außen besser erkennen, welche Muster und Vermeidungsstrategien Sie im Moment anwenden.

Zusammenfassung

Wir haben gesehen, wie einzigartig und gleichzeitig vielfältig der Mensch ist. Jedes Individuum lebt aus unzähligen Impulsen unterschiedlichster Bereiche heraus, die alle Einfluss auf ihn haben. Jeder Mensch ist individuell – und in gewisser Weise undurchschaubar.

All diese inneren Impulse geben jedoch klare Hinweise auf die tieferen Schichten, die auf uns einwirken. Die wichtigste Regel, um zu verstehen, welche Ebene gerade in Ihnen spricht, lautet: Bleiben Sie immer bei sich und seien Sie sich der Muster und Impulse bewusst! Wenn wir ein Gespür für unsere Mitte entwickeln, erkennen wir sehr schnell, welche Kräfte uns aus dem Gleichgewicht bringen wollen.

Jeder unserer Körper ist wichtig bei der Bewältigung des Lebens. Der physische Körper, der direkt aus dieser Welt kommt, kann nicht hoch genug geschätzt werden. Er ist sehr weise, steht in direkter Kommunikation mit der Umwelt und hat Zugang zu Wissensbereichen, die wir vielleicht nur ahnen. Deswegen ist es von besonderer Bedeutung, auf ihn zu achten und seine Signale zu verstehen. Auch der Mental- und der Emotionalkörper sind wichtige Ratgeber und Begleiter, die Ihnen helfen, den Informationsaustausch mit sich und Ihrer Umwelt zu verstehen.

Wenn Sie die Dynamik verdrängter Energien in Ihnen und bei Ihren Mitmenschen besser durchschauen, werden Sie sich im Umgang mit sich und anderen sehr bereichert fühlen. Dabei sollte Ihnen ein Blick auf die Prinzipien der Wahrnehmung helfen. Auch der Weg nach innen mithilfe der Meditation eröffnet viele Einsichten in die Wege der inneren Welt, die Ihr Außen mitbestimmen.

5 Licht auf die Wahrnehmung

Bei der Arbeit mit Menschen erlebe ich immer wieder, wie ähnlich ihre Probleme sind. Die meisten sind der Überzeugung, sie könnten nichts wahrnehmen oder ihrer Wahrnehmung nicht trauen. Dabei verfügt jeder Mensch über sehr feine Wahrnehmungsorgane. *Goethe* sagte einmal, der menschliche Körper sei das genaueste Messinstrument. Die meisten sind sich dessen nur nicht bewusst.

Leider gibt es keinen einheitlichen Code, der für alle gilt. Jeder hat eine eigene Sprache, und es geht darum, diese Sprache wieder zu verstehen – auch wenn die innere Stimme sehr leise ist und deswegen in einer lauten und hektischen Zeit nicht so leicht gehört werden kann. In diesem Kapitel beleuchten wir den Zugang zur inneren Stimme, damit sie klarer zu vernehmen ist.

Wie erfahren wir unsere Welt, und was ist Realität? Leider ist die Realität gar nichts Allgemeingültiges. Jeder steckt in seinem

Körper und nimmt die Welt aus seiner Perspektive wahr. Niemand kann ein Ereignis aus exakt dem gleichen Winkel betrachten wie ein anderer. Und ein Geschehen kann nicht noch einmal gesehen werden, wenn die Zeit bereits weitergewandert ist.

Der innere Beobachter

Damit Sie einen Blick auf sich und Ihre Wahrnehmung werfen können, brauchen Sie einen Beobachter. Interessant dabei ist, dass wir alle einen Beobachter »an Bord« haben. Er wird in allen großen spirituellen Traditionen erwähnt und für sehr wertvoll erachtet. Dieser Zeuge ist ständig bei uns, beurteilt nicht, sondern schaut nur. Er sieht Ihre inneren und äußeren Welten, Gedanken und Gefühle.

Vielleicht haben Sie ihn bisher noch nicht bewusst wahrgenommen. Mit Sicherheit begeben Sie sich mehrmals am Tag in seine Perspektive. Der erste Schritt, mit ihm vertrauter zu werden, besteht darin, ihn als Möglichkeit anzunehmen und zu schauen, wo er sich zeigt.

> **Schritte mit Hilfe des inneren Beobachters**
> »Ich habe Angst, ich habe Angst!« Immer wieder klangen die Worte in Saskias Kopf. Wie angewurzelt stand sie vor der Brücke, die über ein kleines Tal führte. Saskia hatte schon oft versucht, mit ihrer Angst klarzukommen. Diesmal war sie mit ihrem Freund auf einer Wanderung unterwegs. Ihr Freund erinnerte sie daran, einmal genauer hinzusehen.
> Also stellte sie sich vor, sie könnte sich selbst in dem Moment beobachten – was ihr auch sehr gut gelang. Ein Teil von ihr empfand Angst, ein Teil sprach sie aus. Rein logisch gesehen bestand gar keine Gefahr – die Brücke sah sehr stabil und neu aus. Und es gab den Teil in ihr, der die verschiedenen Facetten der Situation beobachten konnte: der innere Beobachter. Mit dem Blick auf die größere Perspektive hatte sie sich von der Angst, die sie umklammerte, abgewandt und ging ganz bewusst ins Vertrauen. Sie atmete ein paarmal ruhig und gleichmäßig, schaute geradeaus, ohne Kraft an die Tiefe unter der Brücke zu geben, und schritt gleichmäßig voran. Gleichzeitig beobachtete sie, wie sie sich dabei fühlte. Mit jedem Schritt ließ die Anspannung nach, und sie wurde gelassener.

In welchen Momenten in Ihrem Leben haben Sie den inneren Beobachter besonders gespürt? Erinnern Sie sich an eine Zeit, in der Sie intensiv mit einem persönlichen Thema beschäftigt waren? Vielleicht haben Sie dabei erlebt, wie Sie sich wiederholt in ein bestimmtes Gefühl hineingesteigert haben. In solchen Momenten verallgemeinern wir, indem wir sagen, wir seien »traurig«, »wütend« oder »verliebt«. In so einem *Zustand* nehmen wir meist nicht wahr, dass wir mehr als unsere Gefühle sind. Das Gleiche trifft auf unsere Gedanken zu, die uns so gefangen nehmen können, dass wir kaum über ihre Kreise hinaussehen. Auch hier gilt: Wir haben unsere Gedanken, wir *sind* sie aber nicht.

Wenn Sie eine Zeit lang immer wieder mit den gleichen Emotion gerungen oder immer die gleiche Geschichte in Gedanken durchgegangen sind, haben Sie wahrscheinlich gemerkt, dass Sie auf diesem Weg nicht weiterkommen. Wenn Sie sich mit Ihren Gefühlen und Gedanken identifizieren, sind Sie in der Situation gefangen und kaum in der Lage, einen anderen Ausgang zu sehen. Sobald Ihnen bewusst wird, dass Sie sich immer wieder in dieselbe Schleife hineinbegeben, sind Sie bereits in der Position des Beobachters. Durch ihn gelangen Sie auf eine Ebene, die unverletzbar ist. Sie sind nicht mehr der Gedanke oder das Gefühl, Sie sind derjenige, der sich selbst beim Denken und Fühlen zuschaut.

Nachdem Sie in Ihrem Leben schon ein Stück Weg zurückgelegt haben, erkennen Sie in der Rückschau, dass sich die Gefühle oder Gedanken von damals verändert haben. Sie haben aus der Vergangenheit viel gelernt und leben heute mit ganz anderen Erfahrungen. Aus einer höheren Perspektive betrachtet, währen die Gefühle und Wahrnehmungen also nicht ewig. Sie ziehen weiter und vergehen. Spirituelle Traditionen sagen deshalb, dass der Beobachter in Ihrem Inneren derjenige ist, der ewig bleibt.

Da sich unser Bewusstsein wie ein Radio abstimmen lässt, können wir selbst entscheiden, auf welche Perspektive wir uns einlassen. Wenn Sie die Situation von damals bereits überwunden haben, ist es Ihnen irgendwann gelungen, die Perspektive zu wechseln. Falls Sie gerade mittendrin stecken, ist vielleicht jetzt der richtige Moment, einmal anders auf Ihre aktuelle Lage zu blicken.

Es gibt nur *einen* Ort, an dem Sie die Welt und sich ändern können – und der ist *jetzt!* Die Vergangenheit können Sie nicht mehr ändern, und die Zukunft ist noch nicht geschehen.

Wichtig ist zu verstehen, dass der Beobachter jenseits aller Sprachen und Vorstellungen existiert. Wären Sie in einem anderen Land mit einer anderen Kultur aufgewachsen, hätten Sie dennoch die gleiche Instanz in sich. Sie würden sie zwar teilweise anders interpretieren oder anders mit ihr reden, aber es ist immer der gleiche Zuschauer, der jeden Menschen begleitet. Aus Sicht der spirituellen Philosophen der Erde ist es das große Bewusstsein, das in uns lebt.

Die eigene Sprache entdecken

Wenn Sie den Beobachter als Möglichkeit und Chance akzeptieren, können Sie ihn zu einem vertrauten Freund machen, eventuell zum besten Freund, da er der Einzige ist, der all das erlebt hat, was Sie durchlebt haben. Höchstwahrscheinlich unterscheiden sich Ihre Auffassungen dessen, was in Ihrem Leben passiert ist oder gerade geschieht. Vielleicht ergibt sich aber aus der Perspektive dieses Freundes eine völlig neue Sicht auf Ihr Leben.

Ich begegnete einmal einer Frau, die felsenfest davon überzeugt war, dass sie nicht träumt. Da ich weiß, dass jeder Mensch träumt und jeder schon wenigstens eine außersinnliche Wahrnehmung in seinem Leben hatte, ließ ich mich auf eine Diskussion mit ihr ein. Ich versuchte über verschiedene Wege herauszufinden, was sie in der Nacht auf der Traumebene erlebt. Trotzdem blieb sie bei ihrer Überzeugung, nie zu träumen. Sie schien wirklich nichts zu erleben. Nachdem wir schon einige Zeit miteinander redeten, platzte es plötzlich aus ihr heraus: »Erst letzte Nacht wieder! Alles voller Katzen!«

Also doch ...! Das Einzige, was ihren Träumen im Weg gestanden hatte, waren ihre eigenen Erwartungen. Unser Unterbewusstsein, unser Körper oder unsere Seele sprechen oft zu uns, wir akzeptieren es jedoch nicht und verschließen uns damit dieser so wichtigen Quelle der Weisheit.

Die folgende Übung hilft Ihnen, sich selbst besser kennenzulernen.

Als Gast im Wohnzimmer

Schließe deine Augen. Atme ruhig und entspannt. Stell dir vor, du wärst als Gast in deinem Wohnzimmer. Lass deiner Fantasie freien Lauf und versuche das Zimmer mit all seinen Facetten wahrzunehmen. Wie riecht es? Welche Farben hat es und wie fühlt es sich allgemein an, in dem Zimmer zu stehen? Schau in dich hinein und beobachte dabei, wie du dein Zimmer wahrnimmst und woran du erkennst, dass es dein Wohnzimmer ist. Versuche die Erfahrung so genau wie möglich zu beschreiben.

Beim Betrachten Ihrer inneren Wahrnehmung fällt Ihnen auf, dass Sie verschiedene Sinne haben. Aus der Position des Beobachters, der sich selbst über die Schultern schaut, können Sie leicht erkennen, wie Sie wahrnehmen. Der eine Mensch ist mehr visuell veranlagt, er sieht sehr viel; der andere spürt stark; der nächste kann gut riechen oder schmecken usw. Jeder hat dabei eine eigene Sprache.

In der Psychologie gibt es eine einfache Systematik. Unsere Augen sind eine Ausstülpung des Gehirns und direkt mit ihm verbunden. Daher zeigen sie sehr leicht an, was gerade im Kopf vor sich geht. Das Gesicht lässt sich in drei Ebenen unterteilen: Ein Streifen liegt über den Augen aufwärts, der mittlere Streifen umfasst die Augen und die Ohren, und der untere Streifen schließt die Nase und den Mund ein. Mit großer Wahrscheinlichkeit werden Sie in einem dieser Bereiche bevorzugt wahrnehmen.

Schauen Sie sich also in Ihrer Erinnerung Ihr Wohnzimmer an, dann können Ihre Augen entweder ruhig bleiben, nach oben wandern oder nach unten sinken. Diese Bewegung geschieht unbewusst, zeigt aber deutlich, was in Ihnen vor sich geht. Sie können es auch bei Ihrem Partner oder bei einem Freund testen, indem Sie ihn bitten, er möge sein Wohnzimmer beschreiben, und Sie dabei insgeheim auf seine Augen achten. Schaut er nach oben, ist er wahrscheinlich visuell veranlagt. Bleibt sein Blick waagerecht, nimmt er eher auditiv wahr. Sinkt sein Blick nach unten, nimmt er eher kinästhetisch wahr, das heißt, er ist mit seinem Tastsinn verbunden und spürt mehr, als er sieht oder hört.

Hinzu kommt die Teilung in die linke und rechte Gesichtshälfte. Wenn Sie auf eine Frage mit den Augen nach rechts schauen, erinnern Sie sich an etwas; sehen Sie nach links, konstruieren Sie etwas. Anhand dieser sechs Blickrichtungen können Sie sehr viel über Ihr Inneres (oder das eines anderen Menschen) herausfinden. Deswegen gehört dieses Wissen zur Schulung von Verkäufern und Versicherungsvertretern, die ihr Gegenüber vorteilhaft und geschickt ansprechen müssen. Wird ein überwiegend auditiv veranlagter Mensch mit einer bildhaften Sprache angesprochen, kann es sein, dass er sich nicht verstanden fühlt, sodass das Geschäft erst gar nicht zustande kommt. Der Verkäufer stellt eine Testfrage und stimmt seine Sprache unbemerkt auf Sie ein.

Das, was andere können, können Sie auch. Versuchen Sie zu verstehen, wie Sie hauptsächlich wahrnehmen. Es gibt keine richtige oder falsche Wahrnehmung. Es gibt nur Ihre Wahrnehmung.

Das dritte Auge und der innere Bildschirm

Bei den Chakras, den Energiezentren des Körpers, gibt es das sogenannte *dritte Auge*. Es hilft, in andere Welten zu sehen, auf das universelle Wissen zuzugreifen oder mit fremden Energieformen zu kommunizieren. Das dritte Auge sitzt hinter der Stirn, etwas oberhalb der Augenbrauen. Wenn Sie visuell veranlagt sind und Ihr Blick nach oben geht, greifen Sie auf den inneren Bildschirm zurück.

Auch wenn Sie nicht visuell veranlagt sind, können Sie mit dieser Ebene experimentieren. Beobachten Sie einmal, ob es Ihnen gelingt, innere Bilder abzurufen. Dazu schauen Sie innerlich nach oben und stellen sich einen Delfin vor. Gleichzeitig beobachten Sie, ob daraufhin ein Bild in Ihnen als Antwort entsteht.

In der wissenschaftlichen Literatur kursiert eine ganze Reihe von Berichten über Menschen mit seherischen Fähigkeiten, obwohl sie eigentlich blind sind. Es gibt eigene Schulen, die nur diesen Bereich trainieren, um Informationen abzurufen, die jenseits unserer klassischen Sinne liegen, aber doch im universellen Feld gespeichert sind.

Innere und geführte Bilder

Die Arbeit einer der alten Schulen aus hebräischer Tradition wird heute von *Gerald Epstein, Catherine Shainberg* und *Claudette Melchizedek* weitergeführt. Laut *Claudette Melchizedek* gibt es zwei Arten von inneren Bildern:

Wird bei einer Meditation angesagt, wo die Meditationsreise entlanggeht, spricht sie von *geführten Bildern*. Die Bilder, die in Ihrem Inneren auftauchen, sind zu großen Teilen vom Sprecher vorgeben. Manchmal sehen Sie auch mehr als die vorgegebenen Bilder.

Es kann auch sein, dass die Meditationsreise darauf ausgelegt ist, zu der zweiten Art des Sehens zu gelangen; hier sprechen wir von *inneren Bildern*: Sie sind nicht vorgegeben, sondern kommen aus Ihrem Inneren und sind aufschlussreich, weil ein geübter Therapeut aus ihnen ersehen kann, was in Ihnen vor sich geht oder was Ihre Überzeugungen sind.

Vermutlich haben Sie schon einmal ein »lebendig« geschriebenes Buch gelesen. In Ihrem Inneren konnten Sie die Handlung mitverfolgen, als würden Sie einen Film ansehen. Dann waren das größtenteils geführte Bilder. Beim Lesen eines therapeutischen Buches, in dem ein bestimmtes Muster der menschlichen Interaktion beschrieben wird, merken Sie vielleicht, wie sich die Inhalte mit Ihrer eigenen Geschichte überlagern. Es kommt Ihnen fast so vor, als würde der Autor Ihr Leben kennen und von Ihnen erzählen. Meist wird Ihnen dadurch klar, welche Strukturen und Abläufe Ihres Lebens normalerweise im Verborgenen bleiben. Die dabei entstehenden Bilder, die Sie sehr berühren, sind keine geführten, sondern innere Bilder. Sie können durch sie etwas Tieferes über sich lernen.

Ihr Körper als Messinstrument

Wie Sie Sinne für einzelne Bereiche der Realität haben, so hat Ihr Körper ein eigenes Messinstrument für die gesamte Realität. Die Geometrie zeigt, dass Ihr Körper ein Abbild des Universums ist; er steht mit allem in Verbindung und weiß dementsprechend auch alles. Diesen Wissenszugang können Sie sich mit einfachen Übungen zunutze machen. Dazu ist es notwendig, den Körper zu beobachten, wie er unter bestimmten Voraussetzungen reagiert, und ihn nicht durch Erwartungen zu blockieren.

Gesucht und gefunden

Dies ist keine Meditationsübung im üblichen Sinne. Vielmehr ist es eine praktische Wahrnehmungsübung. Wenn wir etwas suchen, gehen wir meistens in eine Haltung, bei der wir krampfhaft das Bild des Gesuchten festhalten. Damit verschließen wir uns für alle eintreffenden Signale. Entweder wir haben das Gesuchte selbst verlegt, dann sollte ein Teil in uns wissen, wo. Oder jemand aus unserem Umfeld hat es anders platziert, dann ist die Wahrscheinlichkeit hoch, dass es schon einmal in unserem Blickfeld auftauchte oder sonst wie wahrgenommen wurde.

Der innere Gedanke an das Gesuchte ist wie eine Frequenz, die wir unseren Sinnen als Aufgabe geben, etwas aus dem »Einheitsbrei« aller Signale herauszufiltern. Um also zu finden, statt zu suchen, ist es hilfreich, die folgenden Schritte durchzuführen.

Gefühltes Suchen

1. Mach dich innerlich leer. Halte inne und entspanne alle deine Körper. Der physische Körper bleibt einfach stehen. Der Emotionalkörper lässt einen Moment alle Gefühle wie Frust, Ärger und Anspannung fallen. Der Mentalkörper bringt alle Gedanken zum Schweigen, die darum kreisen, wo das Gesuchte sein könnte, warum wir es jetzt unbedingt brauchen und was in der Zukunft passieren könnte, wenn wir es nicht sofort finden.
2. Lass deinen physischen Körper zur Ruhe kommen und atme ruhig und gleichmäßig. Fühle das Bewusstsein deiner Wohnung als eigenständiges Wesen, das alles weiß, was innerhalb der eigenen vier Wände vor sich geht.
3. Stimm dich auf das ein, was du suchst. Lass es als Bild vor deinem inneren Auge entstehen. Fühle es und spür es mit deinem Körper. Beobachte, was mit dir passiert.

Nehmen wir an, du suchst einen Schlüssel. Dein Innerstes weiß, wo er ist. Wenn du dich auf ihn eingestimmt hast und dein Körper entspannt ist, kann es passieren, dass dein Kopf oder Körper sich in die richtige Richtung dreht. Deine Augen schauen genau dorthin, wo der Schlüssel liegt. Wenn du in Gedanken oder voller Erwartungen bist, erkennst du meist nicht, wo deine Augen hinschauen. Sieh deinen Körper als unendlich weise an und betrachte einmal, wo er dich hinführt. Was ist es, was deine Augen gerade automatisch angesehen haben?

Falls dein Körper den Impuls hat, in ein anderes Zimmer gehen zu wollen, lass dich führen und schaue dort erneut.

Solltest du damit noch nicht weiterkommen, überprüfe dein Bild, das du von dem gesuchten Gegenstand hast. Hat er wirklich die Farbe, die du in Erinnerung hast? Öffne deinen Wahrnehmungshorizont! Versuche deine Vorstellung von dem Gesuchten so locker wie möglich, aber so präzise wie nötig zu halten. Schaue erneut.

Die hebräische Mysterienschule wertet nicht, woher die Bilder kommen, die wir sehen. Ob Sie träumen, in sich hineinschauen oder die äußere Welt ansehen: Es ist alles gleichwertig. Für den inneren Beobachter sind es nur Bilder, die gleichwertig sind. Ihre innere Reaktion entscheidet, wie diese Bilder von Ihnen angesehen werden. Passen sie in Ihre Wertvorstellungen oder nicht? Erschüttert Sie ein Bild, oder lässt es Sie in Ihrem Bewusstsein wachsen? Aus dieser Perspektive können Sie ein Traumdeutungsbuch nehmen und die Bilder des Traumes auf ihren Symbolgehalt hin untersuchen. Dabei hat jedes Ding eine Aussage, warum es in Ihrem Traum auftaucht.

Ebenso gut können Sie Ihre äußeren Wahrnehmungen gleichfalls als Bilder mit Symbolcharakter betrachten. Indem Sie also an einen gesuchten Gegenstand denken, kann er in Ihrem Gesichtsfeld erscheinen. Sie müssen ihn nur auf dem Bild erkennen. Wahrscheinlich sehen wir sehr oft das Gesuchte, ohne es zu erkennen. Wenn wir es dann viel später doch entdecken, wundern wir uns vielleicht, warum wir es all die Zeit über nicht bemerkt haben, als wir auf der Suche nach ihm waren. Dabei sind es immer wieder unsere Erwartungen, die uns davon abhalten, das Richtige zu sehen.

Aus dem Leben

Wer sucht, der findet ...
Neulich habe ich ein bestimmtes Buch gesucht. Ich war davon ausgegangen, dass es einen gelben Einband hat. Farben merke ich mir eher als Namen. Also habe ich das Buch über seine Farbe zu finden versucht. Ich habe meinen Körper entspannt und an das Buch gedacht. Aber ich konnte es nicht entdecken. Meine Augen irrten immer noch umher. Ich habe das Regal Buch für Buch durchgesehen. Nichts.
Also habe ich mich noch einmal entspannt und meine Idee vom Buch etwas weiter gefasst. Vielleicht sah es ja doch anders aus als gedacht. Meine Augen drehten sich in Richtung des Schreibtisches und schauten in einen bestimmten Bereich. Ich versuchte also zu beobachten, wo meine Augen sich hinwandten. In der Mitte des Blickfeldes lagen mehrere Zettel. Es war zu erkennen, dass noch etwas darunterlag. Also habe ich mir den Tisch genauer angesehen.
Und siehe da, das Buch lag unter dem Papier, das ich unbedacht darauf gelegt hatte. Nun stellte sich heraus, es sah gar nicht gelb aus, sondern cremeweiß mit einem Rechteck in blassem Ocker. Gefunden habe ich es also nicht über die Farbe, sondern über den lockeren Gedanken an das Buch.

Sinnliche Welten

Die Möglichkeit, sich beim Wahrnehmen zuzuschauen, führt uns zu einer weiteren wichtigen Erkenntnis.

Klassischerweise wird von den fünf Sinnen – Hören, Schmecken, Riechen, Tasten und Sehen – gesprochen. Allerdings lehrt uns der innere Beobachter, dass es mehr als diese herkömmlichen Sinne gibt. Gemäß anderen Versuchen, sie zu sortieren, gelangt man zu Systemen mit mehr als fünf oder sogar sieben (Intuition, Offenheit für übersinnliche Phänomene) Sinnen. In der Anthroposophie geht man zum Beispiel von zwölf Sinnen aus.

Mittlerweile kennt die Physiologie vier weitere Sinne, die für uns normalerweise selbstverständlich sind, die aber nicht von den klassischen fünf Sinnen abgedeckt werden.

Der *Temperatursinn*, mit dem Sie Temperaturen fühlen und spüren. Die Wärme eines Feuers oder einer heißen Herdplatte können Sie sogar bis zu einem gewissen Abstand spüren.

Der *Schmerzsinn* signalisiert Ihnen, dass Sie äußerlich verletzt sind, eine innerliche Wunde haben oder Ihre Nerven anderweitig überreizt sind (zum Beispiel Kopfschmerz infolge von Stress).

Die anderen zwei Sinne überlagern sich:

Mit dem *Gleichgewichtssinn* können wir unsere physische Stabilität bestimmen.

Und dank der *Tiefensensibilität* spüren Sie Ihren Körper: Wie ist seine Lage und Orientierung im Raum, wie bewegt er sich, welche inneren Kräfte wirken im Moment? Hierher gehört auch das sogenannte Körperbewusstsein: Wie ist die Lage der einzelnen Gelenke, welche Muskeln sind angespannt etc.? Besonders Tänzer, Sportler und Musiker besitzen ein sehr hohes Empfinden für die eigene Tiefe. Doch selbst einfache Tätigkeiten wie das Laufen wären ohne Tiefensinn nicht möglich.

(S)innen und außen

Im ersten Kapitel habe ich mit dem Beispiel des Kreises gezeigt, wie ein von außen kommender Sinneseindruck eine Widerspiegelung im Inneren findet und dort mit den eigenen Bildern abgeglichen wird. Bei der Schmeckübung konnten Sie erfahren, dass allein der Gedanke an eine Orange zu erhöhtem Speichelfluss im Mund führen kann. Sie können also jeden Ihrer Sinne in Ihrer Vorstellung noch einmal finden. Mit ihnen können Sie bei Meditationsreisen Ihre inneren Bilder beobachten. Wie riecht die Landschaft, was hören Sie oder wir fühlt sich der Boden unter Ihnen an? Sie helfen Ihnen, den Körper zu spüren, um den Kontakt zu sich selbst zu bewahren. Gleichzeitig können Sie mit Ihren Bildern eine Szene so wahrnehmen, dass der Verstand einmal aus seiner kontrollierenden Haltung herausgelangt.

Mit den Sinnen, die in uns angelegt sind, erspüren wir die äußere Welt, die sich in uns widerspiegelt. Wir können sie auch zur Beobachtung eigener Ideen verwenden. Stellen Sie sich vor, Sie entdecken ein Möbelstück im Katalog, das Sie direkt anspricht. Sie können es in Ihrer Vorstellung schon sehen, wie es in Ihrer Wohnung steht. Gleichzeitig spüren Sie, dass es an die vorgesehene Stelle passt. Damit öffnen Sie ein Tor zu den Sinnen, die eher in die feinstoffliche Richtung weisen. Sie sind in der Lage, einen Gedanken anzuschauen, der nichts mit der Materie zu tun hat und sich nur auf einer geistigen Ebene bewegt.

Besonders wertvoll ist der Blick nach innen bei der Betrachtung des eigenen Seins. Wir stellen uns oft die Frage: »Wie geht es mir?«, oder werden von andern danach gefragt. Dabei schauen wir auf die Wahrnehmung des eigenen Wohlbefindens. Das kann sowohl die körperliche Seite sein als auch die Wahrnehmung Ihres eigenen Weges.

Die meisten Menschen haben ein Lebensziel, das sie anzieht. Am Abstand zu diesem Ziel und an der momentanen Lebensqualität können sie ihre Verfassung messen und kommen so zu einer Antwort auf die Frage nach dem eigenen Befinden. Diese Fähigkeit, die sie über sich selbst reflektieren lässt, ist wie ein eigener Sinn, den wir als *Lebenssinn* bezeichnen.

Ein Mensch, der ein Instrument zu lernen beginnt oder Tänzer werden möchte, wird durch das Training und die Körperwahrnehmung eine viel höhere Sensibilität entwickeln können als in den Anforderungen seines Alltags. So wie jeder andere Sinn kann auch Ihr Lebenssinn trainiert und entfaltet werden. Mit einer gesteigerten Sensibilität verfügen Sie gerade in der heutigen, immer turbulenter werdenden Zeit über einen wundervollen Gradmesser. Mit jedem Schritt zur mehr innerer Freiheit, die sich für Sie auch im Außen als tragbar erweist, wachsen das Vertrauen und das Wissen in die Kraft der eigenen Wahrnehmung.

Sinnvoll denken

Denken ist eine besondere Fähigkeit des Menschen. Sie wird geradezu als selbstverständlich vorausgesetzt. Trotz unserer langen geisteswissenschaftlichen bzw. philosphischen Tradition gibt es bei uns keine Schule des Denkens. Wie die deutsche Sprache, so ist auch unser Denken sehr exakt, das durch sie geformt wird. Wir erfreuen uns der besten Möglichkeiten, zu erkunden und zu beschreiben, wie unser Denken funktioniert und wie wir die Realität wahrnehmen.

Für viele ist eine innere Stimme diejenige, die denkt. Dabei kann diese Stimme aus verschiedenen Richtungen gespeist werden. Dort zeigen sich alte Muster und Glaubenssätze aus anderen Bereichen. Einerseits spricht sie jeden Gedanken mit, andererseits melden sich über sie auch andere Seiten von Ihnen, wie der Zuversichtliche, der Zweifler und der sogenannte »innere Schweinehund«. Unser Denken dient also nicht nur als Analysewerkzeug. Es erzählt noch viel mehr. Wenn Sie sich gelegentlich in die Position des Beobachters begeben, können Sie lernen, woran Sie eigene versus fremde Gedanken erkennen und welche Ursachen hinter einem inneren Dialog stecken.

Sie kennen auch die Situation, dass Sie an einen Menschen denken, den Sie wieder einmal kontaktieren sollten. Im nächsten

Moment klingelt das Telefon, und genau dieser Mensch ruft an. In diesem Fall hat die innere Stimme angezeigt, dass ein anderer an uns denkt und gerade dabei ist, uns anzurufen.

> **Wo liegt Gotha?**
> Es war einmal vor langer langer Zeit, ungefähr so lange her, dass es das Internet noch nicht gab und man sich entweder per Telefon – natürlich nicht mobil – oder per Brief austauschte. Damals stand ich im Kontakt mit einer Frau, die weit von mir entfernt wohnte. Wir verstanden uns gut und telefonierten gelegentlich miteinander.
> Eines Tages war ich in der Stadt unterwegs, als mir ein Auto auffiel, weil es mit Werbung für ein Pflaster, das in Gotha hergestellt wird, versehen war. Ich fragte mich, wo Gotha eigentlich liegt. Damals musste man noch einen Atlas zur Hand nehmen, um sich räumlich zu orientieren. Ich hakte den Gedanken ab, da er nichts Besonderes war. Andererseits hatte ich auch noch nie über Gotha nachgedacht. Bei Gelegenheit würde ich mal auf der Landkarte nachsehen.
> Einen völlig anderen Sinn bekam die Wahrnehmung des Autos zusammen mit der Frage nach der Stadt, als ich am nächsten Tag in meinem Briefkasten einen Brief von dieser Freundin fand, den sie also am Vortag geschrieben haben musste. Darin stand, dass sie in absehbarer Zeit wegen eines Arbeitsauftrags nach Gotha/Thüringen müsse und von mir wissen wolle, ob Gotha vielleicht in der Nähe meines Wohnorts sei.

Skeptiker bezeichnen solche Momente als *Zufall* oder *selektive Wahrnehmung*. Aus einer offeneren Perspektive betrachtet, denkt vielleicht jemand an Sie und verknüpft in sich Ihr Bild mit einer Emotion. Das sind gute Voraussetzungen, eine zwischenmenschliche Botschaft zu senden, ohne eine SMS zu schreiben. Das Bild kommt in Ihrem System an. Daraufhin hat Ihr Herz diesen Hinweis nach oben an den Kopf gemeldet. Das rechte Gehirn hat es im allgemeinen »Informationsbrei« als wichtig erachtet und der linken Seite zur Weiterverarbeitung angeboten. Die analysiert nun das Signal: »Freund XY denkt jetzt an dich und ruft dich an!«

Eventuell existiert in Ihnen noch das Programm, dass solche telepathischen Kräfte unmöglich seien. Dann entsteht im Gehirn ein Konflikt zwischen diesem Programm und der augenblicklichen Erfahrung, dass ein Signal von außen kommt. Trotzdem stellt die linke Gehirnhälfte fest: »Wahrscheinlich ist es wichtig. Ich leite es mal weiter.« Durch den Filter darf nur, was den eigenen Regeln nicht widerspricht. Deswegen werden die Fetzen »Freund« und »Telefon«, darüber hinaus vielleicht das Thema, warum Sie ihn anrufen sollten, durchgelassen. Ihr Denksinn formt daraus eine interessante Botschaft: »Ich sollte XY wieder einmal anrufen.« Damit ist seine Aufgabe erledigt, und er kann sich der Frage zuwenden, wie er den Konflikt zwischen dem Gedanken und dem Klingelzeichen vor sich selbst als Zufall abtun kann. Obwohl es also Ihre eigene Stimme war, die Sie denken gehört haben, kam die Botschaft aus einem anderen Bereich in Ihnen.

> **Hintergrundwissen**
>
> Telepathie
> Es ist ein weites Feld: das Thema »Gedankenübertragung und Telepathie«. Dabei hat sich herausgestellt, dass es nicht genügt, »nur« an einen Menschen zu denken, um ihm eine Botschaft zu senden. Das Bild als solches würde im Mentalkörper stecken bleiben. Wenn wir dagegen den Emotionalkörper mit einbringen und den anderen Menschen auch fühlen, dann – so ergaben Studien – erhöhen sich die Trefferquoten bei der Übertragung von Gedanken.

Ein weiteres Beispiel: Seit Tagen kreist ein Gedanke durch Ihren Kopf. Vielleicht gestehen Sie sich nicht ein, dass Sie einen anderen Menschen begehren. Aber wenn Ihre Gedanken ständig um diesen einen Menschen kreisen, zeigt Ihr Denken tiefer liegende Prozesse und Gefühle an. Ihr Sinn für das Denken führt Sie zusätzlich auf die Spur, dass Ihr Herz heftiger schlägt, oder Sie bemerken, dass Sie gar nicht so viel Hunger haben wie sonst.

Herzenssinn

Das oberste Prinzip des Universums ist die Liebe. Es gibt nichts Höheres. Die Liebe durchdringt und belebt alles.

Der Kopf hat sich jedoch eine Welt gebaut, in der die Liebe in einem bunten Wirbel von Möglichkeiten verschwindet. Viele der heute propagierten Lebenshilfen entstammen dem Kopf und basieren auf seiner Spaltung. Die moderne Forschung entdeckt jedoch mehr und mehr, dass unser Herz klar unterscheiden kann, was vom Kopf und was von der Liebe herrührt. Die Schwingung des Herzens zeigt sich als eigenständige Frequenz und Form. Herzrhythmus-Forschungen haben mittlerweile viele Weisheitslehren bestätigt, die von der Kraft des Herzens, der Güte und des Mitgefühls sprechen. Je mehr sich die Wissenschaft mit dem Herzen beschäftigt, desto deutlicher wird, dass wir die ganze Messtechnik zur Analyse der Herzrhythmen gar nicht benötigen, da sie nur anzeigt, was in uns bereits als Fähigkeiten angelegt ist. Wenn das Gespür für das Herz entwickelt wird, ist es wesentlich sensibler als die beste Technik der Welt.

Ihr Herz ist ein eigenes Sinnesorgan. Es ist mit allem verbunden und kann alles ungefiltert und ungeteilt spüren. Das Herz zeigt Ihnen, ob etwas »in der Liebe« ist oder nicht. Was sich vielleicht esoterisch-blumig anhört, ist in Ihrem Herzschlag als klares Schwingungsmuster erkennbar. Wenn Ihr Herz offen und mitfühlend ist, hat es einen anderen Schwingungsverlauf, als wenn es eingeengt und unter Stress ist.

Schwingen zwei Herzen miteinander im Gleichklang, dann zeigen sie gleiche Muster – was beweist, dass sie aufeinander abgestimmt sind. Parallele Befragungen über die Körperwahrnehmung von Versuchsteilnehmern haben bestätigt, dass sie diese Verbindung spüren konnten – gemäß den klassischen Worten, die Sie in unserer Sprache über das Herz finden: »Es wird mir warm ums Herz«, »Mein Herz öffnet sich«, oder: »Da geht mir das Herz auf.« Auch hier führt Sie der Tiefensinn, der spürt, wie es in Ihrem Inneren aussieht, zu einer neuen Wahrnehmung.

Der Bereich, in dem Sie diese Empfindungen spüren, liegt in Ihrem Brustkorb. Ungefähr in der Mitte können Sie Wärme und Zufriedenheit empfinden. Sie können diesen Bereich als Teil des Tiefensinnes erleben oder als eigenständigen Sinn begreifen, nämlich als Herzenssinn.

Am einfachsten können Sie sich den Herzenssinn erschließen, wenn Sie das Herz besonders spüren. In Augenblicken, die uns sehr bewegen, sagen wir, dass etwas unser Herz berührt habe. Oder wir sagen, es werde uns ganz leicht und warm ums Herz. In diesen Situationen nehmen wir unser Herz wahr. Diese Wahrnehmung kann so weit ausgedehnt werden, dass Sie die ganze Zeit mit Ihrem Herzen verbunden sind. Wenn Sie es als Gradmesser nehmen, ob Sie Ihr Herz spüren, werden Sie eine ganz neue Qualität in Ihrer Welt entdecken. Es gibt eine eigene Sichtweise auf die Realität, die nur durch das Herz belebt wird.

Einen einfachen Zugang zum Herzen gewinnen Sie über eine Reise zum physischen Herzen. Es ist ein Weg, der Ihnen jederzeit offen steht. Im Kapitel 7 werden wir diese Reise näher erläutern. Mithilfe der dort vorgestellten Meditation können Sie sich auch wieder an Ihren Herzenssinn erinnern. Er war aber schon Ihr ganzes Leben bei Ihnen. Sie sind vielleicht viele Wege und manchen Umweg gegangen. Das Herz hat Sie jedoch immer begleitet und gesagt, in welche Richtung der Weg des Herzens geht.

Verarbeitete Sinne

Wir haben diesen Körper ohne Bedienungsanleitung und ohne Datenblatt bekommen. Deshalb ist es oft unklar, wie er in welcher Situation reagiert. Zu den undokumentierten Fähigkeiten gehört, dass unsere Sinne einer großen Vorverarbeitung unterliegen, ehe sie bewusst wahrgenommen werden. Unsere Sinne sind nicht objektiv. Sie werden alle aus verschiedenen Quellen gespeist und filtern Botschaften, die zu uns durchdringen möchten. Je nach Schätzung verarbeiten wir bis zu 90 Prozent der Informationen, die wir jeden Tag aufnehmen, nie bewusst. Gleichzeitig können uns solche Filter davon abhalten, verborgenen Themen des Lebens auf die Spur zu kommen. Besonders ein Filterprinzip spielt dabei eine große Rolle.

Der Ausgleichsfilter

In jeder Sekunde nehmen Sie unzählige Eindrücke in sich auf. Alles, was Sie sinnlich wahrnehmen, spricht zu Ihnen und informiert Sie. Würden Sie alle Signale, die Sie jeden Tag umgeben, bewusst wahrnehmen, wären Sie kaum mehr in der Lage, Ihr Leben so zu leben, wie Sie es gerade tun.

Wie riecht der Raum, in dem Sie gerade sitzen? Können Sie ihn wahrnehmen? Alle Sinne, die uns etwas über die Umwelt erzählen, liefern ständig Botschaften nach innen. Selten finden wir absolute Stille. So steht der Geruchssinn in ständigem Kontakt mit der geatmeten Luft. Beim Betreten eines Raums nehmen wir eine Zeit lang seinen Geruch auf, dessen Eindruck dann nach und nach verblasst. Auf der Haut liegt ständig eine gewaltige Luftsäulenmasse, die wir nie spüren. Das T-Shirt, das Sie anhaben, spüren Sie außer beim Anziehen normalerweise nicht. Und wenn doch, wechseln Sie es meist recht schnell.

Für den Körper sind nur die Größen von Interesse, die sich verändern. Damit diese besser erkannt werden können, filtert er fortlaufend alles heraus, was sich nicht oder kaum bewegt. Dieses einfache Prinzip bestimmt unsere Wahrnehmung entscheidend. Ein Großteil der auf uns einströmenden Informationen wird ausgeblendet, da sie als nicht wichtig eingestuft werden. Unsere Wahrnehmung bringt uns nur dann etwas ins Bewusstsein, wenn es dieser Filter als wichtig eingestuft.

Kompensation im täglichen Leben

Warum ist es so wichtig, diesen Filter zu verstehen? Sobald Sie sich in einer Situation befinden, die Ihnen nicht guttut, versuchen Sie sich meist zu wehren. Gelingt Ihnen dies am Anfang nicht oder reden Sie sich ein, dass es doch nicht so schlimm sei, beginnen Sie, sich daran zu gewöhnen. So wie Ihre physischen Sinne ein gleichmäßiges Signal ausfiltern, sortieren Sie auf seelischer Ebene Dinge aus, die Sie konstant stören. Sie merken also immer weniger, was Sie stört oder was die Ursache für den inneren Druck im Leben ist, auf den Sie immer wieder stoßen. Im Lauf der Zeit ist nur noch wichtig, *was* sich ändert.

Vielleicht haben Sie schon einmal erlebt, dass Sie nach dem Ende einer Beziehung begonnen haben, das Erlebte zu verarbeiten. Unter einer Beziehung verstehe ich zum Beispiel diejenige zu einem Menschen; es kann aber auch ein nutzloser Kauf sein, der Sie nur Geld gekostet hat, es kann eine Arbeitsstelle sein, die Sie unglücklich machte. Mit einem Mal fallen Ihnen alle Geschichten ein, die zeigen, dass Ihnen diese Verbindung nicht gutgetan hat. Viele kleine »Stiche« haben am Ende dazu geführt, dass Sie die Beziehung beendet haben. Der Unterschied zwischen Erwartung und Wirklichkeit ist zwar manchmal in Ihrem Befinden aufgetaucht, aber nie als Gesamtbild in Erscheinung getreten. Sie haben sie gefiltert.

Sie kennen vielleicht die – für Tierfreunde schmerzhafte – Anekdote von dem Versuch mit Fröschen: Wenn man einen Frosch ins Wasser setzt und es langsam erhitzt, wird er sich immer wieder an die neue Temperatur gewöhnen – bis es letzten Endes zu spät ist und er stirbt. Wird er dagegen gleich in heißes Wasser geworfen, springt er sofort wieder heraus. Ob diese Geschichte wahr ist oder nicht, sie erzählt vom gleichen Phänomen: Wir passen uns immer wieder an die seltsamsten gesellschaftlichen Konstellationen an und merken dabei nicht, wie die Schrauben immer fester gezogen werden.

Die Kompensation umgehen

Um an diesem Filter vorbeizukommen, gibt es verschiedene Mittel. Mancher begibt sich auf eine Reise oder Pilgerfahrt, um Abstand zu seinem Leben zu gewinnen. Das ist genau der richtige Weg. Sie müssen Ihren Raum verlassen und neu hineinkommen, um seinen Geruch feststellen zu können. Mit Abstand ist es leichter, das eigene Leben mit seinen verborgenen Zwängen und Vereinbarungen zu betrachten.

Sollten Sie das Gefühl haben, im Leben festzustecken und nicht zu sehen, was wirklich gespielt wird, holen Sie sich am besten Hilfe von außen. Glücklicherweise gibt es heute wirkungsvolle Therapien, die helfen, das eigene Leben und die gegenseitige Verbundenheit aller Menschen zu verstehen. Eine dieser Therapien ist das *Familienstellen*. Dadurch werden genau diese energetischen Netzwerke anschaulich sichtbar. Ist das Bild einmal klar, kann freier eine Entscheidung getroffen und ein Ausweg aus der Situation gefunden werden.

Für den Filter, der alles Gleichbleibende herausschneidet, bietet ein neuer Aspekt eine wichtige Änderung. Plötzlich erkennen Sie, was Sie ausbremst auf Ihrem Weg.
Nun sind Sie allerdings aufgefordert zu handeln. Denn wenn Sie eine Erkenntnis über sich gewinnen, aber nicht zugunsten der Verbesserung tätig werden, beginnt der Filter wieder zu arbeiten, und die angespannte Situation geht zum Normalzustand über.

Meditationsreisen

Eine weitere Möglichkeit, die Ihnen helfen kann, den Filter auszuschalten, ist Meditation. Mit der Einkehr nach innen und der genauen Beobachtung steigt Ihre Sensibilität. So können Sie sogar die kleinen Anpassungen an drängende Themen erkennen, an die Sie sich schon gewöhnt haben.

Neben der eigenen achtsamen Meditation können Sie unter behutsamer Anleitung, mit einer CD oder MP3-Datei eine geführte Reise nach innen unternehmen. Unbemerkt wird dieser vorgegebene Rahmen von Ihnen mit inneren Bildern gefüllt. Dabei kann der Verstand loslassen und die Kontrolle abgeben. Dadurch gewinnen Sie allmählich Abstand zu den eigenen Themen und schauen aus einer Entfernung auf das momentane Leben.

Ich habe einmal eine schamanische Traumreise erlebt, in der wir durch dunkle Gänge oder Höhlen geführt wurden, um uns tief mit Mutter Erde zu verbinden. Am Ende der Höhle tauchte dann überraschend eine Gruppe von Ahnen auf, die für jeden von uns eine Botschaft hatten. Der Führer sagte nur an, was dort zu sehen ist. Die Ahnen und ihre Botschaft selbst erschienen aber aus dem Unterbewusstsein. Für mich war die Reise sehr berührend, da jeder der Ahnen mir eine Zeichnung seines Herzens hinlegte. Sie standen für ihre persönlichen Lebenserfahrungen mit ihrem Herzen. Da der filternde Verstand durch die Reise etwas zurückgedrängt war, konnte er gar nicht so schnell reagieren und das Gesehene weginterpretieren. Für mich war die Klarheit der Botschaft sehr überraschend. Nach einer solchen Reise geht es vor allem darum, das Gesehene festzuhalten und es weder umzuinterpretieren noch zu verdrängen. Um sicherzustellen, dass dies im Nachhinein nicht doch noch geschieht, sondern die Botschaft festgehalten werden kann, gibt es einfache Techniken.

Viele Meditationen im zweiten Teil des Buches bedienen sich der Techniken, die hier beschrieben sind, um Ihnen den Zugang zu tieferen Schichten Ihres Wesens zu zeigen.

Die Botschaft festhalten

Meditationsreisen sind nicht nur seichte Unterhaltung, um mal zu schauen, was in einem so steckt. Sie sind mächtige Werkzeuge, die behutsam angewandt werden wollen. Wenn Sie sich auf eine Meditationsreise begeben möchten, sollten Sie sich darauf vorbereiten wie auf eine richtige Reise.

Das größte Geheimnis der erfolgreichen Künstler, Schriftsteller und Wissenschaftler sind nicht die genialen Einsichten, die sie erhalten, sondern die Technik, um diese festzuhalten. Wohl kaum ein Künstler wurde berühmt, ohne immer ein Notizbuch in der Tasche zu haben, um die Eingebungen zu notieren und sie später umzusetzen. Jeder Mensch hat am Tag mehrere wundervolle Ideen über den Aufbau der Welt und die Antworten auf seine persönlichen Fragen. Wer sie nicht festhält, verliert sie wieder, wie einen Traum am Morgen, der im Lauf des Tages kaum mehr erinnert werden kann.

Legen Sie sich also ein Meditationstagebuch an, in das Sie regelmäßig alle Einsichten eintragen, die in Ihnen aufgestiegen sind. Dieses Buch sollten Sie bei Ihren Meditationen immer parat haben. Nach der Rückkehr aus einer Meditation nehmen Sie das Buch zur Hand und notieren sich jede kleine Wahrnehmung und Erkenntnis. Beurteilen Sie diese Wahrnehmungen nicht. Im ersten Schritt geht es darum, so genau wie möglich aufzuschreiben, was Sie sehen, was Sie fühlen und welche Erkenntnisse in Ihnen entstanden sind.

Von Zeit zu Zeit gönnen Sie sich etwas Ruhe und sehen sich Ihre Notizen durch. Sie werden erstaunt sein, was Sie schon alles gesehen haben. Manchmal gewinnen Sie erst viel später das Verständnis für ein Thema, das nötig ist, um es auch wirklich integrieren zu können. Im Rückblick können Sie noch einmal auf viele Facetten schauen, die notwendig waren, um zu einer Lösung zu gelangen.

Vor allem aber können Sie eines dabei entdecken: Sie sind ganz wunderbar! Es gibt niemanden, der Sie besser kennt als Sie selbst. Sie müssen sich nur vertrauen und Ihre eigene Sprache entdecken.

Sich trauen

Sie haben gesehen, dass es notwendig ist, den Sinnbegriff zu erweitern, um sich selbst gegenüber wahrhaftig zu sein. Indem Sie Ihre Aufmerksamkeit auf die Meditation lenken, können Sie viele Botschaften empfangen. Wird der Körper in eine Position gebracht, in der er über einen längeren Zeitraum ruhig sitzen kann, spielen die äußeren Sinne keine große Rolle mehr. Aus der Position des Beobachters heraus können Sie dann den Blick frei in sich schweifen lassen. Idealerweise schweigt der Verstand dabei.

Eine alte Weisheit sagt, dass man nur ein leeres Gefäß füllen kann. Wenn es Ihnen also gelingt, sich innerlich leer zu machen, können Sie Ihre Aufmerksamkeit als leeres Gefäß ohne Erwartung in eine Richtung lenken, die Sie betrachten möchten – sei es Ihr erwachendes Herz, das innere Kind oder die lange Reihe Ihrer Ahnen.

Wie bei allen Fertigkeiten bringt es die Praxis, mit Ihrer Innenwelt wirklich vertraut zu werden. Jeder Gedanke ist ein Ausdruck Ihrer Erfahrungen aus der Vergangenheit. Mit jeder Handlung formen Sie gleichzeitig Ihre Zukunft. Wenn Sie also zurückschauen auf ein Leben von 30, 40 oder mehr Jahren, haben Sie die ganze Zeit in alten Gleisen gelebt. Damit ist Ihr gesamtes System eingestimmt auf diesen Weg.

Liebe dich selbst

Wenn du auf dein Leben schaust, dann betrachte, was du bereits alles erreicht hast. Das Leben hier auf der Erde ist nicht immer leicht, aber du hast es bis hierher geschafft und viel erlebt, erfahren und ertragen. Sei stolz auf dich. Und vor allem: Lache über dich selbst!

Zugegeben, ein eingefahrenes System zu haben, gibt Sicherheit. Veränderung erfordert mehr oder weniger Mut. Es ist aber kein Grund aufzugeben. Alles, was Sie bisher getan haben, hat Sie hierher gebracht. Die Vergangenheit ist nicht mehr zu ändern. Es gibt nur *einen* Moment, in dem Sie etwas Neues tun können, und zwar *jetzt!*

Wenn Sie sich also entscheiden, von jetzt an einen anderen Weg zu gehen, können Sie täglich eine neue Erfahrung einbringen, in der Sie achtsam mit sich selbst sind. Mit jeder neuen Erfahrung können Sie die Sicherheit gewinnen, dass das Universum Sie trägt und dass Sie Ihren Sinnen trauen dürfen.

Wenn Sie es wagen, sich selbst zu erkunden, entdecken Sie, dass alle Antworten in Ihnen liegen und dass Sie Ihrem Herzen und sich trauen können.

6 Meditation

Was ist Meditation?

Ein Werkzeug, das Sie immer bei sich haben, ist die Fähigkeit, zu meditieren. So vielfältig wie die Religionen auf der Erde sind, so vielfältig sind auch die Meditationstechniken.

Obwohl das Wort aus dem Lateinischen hergeleitet wird, gibt es in jedem spirituellen System einen anderen Begriff dafür. Die meisten Meditationen sind eingebettet in ein größeres Lehrgebäude der jeweiligen spirituellen Richtung. Kennzeichen aller Techniken ist es dabei zunächst, den Geist zu sammeln und auf eine Sache zu konzentrieren; das kann ein Gedanke, ein Bild oder bei den praktischen Meditationen eine körperliche Bewegung sein.

Ziel der Meditation

Das Ziel unserer Meditation ist es, die bewusste Aufmerksamkeit nach innen zu richten, um die dort ablaufenden Vorgänge zu betrachten. Dabei erkennen Sie die Muster, die in verschiedenen Ebenen in Ihnen liegen und Ihre Welt im Außen bestimmen. Wenn Sie diese Schichten durchtauchen, erreichen Sie immer tiefere Schichten Ihrer Seele. Diese reichen bis zu der Erfahrung, eins zu sein mit dem Urbewusstsein des ganzen Kosmos, der als ein lebendes Wesen wahrgenommen wird.

Es ist ein hohes Ziel, den Geist zu leeren und ihn von allen Vorstellungen und Bildern frei zu machen, um das zu erfahren, was *Nirvana, Einssein, Erleuchtung* oder *Präsenz* genannt wird. Im westlichen Kulturraum gibt es nicht sehr viele Definitionen und Beschreibungen für diesen Zustand. Aber aus den Schilderungen christlicher Mystiker geht hervor, dass sie ebenfalls Zugang zum Feld des universellen Bewusstseins gefunden hatten.

Moderne Forschung

Heute wird immer mehr Meditationsforschung betrieben, um die Wirkungsweise und die Effekte dieser alten Technik zu untersuchen. Inzwischen ist erwiesen, dass eine tägliche Meditationspraxis zu innerem Wohlbefinden und einer Harmonisierung des Lebens führt. Mit Studien konnte belegt werden, dass regelmäßiges Meditieren messbare Änderungen in den Mustern der Gehirnwellen hervorbringt. Das Herz schlägt langsamer und entspannter durch die Meditation. Parallel dazu wird der Atem tiefer und ruhiger. Auch bei anderen körperlichen Werten, wie dem Cholesterinspiegel oder dem Blutdruck, lassen sich deutliche Verbesserungen feststellen.

Durch die moderne Hirnforschung und die Untersuchung des Herzschlags, insbesondere der sogenannten *Herzratenvariabilität*, lassen sich jahrhundertealte Meditationstechniken betrachten. Dabei werden Überlieferungen, bei denen einzelne Details im Lauf der Geschichte verloren gingen, wieder neu entdeckt. Manche Bausteine der Meditation, die einer hohlen Technik ähnelten, konnten durch moderne Forschung neu belebt werden. Dadurch sind sehr viel tiefere Erfahrungen der Meditation erreicht worden.

Weg

Es gibt ihn nicht, *den* Weg zur Meditation. Wir können aber zu Anfang die Meditation etwas entmystifizieren und auf eine pragmatische Ebene heben. Auch hier gilt, dass es nichts Neues unter dem Himmel gibt.
Was ist das Spezifische einer Meditation? Um einen Zustand des Gewahrseins, der Aufmerksamkeit oder Verbundenheit zu erreichen, wird die eigene Wahrnehmung bewusst in eine Richtung gelenkt. Jede Ablenkung kann als solche zwar beachtet, doch sogleich wieder losgelassen werden, um das Bewusstsein auf den ursprünglichen Zustand zu bringen.
Wenn Sie beispielsweise nach einem bestimmten Ritual leben, indem Sie sich zurückziehen, um wenigstens einige Minuten nach innen zu schauen und zu lauschen, meditieren Sie bereits. Sie lenken Ihre Aufmerksamkeit auf ein selbst gewähltes Ziel oder Objekt, auf Ihr inneres Empfinden.
Auch eine bewusst durchgeführte körperliche Bewegung kann eine Form von Meditation sein. Viele erreichen tiefe Zustände des Einsseins im Sport, beim Tanz oder bei der Bewegung in der Natur.

Techniken

Technik im Bereich der Meditation heißt, auf eine bestimmte Art zu meditieren oder einem vorgegebenen inneren Ablauf zu folgen. Meditationstechniken dienen dazu, den Verstand in einen entspannten Zustand zu bringen oder ihm eine gewünschte Erfahrung zu ermöglichen.

Eine Methode dabei ist die bewusste *Bewegungsmeditation.* Hier wird der Körper mit eingebunden und bewegt. Dadurch öffnet sich eine Wahrnehmungsebene, die dem Kopf verschlossen bliebe. Im *Tai-Chi* zum Beispiel geht es darum, Bewegungen so achtsam wie möglich auszuführen, um die Energie hinter dem Sein zu spüren. Der Körper wird als Weg verstanden, um die Aufmerksamkeit vom Verstandesdenken weg, hin zu innerer Klarheit und Bewusstheit zu führen.

Ähnlich wie die Bewegung des physischen Körpers können auch Übungen zur Bewegung der energetischen Schichten angewandt werden. So führen Techniken zur Arbeit mit den feinstofflicheren Körpern hin zu einer größeren Sensibilität.

Eine weitere sehr beliebte Technik ist das *Singen von Mantren* oder heiligen Worten. Sie nutzen die Kraft des Verstandes, der durch die konstante Wiederholung auf eine ganz bestimmte Schwingung gebracht wird. Dadurch kann sich das Bewusstsein für die tieferen Ebenen des Mantras öffnen.

Eine weitere Form der Meditation ist die *Betrachtung*. Dabei ziehen Sie sich auf die Ebene des Beobachters zurück. Sie können dabei auf Ihren Atem achten, auf Ihre Gedanken oder auf die Flamme einer Kerze. Auch diese Meditation sammelt das Bewusstsein in einem Punkt. Auf dem Weg der eigenen Entfaltung gilt es, das Bewusstsein so weit zu schärfen, dass es in eine ständige Präsenz übergeht und dass jede Handlung ganz bewusst geschieht.

Geführt oder allein? – Das Problem mit dem Hirn

Im Zusammenhang mit den unterschiedlichen Aufgaben der beiden Gehirnhälften (siehe Kapitel 3) tritt ein Problem bei der Durchführung von Meditationen mit komplexeren Techniken auf. Wenn es nur um die Beobachtung des Atems geht, ist nicht viel Aufmerksamkeit bzw. Aktivität in der linken Seite des Gehirns gefordert. Geht es aber darum, zu zählen oder bestimmte Abläufe auszuführen, beansprucht unsere logischen Seite mehr Aktivität. Doch damit schließt sich der Zugang zu unserem intuitiven Wissen wieder mehr.

6 Meditation

Entspannung und Gedankenblitze

Zur Zeit des alten Griechenlands galt Archimedes als weiser Mann im Ort. Er wurde zu allen möglichen Problemen um Hilfe gefragt. Eines Tages geschah es der Legende nach, dass der damalige König eine goldene Krone geschenkt bekam. Da er dem Schenker misstraute, wandte er sich mit der Frage, ob die Krone wohl aus echtem Gold sei, an Archimedes. Tagelang probierte nun Archimedes und rechnete, gelangte jedoch nicht zum gewünschten Ergebnis. Er konnte zwar wiegen, wie schwer die Krone war – um ihre Dichte zu kennen, also zu wissen, ob sie aus purem Gold war, musste er jedoch auch ihr Volumen messen können. Bei einem einfachen Körper ist dies kein Problem, bei einem kunstvoll gestalteten Schmuckstück allerdings schon schwieriger.

Die Gemahlin von Archimedes musste tagelang mit ansehen und erdulden, wie ihr Gatte missmutig durchs Haus ging und an nichts anderes mehr denken konnte als das Problem mit der Krone. Als es für sie nicht mehr zu ertragen war, forderte sie ihn auf, endlich mit der ewigen Grübelei aufzuhören und ein Bad zu nehmen.

Nach langem Zögern und Hin und Her stieg Archimedes endlich in die Badewanne. Als er sich mit seinem gewichtigen Körper in das Wasser hinabsenkte, bemerkte er, wie das Wasser von seinem Körper verdrängt wurde und anstieg. Eigentlich etwas, das er schon Tausende Male beobachtet hatte. In diesem Zusammenhang wurde ihm klar, dass darin die Lösung für sein tagelanges Martyrium lag: Er konnte das Volumen der Krone bestimmen, indem er maß, wie viel Wasser sie verdrängte! Nichts konnte ihn nun mehr halten! Völlig nackt, so wie er in die Wanne gestiegen war, rannte er durch die Straßen seiner Stadt und rief laut: »Heureka! Jetzt hab ich's!«

Eine physikalische Geschichte in einem Buch über das erwachte Herz? Diese Geschichte wurde schon oft erzählt, doch kaum jemandem ist aufgefallen, dass ihre eigentliche Botschaft oder Moral übersehen wurde: Archimedes war bei der Suche nach einer Lösung für das Problem zunächst in der logischen linken Gehirnhälfte unterwegs. Erst als er auf Anregung seiner Frau einmal Pause macht, schaltet er ab und öffnet sich damit der Weisheit der rechten Gehirnhälfte. Das war der springende Punkt. Mit einem Mal konnte die Lösung für seine Frage herüberfließen.

Bei ehrlicher Betrachtung gibt es keine Erfindung, die nur durch logische Gedanken gemacht worden ist. Fast alle Wissenschaftler, berühmten Köpfe, Entdecker und Erfinder hatten bewusst oder unbewusst einen Moment der Erleuchtung, bei dem sich das Tor zwischen beiden Gehirnhälften geöffnet hat.

Als Beispiele mit ähnlichem Hintergrund werden in der Geschichte der

Wissenschaft gerne die Entdeckung der chemischen Struktur des Benzols durch Kekulé erzählt, der das passende Bild in einem Traum beim Mittagsschlaf bekam. Mendelejew widerfuhr das Gleiche, als er den Aufbau des Periodensystems entdeckte.

Meditationsseminare sind eine faszinierende und tiefgehende Erfahrung. Sind Sie danach wieder zu Hause, erscheint es Ihnen schwierig, wieder in einen solch intensiven Zustand zu kommen wie beim Seminar. Der Grund dafür ist der Konflikt der beiden Gehirnhälften miteinander. Wenn Sie allein meditieren, müssen Sie selbst für den Ablauf sorgen, während es in einem Seminar jemanden gibt, der die Führung übernimmt. Dort können Sie Kontrolle abgeben und sich führen lassen. Eine gute Abhilfe bieten geführte Meditationen auf CD oder MP3. Deshalb sind die Meditationen dieses Buchs auch auf *www.beutel.momanda.de* erhältlich. Sie laden ein, sich in die eigene Innenwelt führen zu lassen.

Ein anderes Phänomen, das die Meditation in Gruppen stark vereinfacht, entsteht aus den Feldern des menschlichen Körpers. Das Feld unseres Herzens besitzt nach Messungen des *HeartMath-Institutes* der Stanford-Universität eine Ausdehnung von mehreren Metern. Sobald Sie mit einer oder mehreren Personen zusammen sind, durchdringen sich Ihre Felder unweigerlich.

Dank moderner Techniken können die Gefühle und Denkmuster einer Person sogar in der Signatur des Herzschlags einer anderen Person in deren Nähe gemessen werden. Wenn Sie in einem Seminar mit Menschen zusammentreffen, die die gleichen Absichten wie Sie haben, überlagern und durchdringen sich die Felder aller Teilnehmer. Sie stimmen sich aufeinander ab und finden zu einer Gruppenenergie. Diese trägt sich selbstständig und hilft allen Beteiligten, eine höhere Ebene des Einklangs zu erreichen.

Die Natur ist ein schwingendes Wesen. In ihr versuchen alle Lebewesen, immer wieder einen gemeinsamen Rhythmus zu finden. Dieses Phänomen bezeichnet man als *Gleichklang*, der dem einzelnen System hilft, Energie zu sparen und gleichzeitig mit einem anderen Wesen zu verschmelzen. Während eines Spaziergangs mit einem vertrauten Menschen können Sie einmal nach einer Weile auf Ihre Beine schauen: Die Wahrscheinlichkeit ist groß, dass Sie mittlerweile im gleichen Rhythmus gehen. Kinder folgen diesem Muster unbewusst, indem sie die Bewegungen ihrer Eltern abschauen oder erspüren und sie nachmachen.

Einem ähnlichen Ansatz folgt der Aufbau eines beliebigen Rituals. Bei einem Ritual werden Abläufe definiert und gemeinsam ausgeführt. Das bringt die Teilnehmer dazu, sich aufeinander einzustimmen und innerlich im gleichen Zustand wie alle zu sein. Während des Rituals ist es nicht mehr notwendig, sich auf mentaler Ebene darüber zu verständigen, wie der nächste Schritt aussieht. So können Sie die Kontrolle über die Situation loslassen und sich für den Fluss der gemeinsamen Energie öffnen.

Die Kraft eines Rituals ist nicht von einer bestimmten Anzahl Menschen abhängig, die gemeinsam Energie aufbauen wollen. Sie können sich eine ähnliche Kraft aufbauen, wenn Sie etwas regelmäßig praktizieren. Wenn Sie zum Beispiel jeden Morgen zu einer festgelegten Zeit meditieren, baut sich eine Kraft auf, die Ihnen hilft, jeden Tag erneut in die Energie hineinzukommen und am Punkt des Vortages anzuknüpfen.

Praxis

Der beste Weg, um Erfahrungen mit Meditation zu sammeln, besteht darin, anzufangen. Ich habe hier ein paar Erfahrungen und Grundlagen zusammengetragen, die mir persönlich halfen, meinen Meditationsweg zu gehen.

Einen Ort finden und vorbereiten

Die Entscheidung, meditieren zu wollen, ist die beste, die Sie für Ihr Leben treffen können. Sie können einfach loslegen – vielleicht haben Sie ja schon einmal meditiert. Falls Sie vorhaben, regelmäßig nach innen zu reisen, um Ihr Herz und Ihre Seele besser kennenzulernen, können Sie sich den Weg durch ein paar Kunstgriffe erleichtern.

Zuerst einmal sollten Sie sich einen Platz für die Meditation einrichten. Damit ist sowohl der räumliche wie der zeitliche Platz gemeint. Je nachdem, wie Ihr Lebensumfeld beschaffen ist und wie viel Raum Ihnen zur Verfügung steht, sollten Sie sich einen eigenen Ort erschaffen, an dem Sie meditieren. Ein eigener Platz unterstützt die Energie der Meditation, da er nur für die innere Betrachtung reserviert ist. Manchmal besteht keine Möglichkeit, eine Ecke in der Wohnung freizuräumen, dann tut es genauso ein Sofa, auf dem Sie sich niederlassen, oder ein Kissen, das Sie nach der Meditation wieder wegräumen.

Sobald Sie einen Ort gefunden haben, können Sie ihn ein wenig schmücken und Ihren persönlichen Altar gestalten. Gibt es einen Ort oder ein Wesen, welches Sie besonders an die spirituelle Seite der Welt erinnert? Wer hat Sie am meisten inspiriert? Ihr Meditationsplatz eignet sich gut, um ein Foto dieses inspirierenden Wesens oder Ortes aufzustellen. Sooft Sie sich niederlassen, können Sie sich daran erinnern, was Sie dabei berührt hat, und in Ihre innere Welt schauen. Während Sie sich später mit dem inneren Kind beschäftigen, bietet es sich an, ein Bild aus Ihrer Kindheit aufzustellen.

Eine gute Möglichkeit, den eigenen Altar zu schmücken, ist eine Anordnung mit den fünf Grundelementen Feuer, Erde, Wasser und Luft, die ergänzt werden durch die Quintessenz, das fünfte Element, nämlich den Äther, den Kosmos oder die Liebe. Alles Leben und alle Schöpfung drücken sich durch diese Elemente aus.

Wenn Sie sich mit dieser Idee anfreunden können, nehmen Sie von jedem Element etwas mit an Ihren Platz: Einen Kristall oder einen schönen Stein für die Erde; ein Schälchen mit Wasser für das feuchte Element. Die Luft lässt sich am besten über das Räuchern darstellen; das Feuer wird repräsentiert durch eine kleine Kerze. Den Äther bzw. die Lebensenergie wird versinnbildlicht durch eine Blume, ein Bild oder etwas Lebendiges aus der Natur.

  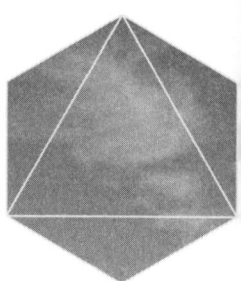

Falls Sie es etwas abstrakter haben möchten und sich der Geometrie verbunden fühlen, bieten sich ihre Grundkörper an. Die *Heilige Geometrie* kennt fünf platonische Körper, die die Bausteine der Realität abbilden. Sie bestehen jeder für sich aus einer der drei einfachsten Grundflächen: Dreieck, Quadrat und Fünfeck. Hier lediglich eine kurze Aufzählung ohne genauere Erläuterung:

Körper	Fläche	Anzahl	Element	Himmelskörper	Farbe
Tetraeder	Dreieck	4	Feuer	Süden	Rot
Würfel (Hexaeder)	Quadrat	6	Erde	Norden	Grün
Oktaeder	Dreieck	8	Luft	Osten	Gelb
Ikosaeder	Dreieck	20	Wasser	Westen	Blau
Dodekaeder	Fünfeck	12	Äther/ Kosmos	Mitte	Weiß

Abrunden lässt sich die Anordnung durch das weibliche Bild der Kugel, die alle Formen umfasst.

Manchem mag die Idee, geometrische Formen auf den Altar zu stellen, abstrakt erscheinen, für andere sind sie in der Ordnung des Ganzen höher stehend, da sie noch über den materiellen Erscheinungen der Elemente stehen.

Davon unabhängig ist es ein schönes Ritual zur Einstimmung auf die Meditation, eine Kerze zu entzünden und das Licht für die spirituelle Seele der Welt brennen zu lassen.

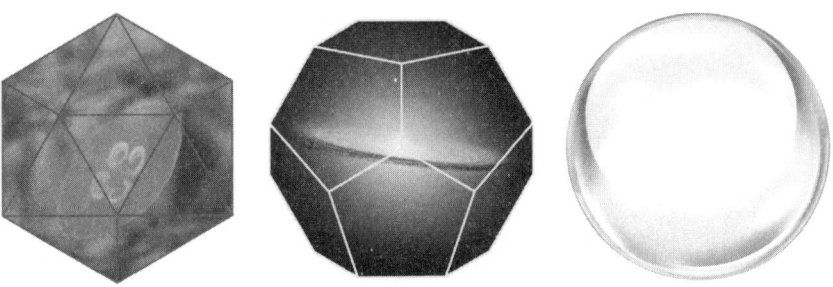

Innere und äußere Ordnung

Indem Sie bei der Meditation allmählich Ihre Innenwelt erkunden, ändert sich automatisch auch Ihre Außenwelt.

Bei vielen Jugendlichen ist zum Beispiel im Außen alles sehr ungeordnet. Manchmal hören sie schräge, laute Musik, mit der Erwachsene nichts anfangen können. Aber das ist nur ein Abbild ihres Inneren. In dieser Phase ist innen alles im Umbruch, und das zeigt sich darüber hinaus sehr gut in der äußeren Welt.

Wenn Sie also Ordnung in Ihrem Inneren schaffen und halten möchten, pflegen Sie auch Ihren Meditationsplatz als etwas Besonderes. Er ist die Schnittstelle zwischen Ihrem Innen und Außen.

Die beste Zeit zum Meditieren

Neben dem Meditationsplatz spielt die Wahl der Meditationszeit eine wichtige Rolle. Jeder Tag besteht aus Tausenden von Möglichkeiten für die Meditation. Mit jeder Entscheidung, die Sie im Lauf eines Tages treffen, mit jedem Gedanken und mit jedem Gefühl legen Sie die Basis für die weiteren Erfahrungen Ihres Lebens. Sie bauen permanent auf den bisherigen Erfahrungen in Ihrem Leben auf. Wenn Sie sich auf den Weg machen, in Ihrem Leben etwas zu ändern, ist jeder Tag ein neuer Anfang.

Der Weg nach innen, um auf Ihr Herz zu hören, verwandelt Ihre Sicht auf die Welt, da er zu den Qualitäten des Herzens wie

Vertrauen, Mitgefühl und Liebe hinführt, die Sie in jeden Tag neu einbringen können.

Wohltuende Natur

»Ich möchte einen Hund haben!« Seit Robin bei Tante Marion den Hund gesehen hatte und stundenlang mit ihm über die Felder getobt war, hatte der Gedanke ihn nicht mehr losgelassen. Frank, Robins Vater, überlegte, wie er seinem Sohn klarmachen konnte, dass es nicht einfach so mit einem Hund getan war. »Pass auf, Robin, ich habe einen Vorschlag: Wir stehen von jetzt an jeden Morgen früher auf und gehen eine Runde nach draußen, so als wäre der Hund schon Teil unserer Familie. Egal, bei welchem Wetter. Wenn du in einem Monat immer noch dabei bist, können wir noch einmal über einen Hund reden.«
Robin jubelte. Und so geschah es, dass sie am nächsten Morgen voller Elan zeitig aufstanden und nach draußen gingen. Auch ohne Hund hatten Vater und Sohn eine Menge Spaß und kehrten dann hungrig zum Frühstück zurück. Es entwickelte sich ein kleines Ritual. Und beide begannen sich zu verändern.
Robin sah nach und nach, dass es auch Tage gab, an denen er nicht zeitig aufstehen wollte. Manchmal war es noch kalt am Morgen, manchmal war er einfach müde. Eines Tages, es regnete in Strömen, sagte er: »Papa, kannst du heute ohne mich rausgehen? Ich habe keine Lust.« Frank ließ sich nichts anmerken – zumal er längst gemerkt hatte, wie gut es ihm tat, in der Natur an der frischen Luft zu sein. Er ging mit mehr Freude zur Arbeit, weil er den Kopf freier hatte. Auch dem Familienleben tat es gut. Frank konnte manche Probleme von Arbeit im Wald vergessen und wieder seine Frau und die Kinder besser spüren.
Doch es blieb nicht bei dem einen Mal. Mehr und mehr zog sich Robin von den Spaziergängen zurück, er wollte lieber Zeit mit Freunden verbringen, ausschlafen und was Jungs sonst noch in seinem Alter tun. Der Hund war plötzlich kein Thema mehr.
»Wie sieht es denn jetzt aus, Robin? Möchtest du immer noch einen Hund?«, fragte seine Mutter Susan nach Ablauf von vier Wochen nach. »Ach, weißt du, Mama, ihr hattet recht. Es ist mir doch zu viel Verantwortung. Vielleicht war es nur so eine fixe Idee von mir.«
Frank und Susan sahen sich an und schmunzelten.
Susan dachte, nun sei das Thema durch, als plötzlich Frank das Wort ergriff: »Ich glaube, ich werde mir einen Hund zu legen. Obwohl ich anfangs dagegen war, finde ich es inzwischen klasse, regelmäßig draußen zu sein. Ich könnte es mir vorstellen, von jetzt an morgens und abends eine kleine Runde mit dem Hund zu drehen.«

Viele stehen am Morgen sogar früher auf, um sich vor Tagesbeginn Zeit zu nehmen und sich zu zentrieren. Manche ziehen sich abends zur Meditation zurück, um den Tag zu verarbeiten und ihn mit Bewusstsein zu durchdringen.

Gemäß einer Faustregel sollten Sie alles, was Sie regelmäßig tun möchten, vierzehn Tage lang durchhalten, damit es zur Gewohnheit wird und eine Eigendynamik entfaltet. Diese Regel können Sie sich zunutze machen. Wahrscheinlich wird ein Teil von Ihnen nach kurzer Zeit beginnen, faul zu werden, und versuchen, Sie von der inneren Arbeit abzuhalten, nachdem Sie sich entschlossen haben, regelmäßig zu meditieren. Indem Sie sich eine Zeit suchen, zu der Sie jeden Tag meditieren, schaffen Sie sich eine innere Verbindlichkeit, die es Ihnen erleichtert, dabeizubleiben. Gleichzeitig stimmt sich der Körper wie bei einem Ritual innerlich auf den neuen Rhythmus ein. Sie stehen am Morgen schon mit der Vorfreude und Gewissheit auf, sich hinsetzen und etwas für sich zu tun zu dürfen.

Ob Sie morgens oder abends meditieren, ist unerheblich. Die Meditation am Morgen bringt eine bewusste Klärung und Zentrierung in Ihr Wesen. Sie können sich in Ruhe auf den Tag einstimmen und entwickeln ein Gespür für den Tag. Gehen Sie mit dieser Reinheit in den Tageslauf hinein, können Sie sich jederzeit wieder an die Energie des morgendlichen Rituals anbinden. Das funktioniert sogar in stressigen oder anspruchsvollen Situationen, bei denen Sie nun leichter einen ruhigen Kopf bewahren können.

Stellen Sie sich vor, Sie stehen tagsüber vor einem schwierigen Gespräch. Am Morgen haben Sie sich in der Meditation nach innen versenkt, Ruhe gefunden und das Gespür für Ihre eigene Mitte gestärkt. Das alles belebende Bewusstsein des Kosmos lebt auch in Ihrem Gesprächspartner. Wenn Sie vor einem solchen Gespräch in alte Muster fallen, alte Ängste hegen etc., trennen Sie sich innerlich von allem ab. Damit ist es aber auch schwieriger, eine Lösung zu finden, mit der das ganze Leben gewinnt.

Nehmen Sie stattdessen vor schwierigen Entscheidungen einen tiefen Atemzug und verbinden sich wieder mit der Klarheit aus der morgendlichen Meditation, dann meistern Sie aus diesem Gefühl heraus jede Situation ruhiger und gelassener. Begegnen Sie der

Realität mit einer Prise Liebe und Gelassenheit, und alles wird sich ändern.

Für andere ist es einfacher, am Abend zu meditieren. Sie können so den Tag hinter sich lassen, Vorarbeit für die Nacht leisten und dadurch besser schlafen. Die Themen des Tages können noch einmal angeschaut werden. Sie können bewusst die Momente des Tages betrachten, in denen sie den Kontakt zu sich verloren hatten. Außerdem gehen sie dann entspannter in das Abendprogramm mit der Familie oder den Freunden.

Andere wiederum berichten, dass sie durch die Meditation am Abend zu viel Energie erhalten und dadurch schlechter schlafen.

Hören Sie also auf Ihre eigene Weisheit; spüren Sie, was Ihnen und Ihrem Körper am besten bekommt.

Auf jeden Fall ist es wichtig, sich einen festen Termin einzurichten. Tragen Sie sich einen wiederkehrenden Termin in Ihren Kalender oder Ihre Agenda ein. Beginnen Sie nämlich Ihre Praxis mit einem vagen Termin, besteht die Tendenz, ihn immer wieder vor sich her zu schieben. Wahrscheinlich kennen Sie diese Muster auch bei anderen Aufgaben, die Sie tun sollten, aber nicht so recht erledigen möchten: Dann ist alles andere wichtiger. Obwohl Meditation ein freudiger Entschluss ist, bedeutet er doch auch Verantwortung und Ehrlichkeit im Umgang mit sich selbst.

Nicht alle Meditationen in diesem Buch sind für den Tagesbeginn geeignet. Der *Einheitsatem* (siehe Kapitel 8) ist eine Meditation, die Sie zu Ihrer täglichen morgendlichen Praxis hinzufügen sollten. Dadurch verbinden Sie sich mit den beiden Polaritäten des Universums und vereinigen sie zu einer Schwingung der Einheit, die alle Bereiche Ihres Wesens durchflutet. Von da aus können Sie andere Meditationsformen folgen lassen oder direkt in den Tag starten. Sie sind mit dem Universum verbunden und können sich in jedem Moment daran erinnern.

Die Meditationen *Willkommen zur Reise in dein Herz* (siehe Kapitel 7), *Reise zum inneren Kind* (Kapitel 9) und *Willkommen zu einer Reise zu den Ahnen* (Kapitel 10) sind eher für den Nachmittag oder Abend geeignet. Sie sind auch nicht für die tägliche Praxis, sondern zur gelegentlichen Nutzung gedacht, um neue Erkenntnisse für sich zu gewinnen. Dafür sollten Sie eine Zeit wählen, nach der Sie nicht mehr viel gefordert werden und das Erlebte nachwirken lassen können. Vielleicht steigen Emotionen auf, die Zeit brauchen, um gefühlt zu werden. Sie können sich einen entspannten Abend gönnen und das Erfahrene mit in die Nacht nehmen, um am Morgen ausgeruht mit neuen Erkenntnissen in den Tag zu starten.

Wie soll ich sitzen?

In der östlichen Kultur ist Meditation ein fester Bestandteil des Lebens. Bewegung und Körper gehören zusammen. Das westliche Sinnbild der Meditation ist der Lotussitz – obwohl unser Körper gar nicht vorbereitet ist, ständig in einer solchen Position zu sitzen. Aber welche Haltung sollte man bei der Meditation einnehmen?

Der Lotussitz – oder seine vereinfachte Form des Schneidersitzes – hat einige entscheidende Vorteile. An der Basis unseres Körpers befindet sich ein Energiezentrum: das Basischakra. Es ist für die Erdverbindung zuständig. Während Sie direkt auf dem Boden sitzen, sind Sie unmittelbar mit Mutter Erde verbunden – was die Basis jeder spirituellen Arbeit darstellt.

Mit einem Meditationskissen ist das Gesäß etwas erhöht, sodass die Beine leicht nach vorn und unten abkippen. Dadurch öffnet sich der Bauchraum, was für eine freie und tiefe Atmung wichtig ist. Der Rücken stabilisiert sich; dies vereinfacht eine lange Meditation.

Neben dem Lotussitz gibt es andere Positionen, die die Meditation unterstützen. Eine wichtige Voraussetzung ist jedenfalls, gerade und aufrecht zu sitzen: Dann wirkt Ihr Körper wie eine Achse, die Himmel und Erde verbindet. Damit kann die Energie besonders gut durch Ihren Körper fließen. Im *Einheitsatem* lernen Sie eine Meditation kennen, die die Verbindung zum Körper besonders stärkt.

Wenn für Sie ein Stuhl bequemer als der Schneidersitz ist, ist das genau das Richtige für Ihren Einstieg. Die Sitzfläche soll jedoch die richtige Höhe haben, und der Blutfluss in Ihren Kniekehlen darf nicht eingeschnürt werden. Außerdem sollten Ihre Füße bequem auf dem Boden stehen, um die Erdverbindung sicherzustellen.

Eine andere Möglichkeit bieten Meditationshocker, bei denen die Beine teilweise unter dem Gesäß zu liegen kommen, ohne dass der Druck des ganzen Körpers auf den Fersen lastet. In Asien ist der Fersensitz weitverbreitet. Dadurch schlafen aber den Menschen im Westen, für die diese Sitzposition ungewohnt ist, gern die Füße ein, da auf dem Spann, der Fußoberseite, wichtige Adern entlanglaufen.

Dagegen würde ich Ihnen nicht empfehlen, im Liegen zu meditieren, weil dabei die Gefahr besteht, einzuschlafen. Der Mensch ist ein Wesen, das durch seinen aufrechten Gang Himmel und Erde verbindet. Sobald Sie sich flach hinlegen, tauchen Sie mit Ihrer Achse in die Felder der Erde ein. In senkrechter Position ist Ihr Kronenchakra in Richtung des Kosmos geöffnet und damit offener für die männliche Qualität des Alls, die wichtig ist für einen ausgeglichenen Energiehaushalt.

Im Hinblick auf die Kleidungsfrage finde ich es angenehmer, sich auf Naturmaterialien zu besinnen. Sie lassen die Felder der Erde besser durch und neigen nicht dazu, sie künstlich mit Elektrizität aufzuladen. Meditation ist mehr eine innere Tätigkeit. Die Kleidung kann Sie unterstützen, es muss aber keine spezielle Meditationskleidung sein. Es kommt lediglich auf einen bequemen Sitz an, ebenso auf Freiheit im Bauchraum und in den Gelenken. Die Atmung sollte tief in den Bauchraum gehen. Unsere Gürtel schnüren oft einen Teil unserer Energieverbindung zwischen Kopf und Fuß ein. Wenn sich in den Gelenken Falten bilden, führt dies leicht zu Schmerzen, die für die Meditation hinderlich sind.

Nichts von all dem, was oben angeführt ist, ist notwendig. Aber es kann hilfreich sein. Alles ist eins. Sie stehen ohnedies in ständiger Verbindung mit der Quelle. Der Glaube, dass für die korrekte Anbindung an das Urprinzip irgendein materielles Hilfsmittel nötig oder ein bestimmter Ort besser sei als ein anderer, ist Zeichen einer vergangenen Zeit. Sie können frei experimentieren, was für Sie nützlich ist, um wieder mit Ihrem Herzen aufzuwachen und dieses Bewusstsein in den Alltag hinein auszudehnen.

Dunkelheit

In der Mitte unseres Kopfes befindet sich die Zirbeldrüse. Ihre Form erinnert an den Kiefernzapfen, der ihr den Namen gegeben hat. In der Mythologie wird diese Drüse mit dem *dritten Auge* gleichgesetzt, das für das spirituelle Sehen zuständig ist.

Die moderne Wissenschaft beginnt gerade erst, die tieferen Ebenen dieses Organs zu verstehen. Wir wissen heute, dass die Zirbeldrüse für die Steuerung des Hell-Dunkel-Rhythmus im Körper zuständig ist: Bei Licht werden andere Hormone an den Körper abgegeben als bei Dunkelheit. Im Dunkeln kann der Körper seine Aktivität herunterfahren. Die Zirbeldrüse beginnt, Melatonin auszuschütten, das dafür verantwortlich ist, dass wir in der Nacht regenerieren können. Neueste Forschungen belegen, dass diese Drüse auch in der Lage ist, DMT zu produzieren, ein Molekül, das in ähnlicher Form in psychoaktiven Substanzen vorkommt und das Bewusstsein stark erweitert.

In diesem Zusammenhang ist die Lichtverschmutzung (Aufhellung des Nachthimmels durch überwiegend künstliche Lichtquellen) nicht nur ein Problem für die Natur, sondern auch für uns selbst. Es ist heute kaum mehr möglich, in völliger Lichtlosigkeit zu schlafen. Die Zirbeldrüse gelangt deshalb nie in einen wirklich tiefen Zustand.

Viele Urvölker kennen in ihren Ritualen die Dunkelheit als guten Freund. In Schwitzhütten wird die jeweilige Zeremonie in völliger Finsternis durchgeführt. Symbolisch gehen dabei die Teilnehmer in den Schoß von Mutter Erde zurück, um sich zu reinigen und sich wieder mit ihr zu vereinigen. Von Eremiten oder Mönchen wird berichtet, dass sie sich zum Beispiel lange Zeit in eine Höhle zurückzogen, um ihr inneres Licht zu aktivieren. Neueste Untersuchungen zeigen, dass unser Gehirn in der Lage ist, ein anderes Sehen zu aktivieren, wenn es sich in völliger Dunkelheit befindet. Unsere physischen Augen können auf der Ebene des materiellen Lichtes sehen. Dieses Licht ist aber den Gesetzen der Polarität unterworfen: Es gibt immer eine Quelle, aus der das Licht strömt; es legt einen linearen Weg von A nach B zurück. Wir besitzen jedoch auch eine andere Art des Sehens. Unser Herz hat die Fähigkeit, ein Licht wahrzunehmen, das alles durchdringt und unpolar ist. Es hat keine Quelle, es ist überall.

Um Ihre Meditation zu intensivieren, sollten Sie daher für Dunkelheit sorgen. Das kann auf verschiedene Weise geschehen. Es gibt Lehrer, denen es wichtig ist, die Augen zum Meditieren zu schließen. Dadurch dringt nicht so viel Licht nach innen, und es gibt weniger Ablenkungen im Außen. Selbst wenn die Augen geschlossen sind, gelangt immer noch Licht in Ihren Körper.

Ein längerer Rückzug in die völlige Dunkelheit stellt eine kraftvolle Stufe dar. Solange noch Licht auf die Haut fällt, nimmt ein Teil unseres Systems es wahr. Erst in völliger Dunkelheit ist es möglich, bestimmte Bereiche im Innen zu aktivieren. Falls Sie zu diesem Thema eine Resonanz spüren, können Sie sich intensiver damit beschäftigen.

Es ist notwendig, die Reise in die Dunkelheit in Begleitung zu machen. Da der Aufwand recht hoch ist, gibt es nicht so viele Möglichkeiten für den Weg in die Dunkelheit. *Holger Kalweit* widmet sich in seinem Buch »Dunkeltherapie« den verschiedenen Richtungen; eine Zeit lang hat er selbst Therapien in dieser Form angeboten. Auch der bekannte Tao-Yoga-Lehrer *Mantak Chia* schuf in seinem Zentrum in Thailand eine Möglichkeit zur Dunkelreise und hat ein kleines Buch darüber geschrieben.

Der innere Beobachter

Wie bereits im letzten Kapitel gezeigt, gibt es einen inneren Beobachter in Ihnen. Bei der Reise nach innen ist er Ihr ständiger Begleiter. Seine Position hilft Ihnen dabei, sich nicht von den

Emotionen und ungelösten Gefühlen mitreißen zu lassen, sondern zu erkennen, was das tiefer liegende Thema ist.

Stellen Sie sich vor, Sie sind hier als Forscher, um Sie zu erkunden und besser zu verstehen. Aus dieser Perspektive können Sie einem solchen Moment die Kraft nehmen, wenn Sie kurz innehalten und staunend sagen: »Das ist aber interessant!« Damit geben Sie einem verdrängten Ereignis, das nach oben kommen will, keine neue Kraft, sondern lassen es auftauchen und zeigen ihm doch Aufmerksamkeit.

Einer Emotion nachspüren

Erinnere dich an einen Moment in deinem Leben, in dem du sehr emotional warst. Du hast dich über etwas geärgert oder warst wütend auf einen Menschen. Schau einen Moment auf das Gefühl. Ist da noch ein Rest da, oder ist alles gelöst?

Wenn du heute mit Abstand auf diese Episode aus deinem Leben schaust: War die Emotion hilfreich? Hat sie dich weitergebracht, oder siehst du das, was damals geschehen ist, heute in einem anderen Licht?

Der Film deines Lebens

Schau für einen Moment auf dein ganzes Leben bis zum heutigen Tag. Stell dir vor, du wärst der Zuschauer eines Filmes oder der Leser einer Biografie. Nimm dieses Leben als Gesamtheit wahr.

Gelingt es dir, eine völlig wertfreie Position einzunehmen und zu sehen, wie der Lauf deines Lebens ist? Kannst du so etwas wie einen roten Faden spüren?

Wenn es eine menschliche Seite gibt, die einzelne Schritte, Wege oder Ähnliches beurteilen möchte, versuche dich von dieser Sichtweise fernzuhalten. Betrachte es so, als würde dir das Leben eine der Möglichkeiten zeigen, wie ein Mensch ein Leben leben kann. Gelingt dir das?

Der eigenen Wahrnehmung trauen

Wir haben alle notwendigen Informationen in uns und können sie zu jeder Zeit abrufen. Das größte Problem, um an dieses Wissen heranzukommen, sind wir jedoch selbst. Was wir sehen, entspricht nicht immer dem, was wir erwarten. Gehen wir mit einer Erwartungshaltung in die Meditation, blockieren wir von vornherein den Anteil in uns, der dieser Wahrnehmung nicht entspricht. Das Innere spricht in einer eigenen Sprache. Beurteilen Sie diese, trennen Sie sich immer wieder von der inneren Weisheit ab, die jeden Moment vorhanden ist.

Es gilt, diese innere Sprache zu verstehen. Gelegentlich offenbart sich ein Muster oder ein Code erst nach langer Zeit. Durch bewusstes Beobachten nehmen wir erst einmal alles so an, wie es sich präsentiert. Was es ist, zeigt sich später von ganz allein.

Der Körper als Hilfsmittel und Lehrmeister

In der christlichen Kultur wurde der Körper oft als sündiges Fleisch bezeichnet. Teile davon sind noch heute in unserer Welt erkennbar, in der nur das Gehirn hoch geschätzt wird. Die Sprache der Bibel ist symbolisch: Ist dort die Rede vom Tempel Gottes, wird nicht von einem physischen Bauwerk gesprochen, sondern vom menschlichen Körper.

Wenn Sie sich Ihrem Tempel zuwenden, geht es darum, ihn wieder anzunehmen. Dabei gibt es sehr viel zu entdecken. Er hat eine eigene Weisheit und spricht ständig zu Ihnen.

Die Kunst der Kinesiologie zeigt über Muskeltests, dass Ihr Körper weiß, ob Sie ein Nahrungsmittel, eine Situation oder ein Ort stärkt oder schwächt. Je nach Antwort (Ja oder Nein bzw. stark oder schwach), hält der Muskel einer Kraft stand oder nicht. Beim Essen signalisiert Ihnen Ihr Körper, schon bevor Sie etwas zu sich genommen haben, ob es bekömmlich oder ungeeignet für ihn ist. In der Sprache des Körpers zeigen kleinste Regungen, was Sie gerade fühlen, wo Sie sich blockieren und in welchen Situationen Sie aufblühen.

Diese Weisheit ist ein wichtiger Wegweiser, um den Weg nach innen zu gehen und das Herz zu befreien. Wenn Sie sich ein Thema anschauen, zu neuer Erkenntnis gelangen und hinterher tief durchatmen, hat sich offenbar eine Schicht des Körpers befreit. Wenn Sie fühlen, dass Ihnen zum Weinen zumute ist, zeigt Ihr Körper, dass Sie etwas innerlich bewegt. Hören Sie auf ihn! Er zeigt Ihnen exakt, wo eine Verspannung sitzt und welches Thema gelöst werden möchte.

Die Kommunikation mit Ihrem Körper ist immer ein Gespräch in zwei Richtungen. Ihre Gedanken und Gefühle wirken auf den Körper, aber Ihr Körper wirkt auch in der umgekehrten Richtung. Sie können die Lockerung in der Meditation fördern, indem Sie auch sonst darauf achten, den Körper locker zu halten und zu bewegen. Lernen Sie in ihm einen Freund kennen und binden Sie ihn in den Weg zur Selbsterkenntnis ein. Pflegen und bewegen Sie ihn, nähren Sie Ihren Körper mit gesunder Nahrung und gesunden Gedanken!

In seinem ganzen Aufbau ist der menschliche Leib nicht nur ein Abbild des Universums, sondern auch der Erde. Er ist Ihre direkte Verbindung zum Planeten. Die künstliche Welt mit ihren Gebäuden trennt uns aber von dieser Verbindung. Deswegen ist es besonders wichtig, immer wieder die Natur aufzusuchen und im Freien durchzuatmen.

Es gibt keine Geschichte, nur Energie

Bei der Wahrnehmung Ihres Inneren oder beim Erzählen Ihrer Lebensgeschichte kann es passieren, dass Sie sich im ganzen Drumherum verlieren: Wer war damals mit wem zusammen, und was ist passiert, und warum ist dieser oder jener schuld und nicht ich etc.? Mit einer solchen Betrachtung können Sie Stunden zubringen. Solche Geschichten dienen dem Verstand als eine beliebte Ablenkung, wenn er eine Situation nicht fühlen möchte.

Wenn Sie wirklich herausfinden möchten, was die Ursache für eine solche Gedankenschleife ist, gibt es einen einfachen Trick, der von einem Schamanen stammt. Fragen Sie sich: »Wo steckt die Energie?«

Mit dieser Frage durchbrechen Sie augenblicklich die Gedanken und öffnen sich für das Fühlen. Die Kraft, die Sie in einen ständig wiederholten Gedankengang stecken, wird von einem verborgenen Muster genährt, das nicht gesehen werden möchte. Indem Sie diese Kraft aufspüren, finden Sie auch schnell das Geheimnis dahinter.

> **Wo steckt die Energie?**
> Erik fühlt sich einsam und weiß gerade nichts mit sich anzufangen. Petra, die er seit Schulzeiten kennt, hat immer ein offenes Ohr. Am Telefon erzählt er ihr, was mit der letzten Frau in seinem Leben wieder schiefgegangen ist. Nach einer Weile reicht es Petra, sie unterbricht ihn: »Erik, die Geschichten kenne ich zur Genüge von dir. Halte bitte mal inne.«
> »Wieso, ich dachte, du hörst mir zu und ich kann dir vertrauen?«
> »Das kannst du doch. Aber ich habe das Gefühl, du könntest noch in hundert Jahren reden und Gründe finden.«
> »Mmmh.«
> »Hör kurz auf nachzudenken und fühl mal in dich hinein. Warum erzählst du all die Geschichten? Wo ist die Energie dahinter? Spür mal!«
> Erik atmet tiefer und entspannt sich. Dann fühlt er, wie es ihm geht. »Ich bin traurig.«
> »Okay«, sagt Petra. »Und worüber bist du traurig?«
> »Dass mich meine Freundin verlassen hat.«
> »Ist das alles? Liebst du sie? Folge mal deiner Energie.«
> »Mmh, ich glaube, ich habe sie gar nicht wirklich geliebt.«
> »Ach, was dann? Wo liegt deine Hauptenergie?«
> »Na ja, wenn du so fragst: Es fühlt sich an, als hätte ich sie nie wirklich geliebt. Darunter steckt Trauer über eine alte Beziehung, die ich wohl nie abgeschlossen habe.«
> »Aha.«
> »Ich wollte nicht wahrhaben, dass es vorbei ist, habe mich gleich von einer Beziehung in die nächste gestürzt.«
> »Das fühlt sich stimmig für mich an. Die Geschichten bleiben immer an der Oberfläche, aber wenn du von deinen Gefühlen erzählst und der Energie folgst, kommst du viel schneller zur Erkenntnis und vor allem zu einem Abschluss. Nur Geschichten zu hören, warum was mit wem passiert ist, ist auf Dauer langweilig.«
> »Vielleicht hast du recht. Ich werde wohl noch mal ein Stück zurückgehen und schauen, welches Gefühl noch im meiner uralten Beziehung liegt ...«

Der Atem zum Einstieg

Nachdem Sie jetzt alle Sinne kennen, die Ihnen zeigen, wo sich etwas in Ihrem Innern bewegt, kann es losgehen.

Den Atem beobachten

Setze dich bequem und aufrecht an deinen Platz. Schließe deine Augen und richte deine Aufmerksamkeit nach innen. Nimm deinen Atem als Wegweiser und lass ihn zur Ruhe kommen. Dein Körper und deine Gedanken brauchen vielleicht einen Moment, um im Hier und Jetzt anzukommen. Gib ihnen diese Zeit.
Lass alle Erwartungen fallen und sei gnädig mit dir. Wenn du das erste Mal nach innen schaust, kann es erschreckend sein, wie viel Chaos und Gedankenmüll im inneren Kosmos kreist. Manchmal setzt du dich hin und vergisst, dass du meditieren wolltest. Nach fünf Minuten fällt dir auf, dass du immer noch sitzt. Freu dich darüber, dass du wieder zu dir gefunden hast. Erinnere dich an die Haltung des inneren Beobachters und schaue von ihm aus auf dich. Eine Meditation in Stille, ohne ein Thema, mag dir am Anfang nicht leichtfallen. Also lenke deine Aufmerksamkeit auf deinen Atem. Sein ständiges Auf und Ab führt zu innerer Ruhe und Geborgenheit. Wenn wir aufgeregt sind, ist es der Atem auch. Während du auf den Atem achtest, hast du keine Zeit, Gedanken zu wälzen. Der Atem führt dich von allein in die Ruhe und Mitte. Wenn Gedanken auftauchen, lass sie wie eine Luftblase im Wasser aufsteigen und an dir vorüberziehen. Du sitzt und achtest auf deinen Atem, mehr nicht.
Nachdem du mindestens 15 Minuten gesessen hast, bereite dich darauf vor, langsam zurückzukehren. Spüre noch einmal in dich hinein, wie es dir jetzt geht. Wo hat dich dein Atem hingeführt? Achte darauf, dass du die Rückkehr bewusst gestaltest. Verbinde dich wieder mit deinem Körper und beginne ihn zu bewegen.
Notiere deine Erfahrungen und nimm sie mit in deinen Alltag.

Der Atem gibt Ihnen den grundlegenden Rhythmus Ihres Körpers vor. Er beginnt mit der Geburt und strömt in Ihnen bis zu Ihrem letzten Atemzug. Noch älter ist der Rhythmus des Herzens. Das Herz ist das erste Organ, das sich bildet und zu pulsieren beginnt. Es begleitet Sie ein Leben lang. Im gleichmäßigen Auf und Ab liegt ein Urmuster verborgen: der Atem des Universums. Wie ein Musikinstrument schwingen wir jeden Tag in einem größeren Rhythmus mit. Es ist die Sonne, die in ihrem täglichen Lauf wie ein ständiges Ein- und Ausatmen am Morgen nach oben steigt und ab Mittag wieder nach unten sinkt. Wie die Töne der musikalischen Obertonreihe ineinander eingebettet sind, so sind auch die längeren Rhythmen des Lebens ineinander geschichtet. Hinter dem Tageslauf der Sonne mit 24 Stunden liegen die 28 Tage des Mondes. Auch er atmet zwischen Neumond und Vollmond ein und atmet dann bis zum nächsten Neumond aus. Dieser Zyklus ist wiederum eingebettet in den Jahreslauf, das platonische Jahr und viele andere lange Rhythmen des Kosmos.

In Ihrem Körper gibt es eine Trennebene zwischen Bauch- und Brustraum: das Zwerchfell. Es stellt eine Grenze dar zwischen den unbewussten Vorgängen der Verdauung und den Ebenen, auf die Sie Einfluss nehmen können. Der Atem kann sein eigenes Pendeln haben oder bewusst von Ihnen gesteuert werden. Er wird bei körperlicher Belastung automatisch intensiviert, und er entspannt, wenn Sie sich entspannen.

Oft geht ein Ereignis, das uns erschreckt, mit einem tiefen Atemzug einher, der abrupt beendet wird. Wir engen unseren Atemfluss ein. Dieses Erschrecken und Anhalten des Atems unterbricht den freien Fluss der Energie im Innern und kann die Grundlage eines Traumas bilden.

Wenn Sie auf Ihren Atem achten und merken, dass er ins Stocken gerät, sollten Sie sich bewusst bewegen. Bei jedem Einatmen schlägt das Herz schneller, beim Ausatmen dagegen langsamer. Wenn Sie aufgeregt sind oder den Atem vor Schreck anhalten, atmen Sie bitte wieder aus. Damit bringen Sie einen stockenden Moment wieder ins Fließen. Achten Sie darauf, dass das Ausatmen länger dauert als das Einatmen.

Wie atme ich richtig?

Möglicherweise erscheint Ihnen diese Frage banal. Mit der Atmung sind Sie direkt bei der Lebensenergie Ihres Körpers. Deswegen gibt es im Yoga eine eigene Wissenschaft des Atmens, das *Pranayama*, die über Jahrtausende erforscht und gepflegt wurde.

Normalerweise sollte der Körper allein seinen Atemrhythmus finden. Wenn wir entspannt sind, atmen wir relativ ruhig und nutzen dabei nicht den gesamten Raum der Lunge aus. Bei Anstrengung wird der Atem tiefer und schneller, je nach Anstrengung wird nur ein Teil der Lunge bewegt. Durch bewusste Atmung können Sie die gesamte Lunge durchlüften, das Herz in Bewegung versetzen und den Brustkorb dehnen.

Die Lungen sind nicht in der Lage, sich selbstständig zu bewegen. Nur durch die Arbeit der umliegenden Muskeln ist es möglich, Luft aufzunehmen und wieder abzugeben. Dafür sind zum einen die Muskeln der Rippen und des Brustraums zuständig und zum anderen das Zwerchfell.

Die Bewegung des Atems wird in drei Bereiche unterteilt: Bauchraum, Zwerchfellgegend und Brustbereich. Es ist wichtig, die Lungen vollständig zu füllen und diesem Ablauf zu folgen:
Atmen Sie zunächst in den Bauchraum hinein. Das erkennen Sie daran, dass sich der Bauch leicht nach außen wölbt. Unmittelbar danach folgt der Zwerchfellbereich. Erkennbar ist diese Phase an dem größer werdenden Umfang des Körpers in Höhe des Zwerchfells bzw. der ersten Rippen. Diese Phase wird etwas kürzer wahrgenommen. Sie geht unmittelbar über in den Brustraum. Die Brust hebt sich, und das aufgenommene Volumen der Lunge wird größer. Damit sind die Lungen gefüllt und gedehnt. Sie können nun die Luft ohne Anspannung entweichen lassen. Für das Ausatmen gibt es keine Regel. Sie sollten aber sowohl beim Einals auch beim Ausatmen durch die Nase atmen.

Für eine tiefer gehende Beschäftigung mit dem Atem können ein Yogalehrer oder ein Atemtherapeut sehr gut weiterhelfen.

Orientierung für die Aufmerksamkeit

Mit dem Atem beginnt Ihre Meditation, er ist der Einstieg. Er führt Sie nach innen. Die nach innen gerichtete Aufmerksamkeit, bei der der Körper beobachtet wird, ist der nächste Schritt. Wie fühlt sich Ihr Körper? Ist er angespannt? Wo können Sie ihn kaum spüren? Bei der Innenschau gibt es mehrere Punkte im Körper, auf die Sie achten sollten.

Worauf Sie achten können

Bei der Betrachtung des Atems fällt Ihnen vielleicht auf, dass er gar nicht so frei strömen kann, wie Sie bisher angenommen haben. Sind Sie in der Lage, Ihren Brustkorb wirklich zu öffnen? Oder fühlt er sich immer eingeengt an?

Wenn Sie schon eine Weile sitzen, achten Sie auf Ihr Gesicht. Können Sie es noch weiter entspannen? Oder gibt es eine Spannung, von der Sie nicht wissen, woher sie kommt?

Was passiert, wenn Sie eine Weile auf Ihren Bauchraum achten? Wie fühlt es sich dort an?

Wie sieht es mit Ihrer Sexualität aus? Was geschieht mit Ihnen bei einer achtsamen Atmung in den Unterleib?

> **Lebenskampfkunst**
> Vor Kurzem traf ich einen Kampfkunstlehrer eines alten chinesischen Systems. In seiner Selbstverteidigung gibt es einen Lehrsatz: »Mach dich frei von deiner eigenen Kraft.« Wer also seinen Raum verteidigen möchte, darf bei der Abgrenzung nach außen nicht zugleich seinen Arm zurückziehen.
> In der Meditation saß der Lehrer jedoch immer mit zusammengekniffenem Mund da. Die Kaumuskeln waren im Gesicht deutlich zu sehen. Auf Nachfrage erfuhr ich, dass er nachts eine Beißschiene trägt, weil er so viel mit den Zähnen knirscht. Für ihn bestand der erste Schritt darin, immer wieder in sein Gesicht zu spüren, um es zu entspannen. Dadurch konnte er fühlen, warum er so verbissen war; gleichzeitig wurde mehr Energie in ihm frei, und die Muskeln wurden lockerer, damit er feinere Gefühle in sich wahrnehmen konnte.

Wo Ihre Aufmerksamkeit hingeht, fließt automatisch mehr Blut hin. Sie können es an solchen Empfindungen wie Kribbeln oder Wärme spüren. Dies sollte zu einer merklichen Entspannung führen. Wenn Sie bewusst einen Bereich entspannen möchten, atmen Sie hinein. Beim langen Ausatmen fühlen Sie, wie die Anspannung weniger wird und die Schwerkraft an dem Bereich angreift. Seien Sie geduldig mit sich, wenn am Anfang nichts Bemerkenswertes geschieht. Oft müssen die Kanäle zu einem tieferen Körpergefühl erst geöffnet werden.

Die Weisheit des Herzens

Herz und Hirn

Gönne dir einen Moment Pause und lass das Buch sinken. Schau in dich hinein und spüre in deinen Kopf. Wie fühlt sich der Platz in deinem Schädel an? Welche Eigenschaften ordnest du deinem Hirn zu? Versuche sie zu benennen.
Nimm ein paar Atemzüge und leg deine Aufmerksamkeit auf deinen Herzraum in der Brustgegend. Wie fühlt es sich an, dort zu sein? Welche Eigenschaften hat das Herz für dich?

»Es ist, was es ist, sagt die Liebe«, wie *Erich Fried* wusste. Für die Liebe gibt es nur eine Wahrheit.

Das Hirn urteilt gern und zweifelt an vielem. Es ist ein typisches Organ der Polarität. Es sitzt in einer harten Schale und ist dadurch distanziert von der Außenwelt. Damit entwickelt es Sichtweisen, die von der Realität oft weit entfernt sind.

Das Herz ist ein warmes und weiches Organ. Es sitzt im Brustraum, wo es geborgen und doch offen ist. Es pulsiert ruhig und gleichmäßig ohne Unterlass. Es kann nicht anhalten und analysieren. Es kann nur mitfühlen und eins sein mit jeder Situation. Dadurch hat es einen ganz anderen Blick auf die Welt. Seine

Kammern sind in einem großen Wirbelfeld vereinigt. Mit seinen zwei Kreisläufen liegt es in der Mitte einer Acht, die den Körper innerlich umarmt. Während im Hirn eher Logik und der Verstand sitzen, liegt im Herzen die Einheit allen Seins. Bei allen Meditationen ist das Herz ein guter Ratgeber. Wenn Sie Ihre Aufmerksamkeit eine Weile auf Ihr Herzzentrum richten, wird es sich nach einer Weile wärmer und weicher anfühlen. Wenn Ihr Körper dabei mit einem Seufzen reagiert, wenn sich Tränen bilden und Gefühle aufsteigen, dann sind Sie auf dem richtigen Pfad. Ihr Herz meldet sich, und seine Qualität breitet sich in Ihnen aus.

»Es ist, was es ist, sagt die Liebe« heißt aber nicht, alles nur rosarot zu sehen. Wenn sich etwas für Sie ungut anfühlt, darf es auch als das benannt werden. Manchmal haben wir aus Sicht des Verstandes gute Gründe, bei einem Menschen zu bleiben, eine Arbeit weiterzuführen oder in einer anderen Beziehung zu verharren. Wenn das Herz aber sagt, dass es nicht richtig für Sie ist, ist es gut, sich danach zu richten und einen neuen Weg zu suchen.

Humor

»Bevor Sie also jemandem wegen dieses läppischen Films Leid zufügen wollen, denken Sie bitte daran: Auch Gott hat Sinn für Humor. Man muss sich nur einmal das Schnabeltier ansehen.« So heißt es in der Fantasy-Satire »Dogma« (1999).

Lachen ist der direkte Weg ins Herz. Ohne Humor und die Fähigkeit, über sich zu lachen, können Sie die Prüfungen des Menschseins nie bestehen. Trotz all der Abgründe der menschlichen Seele, der vielen Fallstricke und Verletzungen sollten Sie sich nie entmutigen lassen. Je größer der Abstand ist, mit dem Sie auf die kleine menschliche Welt schauen, desto absurder wird das Spiel mit seinen Regeln.

Lachen Sie auch mal über Ihren Weg und über die Suche nach einer Antwort auf die Fragen des Lebens, während Sie durchs All mit seinen riesigen Maßstäben reisen.

Stellen Sie sich vor, Sie wären auf Ihrer Mission durchs All hier auf der Erde gelandet. In Ihnen schlummert das Wissen um die Weiten des Kosmos und die Erinnerung an den Sonnenaufgang auf *Hiranyaloka*. In Ihrer Tasche tragen Sie immer ein weißes Handtuch zum Weitertrampen. Dann stellen Sie fest, dass die Einwohner dieses Planeten glauben, die Einzigen in einem Universum zu sein, das Milliarden Jahre alt ist, obwohl ihre Hochkultur eigenen Angaben zufolge erst circa 6000 Jahre alt ist. Sie streiten miteinander um die Auslegung von Texten, die sie »Heilige Schrift« nennen. Dafür haben sie eine neue Religion etabliert, die auf Verbrennung, Explosion und Zerstörung beruht und die sie für eine Wissenschaft halten; sie kann nur von denen gelebt werden, die überwiegend denken statt fühlen und die eine der beiden Gehirnhälften bevorzugen. Ist das nicht absurd und Grund genug, darüber zu lachen?

Rückkehr von der Meditationsreise

Nun stellen Sie sich vor, Sie besteigen einen Berg. Bevor Sie auf die Reise gehen, werden Sie sich über die Strecke, die Schwierigkeiten und die Länge des Rückwegs informieren. Das Gleiche gilt für viele andere Sportarten. Wenn Sie zwar einen Gipfel erklommen haben, aber sich auf dem Rückweg verletzen und nie im Tal ankommen, haben Sie die Tour nicht erfolgreich geschafft. Das Gesamtvorhaben »Bergbezwingung« ist gescheitert.

So ähnlich ist es mit der Meditation. Wenn Sie in der Lage sind, die höchsten spirituellen Ebenen zu erreichen, sollten Sie auch in der Lage sein, vollständig im Hier und Jetzt anzukommen. Es gibt genug Menschen, die sich in ihrer eigenen Fantasiewelt verlaufen und dabei die Bodenhaftung verloren haben. Deswegen ist es bei jeder Meditation wichtig, sich Zeit für Ihre Rückkehr zu nehmen! Manchmal dehnt sich die Wahrnehmung in ferne Bereiche aus, die Sie beim Zurückkehren in den Alltag bewusst verlassen sollten.

Wo immer Sie hingehen, bedanken Sie sich am Ende bei Ihrer Wahrnehmung für die Erfahrungen! Und so, wie Sie um Einlass bitten, bevor Sie einen Bereich betreten möchten, verabschieden Sie sich, wenn Sie ihn wieder verlassen! Auch hier können Sie Ihren Körper als Wegweiser benutzen. Kehren Sie nach einer Meditation also langsam und bewusst ins Hier und Jetzt zurück. Nehmen Sie Ihren Atem wahr und spüren Sie Ihren Körper. Am Anfang haben Sie etwas Zeit gebraucht, um zur Ruhe zu kommen, nun kann es auch einen Moment dauern, wieder zurückzukehren. Erinnern Sie sich an Ihre Erdverbindung. Fühlen Sie den Bodenkontakt und spüren Sie wieder Ihre Körperlichkeit.

Wanderung durch den Körper

Unternimm eine eigene kleine Meditationsreise, bei der du durch deinen gesamten Körper gehst. Fange beispielsweise mit der linken großen Zehe an und spüre sie. Betrachte dann die zweite Zehe, die dritte Zehe, die vierte und so weiter. Wende dich dann dem Fuß zu. Spüre seine Sohle, seinen Spann. Gehe zum Fußgelenk weiter. Wandere mit deiner Aufmerksamkeit weiter in den Unterschenkel, zum Knie und in den Oberschenkel. Nimm das Bein als Ganzes wahr.

Mach dann die gleiche Reise durch das rechte Bein, indem du wieder beim großen Zeh beginnst.

Danach wende dich deinen Armen zu: Fange im Daumen an und arbeite dich durch die einzelnen Finger über die Handfläche zum Handgelenk und weiter nach oben zu Unterarm, Ellbogen und Oberarm vor.

Dann nimm deinen Rumpf wahr. Beginne mit dem Beckenboden und gleite wie ein steigender Wasserspiegel mit deiner Aufmerksamkeit nach oben.

Sobald du im Kopf angekommen bist und sicher bist, dass du mit allen Sinnen und Gliedmaßen in normaler Verbindung stehst, öffne wieder deine Augen und kehre zu dem zurück, was du als Nächstes in deinem Alltag zu tun hast.

Anfangs erscheint dies vielleicht kompliziert oder aufwendig. Du kannst aber dadurch deinen Körper besser kennenlernen und acht-

samer werden für die weitere Meditationspraxis. Für Beginner ist es oft schwierig, die einzelnen Zehen zu unterscheiden. Später wird dies dank deiner gesteigerten Aufmerksamkeit immer einfacher. Das reicht bis hin zu einer Wahrnehmung der einzelnen Glieder innerhalb eines Zehs. Bevor du also eine Meditationssitzung beendest und dich wieder erhebst, achte auf deine vollständige Rückkehr.

Meditation im Alltag

Die Eizelle, aus der Sie entstanden sind, war viel größer als Ihre jetzigen Körperzellen. Ihre ersten Zellteilungen haben immer kleinere Zellen entstehen lassen, bis sie diese normale Größe erreichten. Danach hat sich das Wachstum umgekehrt, und jede weitere Zelle wurde angebaut, ließ sie größer werden. Sie sind erst einmal in sich gegangen, um dann nach außen zu wachsen. Heute entstehen in jeder Sekunde zwischen 500.000 und 10 Millionen neuer Zellen in Ihrem Körper durch das Prinzip der Zellteilung.

Was können Sie noch von Ihrem Beginn als Embryo lernen? Der Sinn einer Meditation ist nicht der ständige Weg nach innen, sondern der Weg hin zu den Grundprinzipien des Lebens, um diese dann auch im Außen umzusetzen und ins Leben zu bringen. Sie können einen weisen Menschen nicht daran erkennen, wie viel er in seinem Leben meditiert hat, sondern daran, wie er sein Leben lebt.

Mit jeder Zelle, die in Ihrem Körper neu entsteht, findet eine kleine Geburt statt. Sie haben die Chance, dieser Zelle eine neue Information mit auf den Weg zu geben. Indem Sie für Klarheit in sich sorgen, beeinflussen Sie auch alle Zellinformationen, die an jede neue Zelle weitergegeben werden. Je länger Sie regelmäßig meditieren, desto mehr neue Zellen entstehen, die in einem klaren Geist gebadet haben. Allein das führt schon zu einer schrittweisen Gesundung Ihres Körpers.

Meditation mit Smartphone und MP3-Player

Heute hat fast jeder ein Mobiltelefon in der Tasche. Für die Meditation sollten Sie das Mobiltelefon ausschalten, um nicht abgelenkt zu werden und um die elektromagnetische Strahlung zu minimieren. Allerdings kann Ihr Telefon auch sehr nützlich sein. Trotz Meditation müssen wir den Zeitrahmen unseres Alltags einhalten. Würden Sie jetzt selbst die Kontrolle über die Zeit übernehmen, wäre die linke Gehirnhälfte gefragt. Sie mischt sich ein und verhindert ein entspanntes Herangehen an die Meditation.

Deshalb gibt es Hilfsmittel, die das Meditieren in einem Zeitrahmen unterstützen und Raum geben, sich zu entspannen. Bedienen Sie sich eines simplen Weckers, der am Ende der Meditationszeit klingelt. In manchen Versandhäusern gibt es Meditationswecker, die nach einer bestimmten Zeit einen feinen Gong schlagen, um Sie an das Ende der Meditation zu erinnern.

Hier kommt nun auch das Mobiltelefon ins Spiel. Für die modernen Geräte werden sogenannte Apps angeboten, die für alle möglichen Aufgaben ersonnen wurden. Bestimmte kleine Programme simulieren zum Beispiel eine Meditationsuhr; damit können Sie auch Zwischengongs in einem selbst gewählten Intervall ertönen lassen. So können Sie das Gerät beispielsweise so einstellen, dass bei 30 Minuten Meditationszeit alle 10 Minuten ein Signal ertönt. Damit teilen Sie eine Meditation in drei Abschnitte ein und beenden sie doch in einer begrenzten Zeit.

Stille oder Musik

Für das Bewusstsein ist es egal, ob Sie Musik beim Meditieren hören oder nicht. Das Bewusstsein ist eins mit Ihnen. Am Anfang ist es jedoch gut, sich für die Meditation einen stillen Platz zu suchen. Hier dringen nicht so viele Ablenkungen von außen auf Sie ein, und Sie können sich besser konzentrieren und sammeln.

Das Bewusstsein besteht nur aus Schwingungen. Wenn Sie sich auf den Weg machen und meditieren, verändern Sie Ihr inneres

Schwingungsmuster. Sie kommen mehr und mehr zu Ihrer eigenen Frequenz. Musik wirkt auf der gleichen Ebene. Die zu guten Kompositionen geronnenen Ideen entfalten sich beim Hören immer wieder aufs Neue. Sie regen unser Bewusstsein an und schwingen mit. Daher kann geeignete Meditationsmusik helfen, höhere Schwingungen zu erreichen. Vielleicht ist ihre Wirkung mit der einer Droge zu vergleichen. Drogen wirken, weil sie körpereigenen Stoffen ähnlich sind. Allerdings lernt Ihr Körper mit jeder Droge, dass er die eigenen Substanzen nicht ausschütten muss. Aus diesem Grund tendiere ich zur Meditation ohne Musik. Dadurch entsteht wenig Ablenkung, und gleichzeitig können Sie lernen, Ihren Geist ohne Hilfsmittel zu sammeln und sich zu konzentrieren.

Die Fähigkeit, sich zu konzentrieren und nach innen zu lauschen, hat Ähnlichkeit mit dem Training der Muskeln. Je länger Sie auf sich hören und in sich hineinspüren, desto stärker werden Sie angebunden sein. Im Lauf der Zeit verstärkt sich die Konzentrationsfähigkeit derart, dass Sie in jeder Umgebung meditieren können.

Ebenso verhält es sich mit den Signalen der inneren Wahrnehmung. Je vertrauter Sie mit ihnen werden, desto leichter fällt es Ihnen, direkt zu spüren oder zu fühlen, was gerade in Ihnen vor sich geht. Ein befreundeter Lehrer hat in Tokio Meditation gelernt, in einer Stadt, in der es nie still ist. Von seinem Meditationslehrer bekam er den Spruch mit auf den Weg: »Jedes Geräusch führt dich nur näher zu dir selbst.«

Naturtherapie

Wir leben in einer weitgehend virtuellen Welt. Manche Menschen verlassen nie ihre Stadtwohnung, um einmal in die Natur zu gehen. Für den Weg zur Arbeit oder zum Einkaufen steigen sie ins Auto, das nur zwei Meter vor der Haustür parkt. In ihrer Firma fahren sie in die Tiefgarage und nehmen den Lift zu ihrem Arbeitsplatz.

Jeder von uns lebt die Trennung, die in unserem Bewusstsein herrscht, täglich in seiner Welt aus. Wir haben diesen getrennten

Zustand selbst hergestellt. Wir gehen in Schuhen mit Gummisohlen, die uns von der Erde isolieren. Wir fahren mit Autos auf Gummirädern und erhalten einen elektrischen Schlag, wenn wir uns von den Sitzen erheben. Unsere Gebäude haben einen isolierenden Fußboden. Gleichzeitig werden wir den ganzen Tag mit Funkwellen und eigenartigen Gedanken aufgeladen, ohne die Möglichkeit zu haben, uns zu entladen.

Dabei gibt es eine sehr einfache Methode, wieder zu sich und zur Mitte zu finden: Die Natur selbst ist der Weg!

Alles, was Sie in diesem Leben besitzen, je besessen haben oder besitzen werden, kommt von diesem Planeten. Selbst Ihr Körper – das Einzige, von dem Sie sagen können, dass es Ihnen gehört – ist Teil der Erde.

Sie können einen wichtigen Schritt zu Ihrer Rückverbindung mit dem Urbewusstsein beitragen, wenn Sie sich wieder mit der Natur verbinden.

Es gibt viele Menschen, die sich nicht als spirituell bezeichnen. Dennoch kümmern sie sich um ein Fleckchen Erde und sind regelmäßig in der Natur. Wenn Sie sie näher kennenlernen, werden sie Ihnen erzählen, dass sie nicht ohne ihre Pflanzen leben können. Genau darum geht es: Es kommt nicht darauf an, spirituell oder erleuchtet zu sein. Was zählt, ist die Verbindung mit der Schöpfung.

Unser ganzes Sein besteht nicht nur aus dem physischen Körper, sondern auch aus den Feldern um ihn herum. Die technische Strahlung, die uns umgibt, und unsere isolierenden Gummisohlen und Co. trennen also unsere Verbindung mit der Erde. Dadurch fehlt eine Möglichkeit, sich zu entladen. Die aufgestauten Energien im Körper führen zu Ungleichgewichten und Krankheiten. Unser Planet übernimmt einen Großteil der angesammelten Ladung und harmonisiert die Felder des Körpers, wenn wir uns wieder mit ihm verbinden – was sich in einer deutlichen Entspannung bemerkbar macht. Außerdem ist die Luft in der Natur anders geladen als in technischen Gebäuden. Mit jedem Atemzug nehmen Sie also außerhalb der bevölkerten und bebauten Städte neue Energie auf, die Sie innerlich auflädt. All das führt zu einem glücklicheren Zustand, sodass Sie das Gefühl haben, nicht mehr ohne die Natur sein zu können.

Neben der eigentlichen Meditation ist es also wichtig, dass Sie sich wieder mit der Erde verbinden. Dies können regelmäßige Spaziergänge sein – wenn es der Untergrund zulässt, auch barfuß. Sie können im Freien meditieren. Die Stimmen der Vögel sind besser als jede Meditationsmusik. Besonders der *Einheitsatem* (siehe Kapitel 8) ist wesentlich stärker, wenn Sie ihn in der Natur praktizieren.

Die Natur spüren

Wenn du einen Garten hast, nutze ihn für dein tägliches Ritual zur Begrüßung des Tages. Stell dich barfuß auf den Boden und spüre, wie deine Füße ihn berühren. Wenn du magst, schließe deine Augen. Lass deine Aufmerksamkeit von deinen Gedanken weggleiten, hin zur Wahrnehmung deines ganzen Körpers. Spüre ihn.

Spüre, wie dein Körper über deine physische Hülle hinausgeht. Stell dir ein Feld vor, dass dich wie ein Ei in einer angenehmen Größe umhüllt, vielleicht mit 50 Zentimeter Abstand zu deiner Haut.

Nimm die Erde als liebevolles, lebendiges Wesen wahr – oder wenn du magst, als Engel oder Göttin. Ihr Feld reicht weit in den Kosmos hinaus. Sieh, spüre oder fühle, wie du mit deinem Feld eingebunden bist in ihr Feld. Spüre, wie dich ihr Feld umhüllt. Spüre, wie sie dich umhüllt und begleitet.

Lenke deine Aufmerksamkeit wieder zu deinen Füßen. Stell dir vor, du wärst eine Pflanze. Aus deinen Füßen wachsen Wurzeln, die sich in der Erde fein verästeln. Spüre, wie du mit ihr verbunden bist.

Stell dir vor, du wärst ein Baum. Deine Füße verbinden dich mit der Erde. Nimm deinen Oberkörper, deine Arme und deinen Kopf als Krone des Baumes wahr. Wie du mit der Erde nach unten verbunden bist, kannst du dich auch nach oben hin ausbreiten.

Dann nimm dich als ganzes Wesen wahr, das sowohl mit der Erde als auch mit dem Kosmos verbunden ist. Verbinde dieses Gefühl mit dem Körper und achte darauf, dass du es ganz ins Hier und Jetzt zurückbringst. Erinnere dich tagsüber immer daran, dass du ein Teil der Erde bist.

Kontakt mit einem Baum aufnehmen

Geh an einen Platz in der Natur, an dem du dich wohlfühlst, zum Beispiel in einen Park, einen Wald oder an eine Stelle auf deinem Grundstück. Such dir einen Baum, der dich anspricht, zu dem du dich hingezogen fühlst. Betrachte ihn als lebendiges Wesen und schau ihn mit etwas Abstand an, wie er in der Landschaft steht. Versuche eine Wahrnehmung für sein Feld zu entwickeln.
Wisse, dass er ein Lebewesen ist wie du. Geh mit der gleichen Achtsamkeit zu ihm hin, die du einem Kind entgegenbringen würdest. Du kannst ihn bitten, dich in sein Feld hineinzulassen, wenn du in seinen Bereich eintrittst.
Berühre nun behutsam seinen Stamm und verbinde dich mit dem Baum. Bitte ihn, dir ein Stück der Erde zu zeigen, in der er sich befindet. Achte dabei auf deine Wahrnehmungen, inneren Bilder und Gefühle.
Wenn du diesen Kontakt fühlst, kommuniziere eine Weile innerlich mit ihm und sei gnädig mit dir, wenn du noch nichts spürst oder siehst. Hab keine Erwartungen.
Nach einer Weile verabschiede dich wie von einem guten Freund. Danke dem Baum, dass er dich in seinen Bereich gelassen hat. Entferne dich langsam von ihm, grüße ihn zum Abschied und achte darauf, dass du wieder ganz bei dir und im Hier und Jetzt bist.

Sofern es Ihnen nicht möglich ist, jeden Tag in die Natur zu gehen, sollten Sie dennoch jede Gelegenheit wahrnehmen, die sich Ihnen für einen Aufenthalt in der Natur bietet. Gehen Sie mindestens einmal in der Woche spazieren.

Sie können den Aufenthalt im Freien auch als Wahrnehmungsübung nutzen, um die Natur in ihrer Vielfältigkeit neu zu entdecken. Sie werden erstaunt sein, wo Sie überall ihre Spuren finden können. Achten Sie auf die vielen kleinen Zeichen der Natur in Ihrem Umfeld. Nehmen Sie jeden kleinen Grashalm am Wegesrand als einen Boten der Erde wahr, der Sie grüßt. Wenn Sie auf einem Betonboden stehen, verbinden Sie sich mit der natürlichen Erde darunter. Freuen Sie sich innerlich darüber, dass die Natur mit Ihnen kommuniziert, sich in Ihrem Bewusstsein zeigt, und grüßen Sie sie zurück.

Zusammenfassung

Die wichtigsten Punkte für die Meditation:

* Ziehen Sie sich zu einer geplanten, regelmäßig eingerichteten Zeit an Ihren festen Meditationsort zurück.
* Regelmäßigkeit schafft ein Ritual und eine Kraft, die Sie in der Praxis unterstützt.
* Richten Sie sich einen kleinen Altar ein, vor dem Sie sitzen können: mit Symbolen für die Kräfte der Elemente und mit anderen Dingen, die Ihnen heilig sind.
* Finden Sie eine Sitzposition, bei der Sie wach bleiben und aufrecht, aber bequem sitzen können.
* Tragen Sie bequeme Kleidung, damit Ihre Atmung frei strömen kann.
* Achten Sie auf Ruhe und Stille bei der Meditation.
* Gönnen Sie Ihren Augen Ruhe. Schließen Sie die Lider oder verwenden Sie eine Dunkelbrille.
* Betreten Sie Ihre innere Welt wie ein interessierter Beobachter, der wahrnimmt und Abstand zu den Emotionen hält.
* Trauen Sie Ihrer Wahrnehmung und Ihrer inneren Sprache.
* Pflegen Sie Ihren Körper, ehren und bewegen Sie ihn. Er ist ein guter Freund.
* Hören Sie auf Ihre Sinne, die mit Ihnen reden, auch mit anderen Antennen als jenen, die Ihnen bisher vertraut waren.

- Fragen Sie sich: Wo steckt die Energie?
- Lassen Sie sich von Ihrem Atem zu innerer Ruhe und Ausgeglichenheit führen. Geben Sie ihm Zeit, sich zu finden.
- Achten Sie auf Ihre Hauptzentren wie Bauch, Herz und Sexus. Wie fühlen Sie sich im Moment?
- Folgen Sie den Hinweisen Ihres Herzens. Betrachten Sie alles, was Ihnen begegnet, aus einer liebevollen Perspektive.
- Lachen Sie über sich selbst.
- Achten Sie auf eine geordnete Rückkehr und geben Sie den Erfahrungen der Meditation auch Raum in Ihrem Leben.
- Halten Sie sich möglichst oft in der Natur auf. Suchen Sie eine bewusste Verbindung mit ihr.

7 Im Herzen erwachen

*»Im Herzen hat alles angefangen,
mit dem Herzen endet alles.«*

Das senkrechte Weltbild

In der Natur ist der Mensch etwas Besonderes, weil er sich aufgerichtet hat und aufrecht geht. Damit verbindet er wie ein Baum Himmel und Erde in sich. Gleichzeitig sind seine Sinne nach vorn gerichtet, als wären sie von der Senkrechten in diese Welt hineingeklappt. Während Tiere mit waagerechtem Körper sehr stark im Energiefeld der Erde leben, verbindet der Mensch durch seine aufrechte Haltung den Kosmos mit der Erde. Die Ausrichtung nach vorn ist wie ein Auftrag, diese Verbindung auch in die Welt zu bringen.

Spirituelle Anatomie

Neben dem physischen Körper besitzen Sie ein größeres Energiefeld, das Sie mit Informationen und Lebenskraft versorgt. Permanent werden Sie von Energien des Kosmos und der Erde durchströmt. Durch diesen Fluss stehen Sie in ständiger Kommunikation mit dem großen Bewusstsein des Universums. Jeder Mensch empfängt auf diese Weise ständig Wissen und Begleitung in seinem Inneren. Infolge der Zentrierung im Kopf hören allerdings die wenigsten darauf.

Der Hauptkanal Ihres Energiefelds liegt in der senkrechten Körperachse und wird auch *Pranaröhre* genannt. Sie ist identisch mit *Sushumna Nadi*, der Hauptenergiesäule des Yoga, der Weltenachse, dem Bischofsstab oder den Stäben des *Hermes* und des *Äskulap*.

Die Pranaröhre hat ungefähr den Durchmesser eines Kreises aus Daumen und Mittelfinger der Hand. Ihr unterer Austrittspunkt ist am tiefsten Punkt Ihres Rumpfes, dem Perineum, das sich zwischen After und Vulva oder Hodensack befindet. Der obere Punkt liegt auf der Spitze Ihres Kopfes, dort, wo bei einem Baby die Fontanelle sitzt. Über den Körper hinaus reicht dieser Kanal jeweils bis zu neun Meter in beide Richtungen.

Innerhalb des Körpers liegen Energiepunkte, die Chakras; sie stehen in Verbindung mit den wichtigsten Drüsen. Mit Ihrem Bewusstsein können Sie den Energiekanal bis tief in die Erde hinein und weit in den Kosmos hinaus verlängern.

Das senkrechte Weltbild

Im waagerechten Weltbild haben Menschen keine Anbindung nach oben und unten; sie definieren sich nur über die Hierarchien in der Ebene. Da sich jeder abgeschnitten fühlt, kämpfen alle gegeneinander um Macht, Einfluss und Energie.

Im senkrechten Weltbild ist sich der Mensch dagegen dessen bewusst, dass er über sein Energiesystem mit dem gesamten Universum verbunden ist. Er öffnet sich durch verschiedene Übungen und Atemtechniken regelmäßig in diesen Fluss, der dadurch bewusst in den Körper geführt und verstärkt wird.

Sobald Sie Ihren Energiefluss bewusst durch die Pranaröhre lenken, werden wichtige Zentren in Ihnen mit Energie versorgt, die für Ihre weitere spirituelle Entwicklung eine große Rolle spielen.
Besondere Bedeutung erlangt die Erde-Himmel-Verbindung für das Herz. Es bildet die Mitte, in der sich alle Polaritäten ausgleichen. Durch die bewusste Atmung in die Energieröhre wird das spirituelle Herz dem Kosmos angeschlossen und steht nun in Kommunikation mit allen Sternen, Planeten und Feldern des Kosmos. Aus dieser Mitte kommen alle wichtigen Informationen. Ihr Herz ist ebenso voll davon und pulsiert mit dem Kosmos. Wenn Sie sich bewusst mit ihm verbinden, wird es sich befreien und Ihnen Ihren weiteren Weg zeigen.

Indem Sie täglich erfahren, dass Sie an die Lebensenergie des Kosmos angebunden sind, löst sich schrittweise die Illusion, von einer äußeren Kraft abhängig zu sein. Alles im Universum lebt. Der gesamte Kosmos ist reines Bewusstsein. Wenn Sie das erkennen und realisieren, können Sie sich auf das Leben einlassen. Es versorgt Sie viel besser, als jede weltliche Macht es tun könnte.

Für diesen Weg müssen Sie allerdings die Sicherheit aufgeben. Da der Fluss des Lebens sehr kraftvoll ist, kann er nur fließen, wenn er frei ist. Jede Einengung würde ihn abschnüren. Wenn Sie sich schrittweise darauf einlassen und lernen, seine Richtungen zu erspüren, erfahren Sie mehr über sich als in jedem Seminar oder Buch der Welt. Der Fluss führt Sie zu Menschen, Plätzen und Begegnungen, die sich wie Offenbarungen auf einer Einweihungsreise entfalten. Wenn Sie lernen loszulassen, wird Raum in Ihnen frei, der mit der Kraft des Lebens gefüllt wird.

Im andauernden Kontakt mit Ihrem Herzen können Sie nie mehr an einen falschen Platz geraten, denn Ihr Herz ist immer bei Ihnen. Wo das Herz ist, da sind Sie zu Hause.

Das Herz der Welt bringt uns alle zum Leben

In den hermetischen Gesetzen heißt es, dass das Große sich im Kleinen widerspiegelt und umgekehrt. So ist das Herz unseres Sonnensystems die Sonne, ein Stern, wie in jedem anderen Planetensystem auch. Alle Sterne sind wiederum Teil eines größeren Systems, der Galaxien, um deren Zentren sie jeweils rotieren. Auch hier können wir die Mitte der Galaxie als ihr Herz betrachten. Schauen wir in kleinere Maßstäbe, so ist jeder Planet ebenfalls das Herzzentrum eines eigenen Systems, um welches die Monde kreisen. Sogar im Kleinsten, den Atomen, ist der Kern das Herz und die Elektronen die Planeten.

In jeder Zelle bildet der Zellkern das Herz, während die anderen Bestandteile in Verbindung mit den Planetenkräften stehen. Dieses Bild zieht sich durch alle Ebenen der sichtbaren Welt. Sie erinnern sich: Es gibt nur *einen* Bauplan, der lediglich variiert wird.

In den jeweiligen Mittelpunkten solcher lebendiger Systeme, Atomkerne, Zellkerne, Sonnen oder Galaxien vereinigen sich immer zwei Seiten der Polarität zu einer Qualität. Innerhalb der Pranaröhre des menschlichen Energiefeldes bildet das Herz den Fokuspunkt, in dem alle Energiepole zu einem Feld zusammenlaufen. Deswegen ist das Herz in der Lage, über die beschränkte Sichtweise des Kopfes hinaus wahrzunehmen, da es mit allen Herzzentren des ganzen Universums verbunden ist.

Daher ist es nicht verwunderlich, dass das Herz in allen Mythologien eine Analogie zur Sonne darstellt. Unsere Organe wiederum sind mit je einem Planeten verbunden. So laufen wir als eigenständiges kleines Planetensystem durch die Welt. Der Kosmos lebt sprichwörtlich in uns.

Herzensqualität

Eines der Wunder des Herzens ist die bedingungslose Liebe. Das Herz ist das erste Organ, das sich im Embryo bildet, und das letzte, was in Ihnen lebt. Es schlägt ein Leben lang ohne Bedingungen, es ist einfach für Sie da.

Betrachten Sie einen Menschen, den Sie sehr mögen, und einen, dem Sie weniger nahestehen: Weder der eine noch der andere könnte ohne sein schlagendes Herz existieren. Das Universum urteilt nicht. Es ist mit jedem Herzen verbunden. Bis heute gibt es kein Konzept in der Medizin, das uns schlüssig erklärt, woher der Herzschlag kommt oder warum das Herz schlägt.

Teilweise flüchten Tiere schon Tage vor einer Naturkatastrophe in sichere Regionen, da sie die Gefahr spüren. Ich kenne auch Menschen, denen das Gleiche widerfahren ist: Sie haben von innen die Botschaft erhalten, nicht in ein Flugzeug zu steigen, das später abgestürzte, oder sie haben sich vor einem Tsunami vom Meer ferngehalten. Sie waren offensichtlich vorher schon so stark mit ihrem Herzen verbunden, dass sie die Katastrophe spüren konnten. Letzten Endes rettete ihnen ihr Herz das Leben.

Das Herz der Wissenschaft

Das Herz ist ein erstaunliches Organ. Lange vor unserer Geburt beginnt es zu schlagen und pulsiert so für den Rest des Lebens ohne Pause. Dabei bekommt es niemals Krebs, verweigert niemals seine Aufgabe und muss normalerweise auch nicht ausgetauscht werden. Es ist jedoch nicht einfach nur die Pumpe in unserer Brust, sondern ein eigenes Zentrum mit Gehirnzellen.

Jedes Herz nimmt seine Umgebung wahr, kann fühlen und kommuniziert mit anderen Herzen in der näheren Umgebung. Obwohl es in der Mitte des Körpers sitzt, ist es über den Puls des Blutes mit dem ganzen Körper verbunden. Der Herzrhythmus ist bis in die Fingerspitzen spürbar. Mit jedem Herzschlag sendet es eine Welle aus, die bis in die äußersten Enden des Körpers reicht.

Viele Jahre lang hat sich die Medizin auf die Erforschung des Gehirns gestürzt, da dort der Sitz der Intelligenz vermutet wurde. In den letzten Jahrzehnten hat sich die Forschung jedoch sehr stark verändert. Mittlerweile weiß man, dass das Herz eigene Gehirnzellen besitzt, mit denen es wahrnehmen, spüren und auch entscheiden kann. Bis heute kann die Wissenschaft nicht erklären, wie der Herzschlag zustande kommt. Gerade Herzchirurgen stehen immer wieder vor Rätseln. Bei einer Herztransplantation kann zwar das Herz eingesetzt werden und an die fremden Blutgefäße angeschlossen werden, aber die Nervenverbindungen zum Gehirn sind für immer verloren. Und doch beginnt das Herz wieder zu schlagen. Woher kommt also der Puls, wenn der Herzschlag nicht vom Kopf gesteuert wird?

Moderne Rechentechnik kennt Wege, das Herz auf völlig neue Arten zu erkunden, was zu überraschenden Erkenntnissen über dieses wundervolle Organ führt. Die Abstände der einzelnen Herzschläge untereinander sind wie ein archaischer Trommelrhythmus, mit dem das Herz ständig nach außen kommuniziert. In den Herzrhythmen lässt sich erkennen, ob das Herz frei pulsieren kann oder ob es unter Anspannung steht und sich kaum noch ändert. Die Fähigkeit, auf unterschiedliche Belastungen, Gefühle und Empfindungen zu reagieren, wird *Herzratenvariabilität* genannt. Ein freies Herz kann mit allen Empfindungen und Gedanken mitgehen, ohne eingeengt zu sein. Ein Herz, das unter Stress steht, reagiert immer weniger auf die Bewegungen des Lebens, bis es beginnt, seine Not in Form von Krankheit auszudrücken.

Aus den Messungen des Herzschlages ist beispielsweise erkennbar, dass das Herz mit unserem Atemrhythmus verbunden ist. Mit jedem Einatmen schlägt das Herz schneller, mit jedem Ausatmen langsamer. Auch zwischen Herz und Gehirn gibt es eine faszinierende Kommunikation. In Momenten, in denen wir besonders glücklich sind, verbindet sich das Herz mit dem Gehirn und überflutet es mit Informationen und Glückshormonen. Sobald Sie in einer Tätigkeit regelrecht aufgehen und spüren, wie Ihnen alles leicht von der Hand geht, stehen Sie in einer solch tiefen Verbindung mit Ihrem Herzen.

Die Forscher sprechen hier von einem *kohärenten Herzen*. Kohärenz bedeutet »Zusammenhang« und signalisiert, dass das Herz eine Gemeinschaft mit einzelnen Organen oder dem gesamten Körper eingegangen ist. Geradezu bildlich wird dies, wenn Schauspieler ihrer Rolle sehr viel Ausdruckskraft verleihen können, weil ihre tief empfundenen Gefühle den ganzen Körper durchfluten.

Vielleicht kennen Sie auch das Gefühl, dass Ihr Herz vor Freude überfließt (»hüpft«, so heißt es in der Bibel)? Unser Herz hat das stärkste Energiefeld aller Organe. Um es nochmals zu betonen: Es ist bis zu tausendmal stärker als die Felder des Gehirns, es reicht in Form eines Torus mehrere Meter um uns herum. Mittlerweile ist bewiesen, dass die Gefühle eines Menschen die Schwingungen des Herzens einer anderen Person im Raum beeinflussen können. Manchmal sagen wir, dass die Sonne aufgeht, wenn ein fröhlicher Mensch den Raum betritt. Es ist die Schwingung seines Herzens, die er ausstrahlt und die alle anderen ansteckt und auffordert, sich einzuschwingen.

Forscher haben vor einiger Zeit zwei Menschen untersucht, die nebeneinander wohnen, sich aber nie sehen. Dabei haben die beiden über ihre Herzen gespürt, dass selbst durch die Mauern des Hauses die Schwingungen Einfluss auf den Nachbarn haben. Interessant dabei war, dass sie erkennen konnten, dass liebevolle Schwingungen über kurz oder lang immer die Oberhand gewinnen.

Wie sich das Gefühl, im Fluss zu sein, in Ihrem Körper ausbreiten kann, so kann sich das Gefühl auch in Gemeinschaften einstellen. Zum Beispiel kann eine Familie wie eine großer Organismus sein, wenn sie in einer gemeinsamen Idee aufgeht. Hält die Liebe Einzug, dann knüpfen die Herzen untereinander Verbindungen. Auch Tänzer, Musiker oder Sportler kennen das Gefühl, wenn sich alle Herzen verbinden und in einem gemeinsamen herzlichen Bewusstseinsfeld aufgehen.

Bei einem Experiment stellten Wissenschaftler fest, dass Herzzellen von verschiedenen Menschen und sogar von Tieren in einer Versuchsschale in einem Rhythmus zusammen zu pulsieren beginnen, während Gehirnzellen unter den gleichen Bedingungen nicht miteinander kommunizieren und absterben.

Tiere zeigen also dieses Phänomen ebenfalls: Sie finden sich zu einem Schwarm zusammen und agieren als *ein* Organismus.

Es scheint, als würde das Herz immer mehr ins Bewusstsein der Menschheit drängen. Die führenden Herzforscher der Welt beobachten bereits ein globales Bewusstseinsfeld der Menschheit. Sie erwarten in nicht allzu ferner Zukunft das Erwachen eines globalen, kohärenten Feldes, das alle Menschen miteinander verbindet.

Wieder in Kontakt treten

In dem Märchen »Der Froschkönig und der eiserne Heinrich« war es Heinrich, der betrübt war von der Verwandlung des Königssohns in einen Frosch und der drei eiserne Bande um sein eigenes Herz hatte legen lassen, »damit es ihm nicht vor Weh und Traurigkeit zerspränge«. Erst nachdem der Prinz erlöst war, lösten sich die Bande um das Herz. Jedes verschlossene Herz kann sich wieder öffnen. Es mag ein weiter Weg sein, aber Sie können wieder Kontakt zu Ihrem Herzen finden.

Mit Biofeedbackgeräten wird die mathematische Analyse der Herzensverbindung in gut sichtbare Grafiken umgewandelt. In einem dieser Programme schwebt zum Beispiel ein Schmetterling über eine Landschaft. Sobald das Herz Anzeichen von Öffnung zeigt, beginnt der Schmetterling zu fliegen und erhebt sich. Damit bekommt der Anwender eine Rückmeldung, wie es seinem Herzen geht und bei welchen Gedanken und Gefühlen es sich bewegt.

Sie benötigen jedoch keine Technik, um wieder mit Ihrem Herzen in Kontakt zu treten. Versuchen Sie zu erspüren, auf welchen Wegen Sie Ihr Herz wahrnehmen. Was assoziieren Sie mit Ihrem Herzen? Wann spüren Sie es? Ihr Körper liefert Ihnen alle Signale. Sie brauchen nur darauf zu achten, welche Gedanken Sie bewegen, wenn Sie Ihre Aufmerksamkeit auf Ihr Herz legen.

Auf einfache Weise können Sie die sprichwörtliche Herzenswärme erfahren. Wenn das Herz eines Menschen aufgeht, fühlt es sich im Brustbereich warm an. Wann haben Sie das zum letzten Mal gespürt? Sie können Ihrem Herzen auch ein Stück entgegenkommen: Legen Sie Ihre rechte Hand auf Ihre Brust, und zwar dort, wo Sie das Herz vermuten. Was fühlen Sie? Spüren Sie, wie der Raum unter Ihrer Hand warm wird. Lassen Sie die Wärme der Hand in sich eindringen und spüren Sie, wie die Wärme des Herzens Ihnen entgegenkommt. Alle Empfindungen, die Sie spüren können, bringen Sie Ihrem Herzen näher. Was fühlen Sie noch? Nehmen Sie wahr, wie Ihr gesamter Körper pulsiert. Atmen Sie dabei ruhig und gleichmäßig. Wenn Sie etwas bewegt, atmen Sie ruhig und gleichmäßig aus – länger, als Sie eingeatmet haben.

Bringen Sie wieder Leben in Ihr Herz ... und bringen Sie Ihr Herz wieder in Ihr Leben!

Reisen im Körper

Jeder Mensch ist mehr als sein Körper. Sie sind beseelt von einem Bewusstsein, das sich in diesem Körper ausdrückt. Je nach Verfassung und der Art, wie Sie die Welt sehen, ist Ihr Bewusstsein im Körper auf einen Punkt konzentriert oder ausgedehnt. Sie können Ihr Bewusstsein auch willentlich im Körper an jeden beliebigen Ort verschieben. Bei einer feinen Handarbeit, die große Fingerfertigkeit erfordert, kann es sein, dass Sie Ihre Aufmerksamkeit sehr stark auf Ihre Hand legen. Sie sehen die Welt immer durch die Augen, gleichzeitig haben Sie aber ein großes Gespür für jede einzelne Faser Ihrer Hand. Vielleicht haben Sie sogar das Gefühl, mit Ihrer Hand sehen und wahrnehmen zu können. Dann beginnen Sie mit etwas zu kommunizieren, das wie ein eigenes Wesen Ihrer Hand ist.

Jeder Körper ist eine Ansammlung von Einzelwesen, die wie in einer russischen Matroschkapuppe auf vielen Ebenen miteinander verwoben sind. Der Aufbau jeder Zelle entspricht einer kleinen Bewusstseinseinheit mit eigener Wahrnehmung und eigenen Aufgaben. So, wie sich Menschen zu einem Organismus zusammenschließen können, haben sich viele Zellen zu größeren Gruppen mit eigenen Aufgaben (den Organen) zusammengeschlossen. Die Zellen ordnen damit ihre Fähigkeiten einer größeren Aufgabe unter und bringen sich ganz in das Organ ein. Damit entwickelt sich in jedem Organ ein höheres Bewusstsein, das die Abläufe in sich strukturiert. So sind die Zellen der Hand zugunsten der filigranen Bewegungen unseres Bewusstseins zusammengekommen.

Normalerweise ist Ihre Aufmerksamkeit nach außen gerichtet, aber manchmal empfangen Sie aus einem Körperbereich das Wissen, dass dort etwas nicht stimmt oder dass es ihm gut geht. Wenn Sie spüren, wie Ihnen eine Speise im Magen liegt, ist es das Bewusstsein des Bauches, das mit Ihnen spricht. Es signalisiert, dass er gerade sehr viel zu tun hat und die Wahl des Essens wohl nicht die beste war.

Wie die Zellen sich zu einem Organ zusammengeschlossen haben, sind alle Organe, Muskeln und Gliedmaßen zu Ihrem gesamten Körperbewusstsein zusammengekommen. Innerhalb dieses Körpers ist Ihre Wahrnehmung die höchste Bewusstseinsform, die existiert.

Wenn Sie sich Ihren Körper als ein großes Volk aus vielen Einzelwesen (den Zellen) vorstellen, dann haben diese sich zu »Bundesländern«, den Organen, zusammengeschlossen. Die Bundesländer wiederum sind in einem Staat, Ihrem Körper, vereinigt. Innerhalb dieses Staates sind Sie der oberste Herrscher. Normalerweise gehen wir davon aus, dass unser Staat uns bedingungslos folgt und dient. Erst wenn es in einer Provinz Probleme gibt oder sich Krankheit im Land ausbreitet, beginnen wir auf das Wohlergehen unseres Volkes zu achten.

Dabei wäre es viel gesünder für Sie, würden Sie regelmäßig in sich hineinhorchen und darauf achten, wie es Ihren Völkern, Ländern und dem Staat geht. Auch hier helfen Ihnen Ihr innerer Beobachter und Ihre Vorstellungskraft sehr. In der Welt des Bewusstseins gibt es eine seltsame Eigenschaft: Einerseits ist das

Bewusstsein formlos und unendlich, andererseits kann es sich zu einer Person verdichten und von Angesicht zu Angesicht mit uns kommunizieren.

Die in Religionen überlieferte *Idee* eines unendlich großen Bewusstseins, das alles durchdringt und belebt, ist der unpersönliche Aspekt. Auf der anderen Seite gibt es viele verschiedene Darstellungen von Personifizierungen dieses Bewusstseins: Gott-Vater, Maria, Jesus etc.

Als Gegenpol zur Erde als physischer Planet mit all seinen chemischen und physikalischen Eigenschaften existiert seit Jahrtausenden das Bild von einer Göttin, die die eigentliche Wesenheit dieses Planeten darstellt und mit den Menschen real kommuniziert.

Wenn Sie also Ihren Körper betrachten, können Sie ihn als »Fleischklumpen« sehen – oder als belebtes Wesen mit einem Bewusstsein. Ebenso können Sie Ihre Organe im medizinischen Sinne verstehen – oder im Sinne eines Lebewesens, das mit Ihnen kommuniziert.

Meditation: Reise ins Herz

Bereiten Sie sich auf eine Reise in Ihr Herz vor. Die folgende Meditation ist eine Hilfe, um wieder besser mit Ihrem Herzen in Kontakt zu kommen. Ursprünglich wurden Sie so wie jedes Kind mit einem lebendigen Herzen geboren: ein Kind, das fröhlich war, das sich auf das Leben freute und unzählige Male am Tag lachte. Wenn Sie Ihr Herz wieder in Ihr Leben holen möchten, können Sie neu lernen, wie Ihr Herz zu Ihnen spricht, oder Sie erinnern sich, wann es zu Ihnen gesprochen hat und wann Sie auf Ihr Herz gehört haben. Dabei erfahren Sie auch, wie es sich anfühlt, wenn es mit Ihnen redet.

Stellen Sie sich vor, Sie sind ein achtsamer Gast, der auf Besuch ist und das Wunder des Herzens neu entdecken möchte. Sie begeben sich mit einem kleinen U-Boot auf den Weg nach innen und reisen zum physischen Organ in der Mitte Ihres Körpers. Dort treffen Sie einen Wächter: das Bewusstsein des Herzens. Von ihm lassen Sie sich Ihr Herz zeigen und erfahren dabei, wie es ihm geht.

Diese Meditation kann für Sie sehr überraschend und berührend sein. Überraschend, weil es neu für Sie ist, mit Ihrem Herzen auf diese Art zu kommunizieren. Überraschend, weil Sie erfahren können, wie Ihr Herz fühlt und welche Erinnerungen ihm wichtig sind. Die Begegnung mit dem Herzen ist immer sehr berührend, weil Sie in Kontakt mit Ihren Gefühlen kommen. Berührend, weil das Herz keine Schuld und keine Verurteilung kennt. Ihr Herz wird Sie immer willkommen heißen, egal, was Sie von sich selbst glauben.

Lassen Sie sich die Meditation von Ihrem Partner oder einem Freund vorlesen, bis sie Ihnen vertraut ist. Sie können die gesprochene Meditation auch auf *www.beutel.momanda.de* herunterladen, sie als MP3-File für Ihre Meditationspraxis verwenden und mit anderen Meditationen aus diesem Buch kombinieren.

Nehmen Sie sich Zeit. Ich schlage vor, die Meditation am Abend durchzuführen, damit Sie Muße haben, sich auf die Meditation einzulassen und Ihren Erlebnissen nachzuspüren. Schaffen Sie sich eine ruhige Atmosphäre, legen Sie sich etwas zu schreiben bereit und begeben Sie sich auf die Reise in Ihr Herz.

> Die geführten Meditationen sind unter www.beutel.momanda.de erhältlich.

Willkommen zur Reise in dein Herz

Setze dich an einen Ort, an dem du die nächsten 30 Minuten Ruhe hast und sowohl aufrecht als auch bequem sitzen kannst. Finde eine Position, in der du frei und tief atmest und bei der du deine Aufmerksamkeit nach innen richtest. Schließe deine Augen, achte auf deinen Atem und lass deinen Körper seinen eigenen Rhythmus finden.

Mit jedem Ausatmen kommst du mehr und mehr bei dir an und spürst, wie du ruhiger und gelassener wirst. Du lässt alles hinter dir und bist in diesem Moment ganz bei dir.

Stell dir vor, es gibt drei Körper von dir, mit denen du verbunden bist und auf die du achtest. Dein physischer Körper sitzt hier und

atmet. Dein Mentalkörper denkt, träumt und beobachtet in Bildern, und dein Emotionalkörper fühlt das Ganze. Du selbst siehst, auf welcher Ebene du wahrnimmst oder wer von den dreien sich meldet. Wichtig ist, dass du dich nicht verurteilst. Sortiere deine Wahrnehmung nicht, sondern lass sie einfach entstehen und betrachte sie.
Spüre, wie du sitzt, und fühle deinen physischen Körper. Stell dir vor, du hast ein kleines U-Boot oder Raumschiff, mit dem du durch den Kosmos deines Körpers fliegen kannst. Nutze deine Kreativität dazu, mach es ganz lebendig, fröhlich und gelassen. Stell dir dazu ein Cockpit mit einem Sitz vor, mit einem Schaltpult und einem großen Fenster, aus dem du hinausschauen kannst. In diesem Gefährt kannst du dich nur mit deiner Absicht bewegen. Es ist nicht wichtig, alle Organe deines Körpers zu sehen. Es kommt nicht darauf an, die Knochen, die Nerven oder die Muskeln zu sehen. Stell dir vor, der Raum ist frei, und du siehst nur das, was du sehen möchtest.
Mit diesem Boot gleitest du auf einer Tauchfahrt aus deinem Kopf heraus. Durch den Tunnel deines Halses hindurch bis in deinen Brustraum hinunter. Du kannst dich frei darin bewegen und siehst diese große Halle. Du kannst die Öffnungen sehen, von denen deine Arme und Beine abgehen.
In der Mitte vor dir lenkst du deine Aufmerksamkeit auf dein Herz und schaust es dir an. Beobachte, wie du dein Herz siehst, welche Form es hat. Schau ganz entspannt und atme ruhig und gleichmäßig. Wie zeigt sich dir dein Herz? Vielleicht siehst du es als Muskel, der pulsiert und deinen Körper mit Blut versorgt, den Sauerstoff verteilt und die Liebe herumreicht. Spüre, was du empfindest, wenn du dieses Organ siehst. Ist es Bewunderung oder Dankbarkeit? Nimm nun Kontakt mit deinem Herzen auf. Begrüße es wie einen lieben Freund und stell dir vor, dass du in es hineingehen kannst. Du kannst dein U-Boot hinter dir lassen, gehst einfach in das Herz hinein und wirst willkommen geheißen von einem Wächter oder einer Wächterin, einem Wesen, das diesem Organ innewohnt. Spüre, wie du willkommen geheißen wirst, und beginne mit deinem Herzen zu kommunizieren. Lass dir die Details deines Herzens zeigen, die Herzkammern, den Blutkreislauf und alles, was dazugehört. Spüre, wie sich dieser Raum anfühlt. Schau, dass du

zu ihm Kontakt bekommst, und frage deinen Botschafter oder Führer, wie es ihm geht. Wie fühlt sich das Herz bei dir? Was möchte es dir sagen? Gibt es eine Botschaft, die es für dich hat? Höre diese Botschaft und nimm sie wahr.

Mach dir nun bewusst, dass das Herz das erste Organ ist, das in dir gebildet wurde, das lang vor deiner Geburt zu schlagen begann und dich bis ans Ende deines Lebens begleiten wird. Jeden Augenblick in deinem Leben war das Herz bei dir, es hat immer pulsiert und dich mit Leben versorgt. Was macht dieses Wissen mit dir? Wie fühlt es sich an? Wenn es so etwas wie bedingungslose Liebe gibt, dann ist es das, was das Herz schenkt. Egal, in welcher Situation du warst oder welchen Weg du genommen hast: Das Herz war immer bei dir.

Stell dir vor, du kannst gemeinsam mit deinem Herzen auf deinen Lebensweg schauen. Fühle in dich hinein oder frage deinen Begleiter, in welchen Momenten das Herz zu dir gesprochen hat. Wie hat es sich für dich angefühlt, wenn dein Herz mit dir geredet hat? Gab es Momente, in denen du nicht hingehört hast, und was ist daraus entstanden? Beurteile nicht, sondern schau einfach, beobachte und vergib dir, wenn es etwas gab, bei dem du besser auf dein Herz gehört hättest.

Schau auf die Momente, in denen du auf dein Herz gehört hast. In welchen Situationen war es bei dir und in welchen bist du ihm gefolgt? Und wohin hat dich das geführt? Schau, wie sich dieser Weg anfühlt.

Gibt es ein Signal oder ein Zeichen, bei dem du spürst, dass dir dein Herz eine Botschaft sendet? Wenn du magst, kannst du dich bewusst entscheiden, dieses Signal in dein Leben hineinzulassen, bewusster darauf zu hören und dich von deinem Herzen bewusst führen oder beraten zu lassen.

Was sind die Eigenschaften, die das Herz ausmachen? Ist es Liebe, Vertrauen, Wahrheit, Fühlen, Vergeben, Mitgefühl? Spüre, wie es sich anfühlt, wenn du diese Eigenschaften in dein Leben aufnimmst und unterbringst. Lade dein Herz ein, bei dir zu sein und dich zu begleiten. Fühle, wie es ist, wenn das Herz dein Begleiter ist.

Empfinde, wie es ist, wenn sich das Herz in deinem Körper ausbreitet. Wenn es die Enge verlassen kann und sich wie ein Freund mit dir verbindet. Vielleicht gibt es ein Licht in deinem Herzen,

das du sehen kannst und das größer werden kann. Und sieh, wie das Licht sich ausbreitet, wie es deinen Brustraum ausfüllt und erfüllt, wie es deinen Atem entspannt und wie Gelassenheit in dein Leben zurückkehrt.
Lass das Licht sich ausbreiten in deinem Bauchraum und fühle, wie es sich dort hinein entfaltet, wie deine Verdauung ruhiger wird und alle Organe des Bauchraumes mit dem Herzen verbunden werden. Lass die Liebe einziehen und die Qualitäten des Herzens mit deinen Organen kommunizieren.
Lass das Licht des Herzens hinunterreichen bis zu deinen Genitalien. Wie fühlt es sich an, mit dem Herzen verbunden zu sein, wenn dein Selbstwert von innen gefüllt wird? Wenn die Liebe von innen kommt und du sie nicht im Außen suchst?
Lass die Liebe nach oben steigen, das Licht aus deinem Herzen. Spüre, wie es in deinem Kehlkopf ankommt, wie die Worte, die du von nun an sagst, eine neue Qualität bekommen. Spüre, wie mit einem Mal all deine Worte liebevoll sind, von der Qualität des Herzens getragen. Lass die Schwingung des Herzens sich in deine Sinne ausbreiten. Du hörst viel mehr Worte der Liebe, die von Herzen gesprochen sind. Du riechst und schmeckst die Schönheit von allem.
Dann bring das Herz wieder in Kontakt mit deinem Kopf und deinem Hirn. Alle Gedankenkreise schmelzen dahin. Lass neue Worte einziehen. Alles, was du denkst, ist von den liebevollen Eigenschaften des Herzens getragen. Spüre, wie das Licht des Herzens sich in deinem Kopf ausbreitet. Spüre, wie es sich mit beiden Gehirnhälften verbindet und sie ein Gleichgewicht finden. Denken und Fühlen arbeiten von jetzt an wieder zusammen. Du siehst, wie sie sich die Hände reichen und wieder im Gleichklang dem Herzen dienen. Sieh, wie das Licht vom Herzen in den Kopf steigt und von dort hinunter in den Rest des Körpers fließt.
Verbinde dich mit deinen Gelenken. Lass das Licht der Liebe in deine Gelenke strömen, lass die Weichheit des Herzens einziehen, damit du dich wieder frei bewegen kannst und Vertrauen findest zu deinem Körper und in seine Bewegungen. Lass das Licht hinunterwandern bis in die Füße. Wende dich voller Vertrauen der Erde zu und verbinde dich mit dem Boden, als wären deine Füße die Hände des Herzens, die sich ausstrecken und mit jedem Schritt Verbindung aufnehmen mit dem Herzen von Mutter Erde.

Sieh, spüre und fühle, wie jeder Schritt, den du gehst, ein Schritt des Herzens ist, der aus deinem Herzen kommt und mit deinem Herzen verbunden ist.
Lass das Licht des Herzens sich ausbreiten in deine Arme, als wären deine Arme bis hinaus zu den Händen und Fingern Teile deines Herzens. Und jede Handlung, die du vollbringst, ist eine Geste des Herzens, die aus deiner Mitte kommt, von deiner Liebe getragen ist und mit dieser Liebe die Welt berührt.
Spüre, wie es ist, dass dein ganzes Wesen mit dem Herzen verbunden ist. Spüre, wie es sich anfühlt, wenn jede Zelle mit dem Herzen kommuniziert. Spüre, wie dein Mentalkörper und dein Emotionalkörper im Einklang mit dem Herzen stehen. Jenseits der Worte kann das Herz dich immer begleiten, berühren und führen. Du kannst diese Qualität in dein Leben einladen. Du kannst sie einladen, bei dir zu sein und bei dir zu bleiben. Nicht nur während dieser Meditation, sondern in jedem Augenblick deines Lebens. Von jetzt an für immer.
Nimm dir ein wenig Zeit, deine eigenen Erfahrungen mit dem Herzen zu machen und zu spüren, was es mit dir macht, wenn du die Welt wieder mit dem Herzen wahrnimmst. Alles ist gut. Alles darf gefühlt werden. Alles darf wahrgenommen werden. Du darfst dich selbst lieben für alles, was du bist und tust.
Nimm dir ein wenig Zeit, um den Empfindungen in dir nachzuspüren.
Wenn es für dich an der Zeit ist, zurückzukommen, bringst du die Verbindung mit deinem Herzen zurück in deinen Alltag. Auch wenn du die Augen offen hast, auch wenn du deinen Lebensweg gehst, kannst du immer mit deinem Herzen verbunden sein.
Gestalte nun ganz bewusst die Rückkehr in deinen Körper. Verbinde dich mit deinen Armen und Beinen und achte darauf, dass du wieder ganz im Hier und Jetzt ankommst. Du atmest tiefer, spürst dich, bewegst dich und öffnest die Augen, um die Welt neu anzuschauen. Eine herzliche Welt.

8 Der Einheitsatem und das senkrechte Weltbild

Viele Stämme der Welt kennen eine Meditation, die sie zwar unterschiedlich praktizieren, die im Kern aber gleich aufgebaut ist. Sie ist Teil aller Rituale und führt den Meditierenden heraus aus der Ebene der Trennung, hin zu einem Weltbild, in dem er an die Natur und den Kosmos angebunden ist. Sie führt heraus aus der polaren Weltsicht des Kopfes hin zum Herzen, das die Gegensätze des Gehirns auflöst.

Einheitsatem

In der modernen Welt wird diese einfache Atemtechnik *Einheitsatem* genannt. Sie wurde in den letzten Jahren durch *Drunvalo Melchizedek* bekannt. In seinem Buch *Aus dem Herzen leben* beschreibt

Drunvalo sie als wichtigen Schritt, um wieder mit den spirituellen Kammern des Herzens in Verbindung treten zu können.

Die Meditation des *Einheitsatems* ist dreiteilig: Im ersten Schritt nehmen Sie Verbindung mit der Erde auf, im zweiten Schritt mit dem Kosmos außerhalb der Erde, und im dritten Schritt werden beide Qualitäten in Ihnen vereinigt. Diese Verbindung ist eine einfache und doch sehr kraftvolle und berührende Erfahrung.

Drunvalo Melchizedek

Drunvalo Melchizedek, den ich bereits als Wiederentdecker der *Blume des Lebens* erwähnt habe (siehe Kapitel 3), ist ein US-amerikanischer spiritueller Lehrer, der viele Schulen studiert hat und die Essenz aller Lehren zusammenfasst. Er sieht seine Aufgabe darin, der Menschheit zu helfen, wieder zu einem höheren, mit der gesamten Schöpfung verbundenen Bewusstsein zu kommen. Kurz vor einem Auftritt als Vortragsredner im Jahr 1994 erhielt *Drunvalo Melchizedek* Kontakt mit *Sri Yukteshwar,* dem spirituellen Lehrer von *Yogananda,* einem bekannten Yogi aus Indien. *Sri Yukteshwar* übertrug *Drunvalo* den Ablauf des *Einheitsatems,* um ihn an die Anwesenden weiterzugeben. Laut *Yukteshwar* ist sie Bestandteil des Kriya Yoga. Dieser Moment war für alle Vortragsteilnehmer so bewegend, dass die Meditation von da an in vielen Seminaren weitergegeben wurde.

Drunvalo Melchizedek wurde auf seinem ganzen Lebensweg von amerikanischen Ureinwohnern begleitet. Diese Stämme betrachten das Gleichgewicht von Himmel und Erde als wichtigste Voraussetzung für unser Überleben und das des Planeten. Aus ihrer Sicht sind die Menschen der westlichen Kultur ihre jüngeren Brüder. Indem sie unseren Weg mit ihren Zeremonien und Ritualen begleiten, helfen sie mit, das Gleichgewicht der Erde aufrechtzuerhalten, damit wir Zeit haben, zu lernen, wieder im Einklang mit dem Planeten zu sein.

Die Zeremonien der Ureinwohner bestehen aus einer Abfolge von Handlungen, die alle Teilnehmer schrittweise auf eine höhere Qualität des Augenblicks einstimmen. Dadurch haben sie die

Möglichkeit, erweiterte Bewusstseinszustände zu erreichen und in Kommunikation mit den Kräften der Natur zu treten. Wie einzelne Buchstaben erst in einer bestimmten Anordnung ein Wort ergeben, ist es bei einer Zeremonie wichtig, die einzelnen Symbole in der richtigen Abfolge hervorzurufen.

Bei den Urstämmen der Erde lernte *Drunvalo,* dass ihre Art des *Einheitsatems* immer den ersten Schritt einer Zeremonie bildet: Er stellt sicher, dass alle Teilnehmer mit Himmel und Erde in Verbindung stehen und sich ihr Herz für die weitere Arbeit öffnet.

Da Sie – wie jedes andere Lebewesen – aus der gleichen Quelle stammen und die Erinnerung an die Ureinheit noch tief in Ihnen lebt, ruft diese Meditation sehr schnell Ihr tiefes Wissen hervor.

Die Bewegung visualisieren

Vor komplizierten Abfahrten oder Rennläufen können Sie beobachten, wie Sportler mit geschlossenen Augen die Strecke in ihrer Vorstellung durchgehen, als würden sie sie gerade wirklich fahren. Obwohl sich ihr Körper dabei nur minimal bewegt, erhalten alle Muskeln und alle Nerven die gleichen Informationen wie im späteren »echten« Rennen. Die Sportler sind dadurch in der Lage, sich auf die höchste Leistung einzustimmen und zu erkennen, wo sie noch Blockaden in sich tragen. Für den Körper ist es egal, ob sie die Strecke wirklich fahren oder sie sich nur vorstellen, es zu tun.

Ein ähnliches Phänomen können Sie feststellen, wenn Sie Ihre Stimmung heben möchten. Wenn Sie fröhlich sind, werden Glückshormone im Körper ausgeschüttet, und die Mundwinkel wandern nach oben. Wenn Sie die Mundwinkel nach oben nehmen, ohne wirklich glücklich zu sein, reagiert der Körper, als ob es real wäre, und beginnt ebenfalls Glückshormone auszuschütten.

Beim *Einheitsatem,* der später in diesem Kapitel beschrieben wird, geht es darum, dass Sie sich intensiv mit der Erde und dem Kosmos verbinden. Am wirkungsvollsten ist es, die Meditation in der Natur unter freiem Himmel durchzuführen. Sollte dies gerade nicht möglich sein, genügt es wie bei Sportlern, sich *vorzustellen,* in der Natur zu sein.

Sie nehmen Ihre Körper als Werkzeuge, um sich in Stimmung zu bringen und in Kontakt mit den einzelnen Elementen zu treten. Achten Sie darauf, dass alle Ebenen Ihres Seins daran beteiligt sind, und machen Sie ein Spiel daraus, es so lebendig wie nur möglich zu spüren und zu fühlen. Achten Sie darauf, dass Ihr Mentalkörper, Emotionalkörper und Ihr physischer Körper beteiligt sind. Während der Mentalkörper beispielsweise sieht, wie Sie in der Natur sind, fühlt der Emotionalkörper die Freude und Öffnung, die Sie in der freien Natur empfinden. Und der physische Körper fühlt parallel mit all seinen Sinnen, wie es ist, in der Natur zu sein. Die Haut spürt den leichten Windhauch und die warmen Sonnenstrahlen. Ihre Ohren hören das Zwitschern der Vögel. Sie spüren die Punkte an Ihren Fußsohlen, an denen Sie den Boden Ihres Meditationsplatzes berühren.

Sie sollten diese Meditation nicht zu stur nach dem hier beschriebenen Ablauf durchführen. Besser ist es, wenn Sie die einzelnen Schritte und deren Sinn verstehen und die Meditation gemäß Ihrer eigenen Inspiration füllen.

Ablauf

Um in den Zustand des *Einheitsatems* zu kommen, sind drei Schritte notwendig.

Phase 1: Mutter Erde

Sie suchen sich einen bequemen Platz zum Meditieren, vorzugsweise in der Natur, oder stellen sich nur vor, an Ihrem schönsten Platz in der Natur zu sein. Gestalten Sie dieses innere Bild so lebendig wie möglich. Spüren Sie es mit dem physischen Körper, sehen Sie es in Ihrer inneren Sicht und achten Sie auf Ihre Gefühle. Gleichzeitig beobachten Sie die Gegend in Ihrer Brust, wo das physische Herz liegt. Ihre liebende Verbindung mit dem Ort, die Sie über Ihre Bilder und Gefühle aufgebaut haben, können Sie als Brücke nehmen, um Ihre Liebe sich ausbreiten zu lassen. Sie lieben also nicht nur den Ort, an dem Sie sind, sondern die umgebende Landschaft, das ganze Land und letzten Endes den gesamten Planeten.

Durch die Verbindung zur Erde können Sie sich in die Idee einfühlen, dass dieser Planet ein lebendiges Wesen ist. Die Erde ist eine Göttin, die uns mit Leben versorgt: *Gaia*.

Stellen Sie sich vor, wie sie mit Ihnen spricht. Wie eine liebende Mutter versorgt Sie die Erde bedingungslos mit allem, was Sie brauchen. Jeden Atemzug, den Sie nehmen, erhalten Sie von ihr. Jedes Essen auf Ihrem Tisch kommt von ihr. Sie umsorgt Sie ständig. Wenn Sie sich ihr zuwenden, nimmt sie Sie mit offenen Armen im Empfang. Sie freut sich über Sie und Ihre Rückkehr.

Schauen Sie auf Ihre Gefühle, die Sie für diesen Planeten haben, und bewegen Sie sich in Richtung Dankbarkeit, Liebe und Vertrauen zu allem, was Ihr Herz weiter macht und Sie öffnet für eine Verbindung mit der Erde. Sie können auf der Gefühls- und Bilderebene mit ihr kommunizieren. Für die Urvölker ist es selbstverständlich, in ständigem Austausch mit ihr zu stehen. Sie sagen, dass die Erde auch durch äußere Zeichen zu ihnen spricht sowie durch Wolkenformationen, Vögel oder andere Zeichen der Natur, die nicht von Menschen gemacht sein können.

Aus Ihrer Liebe und Ihrer Verbindung zu Mutter Erde heraus bilden Sie ein Geschenk oder eine Gabe für die nährende Mutter. Sehen Sie es als ein Geschenk für sie an und füllen Sie es mit der größten Liebe, die Sie fühlen können. Visualisieren Sie dies und seien Sie sich sicher, dass die Pranaröhre über Ihren Körper hinaus tief in die Erde hinein reicht. Fühlen Sie die Verbindung mit dem Herzen von Mutter Erde.

Mit dem Wissen, über die Pranaröhre mit der Erde verbunden zu sein, nehmen Sie einen tiefen Atemzug. Und beim Ausatmen senden Sie die goldene Kuge! aus Ihrem Herzen entlang der Verbindung mit der Erde hinunter zu ihr. Sehen, spüren und fühlen Sie, wie dieses Geschenk tief in die Erde hineingleitet, und warten

Sie nun. Mutter Erde antwortet Ihnen. Sie sendet ein Bild, ein Gefühl oder eine persönliche Botschaft zurück. Spüren und empfangen Sie sie in Ihrem Herzen und lassen Sie die Botschaft sich ausbreiten, als würde Ihr Körper aus der Mitte heraus ausgeleuchtet. Fühlen Sie dieses Licht vor allem in Ihrem Körper und spüren Sie, wie die Energie in jede Zelle hineinfließt.

Für ein paar Atemzüge bleiben Sie bei diesem Gefühl, ehe Sie weitergehen zum nächsten Schritt.

Phase 2: Vater Himmel

Neben der weiblichen nährenden Kraft von Mutter Erde gibt es die Kraft der Inspiration und der Visionen. Es ist die männliche Seite, der Impulsgeber, der Tatkräftige, der die Welt der Ideen repräsentiert: Vater Himmel. Er steht für all das, was nicht von der Erde kommt, wie die Sonne, die Sterne und Planeten, die um uns herum und in den Tiefen des Alls existieren.

Um Sie mit Vater Himmel zu verbinden, behalten Sie Ihre Verbindung mit Mutter Erde und erinnern sich an den schönsten Sternenhimmel, den Sie je gesehen haben. Erleben Sie es so lebendig wie möglich. Erinnern Sie sich daran, wo der Himmel Sie verzaubert hat. In einer klaren kalten Winternacht vielleicht? Oder auf dem Meer abseits der Städte – oder in den Bergen, wo es dunkel ist? Achten Sie auf Ihr Herz und fühlen Sie die Sehnsucht in sich, die Sie zu den Sternen zieht. Erinnern Sie sich an das Gefühl der unendlichen Weiten und vielen Welten, die Science-Fiction-Filme vielleicht in Ihnen auslösen. Ihr Körper ist nicht nur aus Erde gemacht, er besteht auch aus Sternenstaub. Nutzen Sie alles, was Ihnen hilft, den Himmel zu spüren. Und fühlen Sie Ihr Herz mit seiner Liebe und Sehnsucht auch für diese Seite der Schöpfung.

Sammeln Sie hier ebenso all Ihre Liebe für die männliche Kraft in Ihrem Herzen. Bereiten Sie auch für Vater Himmel ein Geschenk in sich vor und füllen Sie es mit Ihrer Liebe.

Ihre Pranaröhre zeigt weit in den Kosmos hinaus und ist zugleich mit dem Herzen von Mutter Erde verbunden. Die Urvölker Amerikas haben unterschiedliche Auslegungen für diesen Teil.

Manche glauben, es gebe in rund 100 Kilometern Höhe ein Gitternetz um die Erde, mit dem jeder Mensch verbunden sei. Andere verbinden das obere Ende der Pranaröhre mit der Sonne. Suchen Sie sich etwas aus, das für Sie stimmig ist, oder nehmen Sie das Zentrum der Schöpfung, wo immer das sein mag. Wichtig ist nur, zu fühlen, dass Sie einen direkten Draht zum Urbewusstsein bekommen.

Nehmen Sie wieder einen tiefen Atemzug und schicken Sie diesmal Ihre goldene Kugel nach oben in den Kosmos hinaus. Schauen Sie, welche Geschichte Ihnen Ihre innere Wahrnehmung zeigt. Vielleicht sehen Sie, wie Ihre Botschaft von Stern zu Stern weitergereicht wird. Vielleicht breitet sich eine Welle der Liebe von der Sonne in unser gesamtes Planetensystem aus. Vor allem aber können Sie spüren, dass der Kosmos genauso lebendig ist wie die Erde. Er liebt Sie und sendet seine Liebe wie ein Feuerwerk oder ein Funkenregen von oben auf Sie herab. Fühlen Sie, wie diese Kraft von oben in Ihren Torus hineinwirbelt. Lassen Sie es geschehen, nehmen Sie die Energie auf und empfangen Sie sie in Ihrem Herzen.

Spüren Sie die Freude, dass der Himmel nur einen Atemzug von Ihnen entfernt ist, und lassen Sie diese herzliche Freude wieder in den gesamten Körper hineinstrahlen. Fühlen Sie mit jeder Zelle, wie Sie auch nach oben hin angebunden sind. Bleiben Sie wieder ein paar Atemzüge in dieser Stimmung und genießen Sie die Vibration in Ihrem Körper.

Nun sind Sie bereit für den letzten Schritt.

Phase 3: Die Verbindung

Öffnen Sie ganz bewusst die Verbindung zu beiden: Vater Himmel und Mutter Erde. Laden Sie sie jetzt ein, in Ihnen zusammenzukommen. Spüren Sie, wie beide Kräfte in Sie hineinströmen und sich in Ihrem Herzen treffen. Es ist der Moment, in dem sich die Gegensätze vereinigen und alles zusammenfließt.

Wenn beide Seiten sich in Ihrem Herzen treffen, bekommt Ihr Herzbereich einen weiteren Schub der liebevollen Güte zu spüren. Sie können sie als helles Licht, warme Liebe oder einfach als wunderbares Gefühl empfangen. Es ist eine Schwingung jenseits der Polaritäten dieser Welt und älter als jede Schöpfung. Sie wird immer da sein und existieren, auch wenn diese Welt längst vergangen ist. Vertrauen Sie sich und spüren Sie, wie es in Ihrem Herzen zu leuchten und sich auszubreiten beginnt, bis Ihr gesamter Körper Licht ist.

Nach einem alten spirituellen Gesetz müssen Weisheit und Liebe, die Sie empfangen, weitergegeben werden. Mit der Öffnung nach oben und unten fließt die Kraft des Universums ständig nach, während Ihr Herz immer weiter wird. Es umfasst Ihr Zuhause, Ihre Straße, die Stadt, die Galaxie und am Ende alles, was ist, und alles, was nicht ist. Sie kommen erst dann zur Ruhe, wenn alles von Ihrem Herzen durchleuchtet wird. Der Fluss der Liebe strömt weiter, aber da er alles umarmt hat, ist es ein ruhiges, gleichmäßiges Fließen.

Es ist ein besonderer Moment, Sie lieben Mutter Erde, und sie liebt Sie, ebenso Vater Himmel. Auch hier fließt die Liebe zwischen Ihnen beiden. Und natürlich sind Himmel und Erde ebenso in lebendiger Liebe verbunden. Egal, was Sie in Ihrem Leben und in Ihren Beziehungen erlebt haben – das Urbild der heiligen Familie ist die »Dreieinigkeit« von Vater, Mutter und Kind, verbunden in bedingungsloser Liebe.

Mit dieser Liebe, die Sie umhüllt, können Sie noch einen Schritt weiter gehen und sich selbst annehmen und sich lieben. Spüren Sie, wie es ist, wenn Sie sich alles verzeihen, alle Erwartungen loslassen und sich lieben, so wie Sie sind. Genießen und fühlen Sie es. Es ist Ihr Geburtsrecht.

In diesem Zustand können Sie beliebig lang bleiben. Es geschieht aus menschlicher Perspektive sehr selten, dass alle drei Ebenen in einem Moment vereint sind. Lassen Sie es einfach geschehen und fühlen Sie diese Energie mit Ihrem ganzen Körper. Für das Bewusstsein der Einheit ist es gleichgültig, ob Ihre Augen offen oder geschlossen sind. Am Anfang begeben Sie sich nur in der Meditation in diesen Raum, schrittweise können Sie diese Verbindung mitnehmen in jeden Moment Ihres Lebens hinein.

Der Faden der Ariadne

Vor sehr langer Zeit, als Griechenland, wie wir es kennen, noch nicht existierte, gab es viele Städte, Inseln oder Ländereien mit jeweils eigenen Königen. Einer dieser Könige war *Minos,* der auf der Insel Kreta lebte und ein dunkles Geheimnis verbarg. Der Legende nach gab es unter seinem Palast ein Labyrinth, in dem ein gewaltiges Untier, *Minotaurus,* lebte. Um ihn zu besänftigen, mussten jährlich sieben junge Männer und sieben Jungfrauen aus Athen geopfert werden. Jahrelang verliefen sich alle jungen Recken in dem Labyrinth und wurden von Minotaurus verschlungen. Eine Last, die mit jedem Jahr schwerer auf dem Gewissen der Einwohner Kretas lastete.

Eines Tages, als erneut Opfer gesucht wurden, erfuhr *Theseus* von dem blutigen Tribut, den die Stadt zu zahlen hatte. Er erklärte sich bereit, den Kampf mit dem Stier aufzunehmen, und mischte sich unter die Männer, die zur Opferung geführt werden sollten. Gemeinsam segelten sie zur Insel Kreta, ihrem Schicksal entgegen.

Dort angekommen, verliebte sich *Theseus* in *Ariadne.* Da auch sie ihn liebte und um ihn bangte, gab sie *Theseus* einen Faden und ein Schwert auf seine gefährliche Reise mit. *Theseus* befestigte den Anfang des Fadens am Eingang des Labyrinths und machte sich auf den Weg ins Innere. Mit jedem Schritt, den er ging, wickelte er das Knäuel ab. Wie tief er auch in die Gänge des Labyrinths stieg, er verlor nie die Orientierung. Der Faden half ihm, den Rückweg zu finden. So gelang ihm, was vorher noch keinem gelungen war: Theseus behielt die Orientierung im Labyrinth und fand den Weg zum Untier, das in der Mitte hauste. Er stellte sich dem Kampf mit ihm und ging als Sieger hervor. Dann machte er sich auf den Rückweg, der ihm dank der List seiner Geliebten gelang.

Von da an war Kreta erlöst von dem Fluch des Untiers. Das Werkzeug, das seine Freundin ihm mitgegeben hatte, wurde weltberühmt und trägt noch heute ihren Namen: der Faden der Ariadne.

Natürlich ist diese alte griechische Sage viel länger und blutiger als hier wiedergegeben. Ein klassisches Labyrinth hat einen vorgegebenen Weg und besitzt keine Kreuzungen. In ihm können Sie sich nicht verlaufen. Ein Irrgarten dagegen hat viele Entscheidungsstellen, die sehr verwirren können und es schwierig machen, den Weg nach draußen zu finden. Ohne Hintergrundwissen ist die Sage um den Faden der Ariadne nicht sinnvoll: *Theseus* bräuchte ihn gar nicht, um wieder nach draußen zu gelangen, da es sowieso nur einen Weg gibt. Aber vielleicht liegt der Sinn dieser Geschichte in einem anderen Punkt, der häufig übersehen wird.

Zeichnen eines Labyrinths

Wir beginnen mit einer kleinen Zeichenübung. Nimm ein Blatt Papier und einen Stift. 1) Zeichne ein Kreuz, bei dem alle Schenkel ca. 2 cm lang sind. In jeden Winkel zeichne nun einen rechten Winkel mit 1 cm Kantenlänge. Um das Bild vollkommen zu machen, zeichne einen Punkt in jede Ecke. Unser Grundsymbol ist fertig. 2) Wir verbinden nun freihändig die obere Spitze des Kreuzes in der Mitte mit einem kleinen Bogen nach rechts zu der oberen Spitze von dem dort liegenden Winkel. 3) Nun gehen wir einen Schritt nach rechts zu dem Punkt, der dort liegt, und verbinden diesen mit der oberen Spitze des Winkels auf der linken Seite.

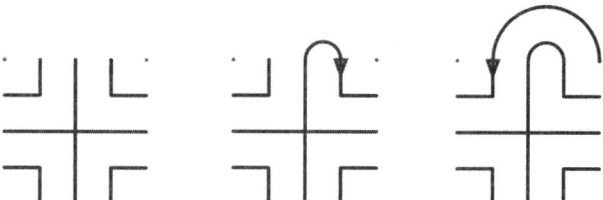

4) Danach wird der linke Punkt verbunden mit der flachen Spitze des Winkels auf der rechten Seite. 5)+6) Wir pendeln.

Die ganze Zeichnung entsteht durch ein ständiges Pendeln und Verbinden der offenen Punkte auf der einen Seite mit dem nächsten offenen Punkt auf der anderen Seite. Wichtig ist, dass wir mit unserem Stift immer oben herum gehen und gleichmäßige Ringe um die Mitte herum schaffen. Dabei arbeiten wir uns um das Ursprungssymbol herum, bis im letzten Schritt die untere Spitze des linken unteren Winkels verbunden wird mit der unteren Spitzes des mittleren Kreuzes. Fertig.

Das Labyrinth ist ein uraltes Symbol in allen Kulturen der Welt. Es hat immer einen ähnlichen Aufbau. Nach seinem Fundort wird es *kretisches Labyrinth* genannt. Genau in der gleichen Form, nur mit rechteckigen Linien, findet man es bei den Hopi.

Es kursieren viele verschiedene Deutungen des Labyrinths. Manche sehen in ihm den Lauf der Sonne um ein Zentrum. Im Ostseeraum, vor allem auf Gotland, liegen etliche der zahlreichen Labyrinthe auf Klippen über dem Meer. Dort nimmt man an, dass sie als Orientierungsmarken für die Seefahrer genutzt wurden. In seinem Buch *Die Blume des Lebens* (Band 1) beschreibt *Drunvalo Melchizedek,* wie das einfache kretische Labyrinth genau sieben Umläufe besitzt, mit dem achten in der Mitte. Er vergleicht den Weg durch das Labyrinth, der einmal nach links und dann wieder nach rechts geht, mit den Chakras des menschlichen Körpers. Ziel der Reise ist es, das Tor zum achten zu öffnen, als Pforte, die einen Blick in eine andere Welt erlaubt.

Geomantische Untersuchungen zeigen, dass ein Labyrinth zu einem Kraftplatz wird. Die einzelnen Umläufe sind einmal positiv und einmal negativ geladen. Dadurch werden schrittweise alle Energiesysteme eines Menschen ausgeglichen. Es hat sich gezeigt, dass die gleiche Wirkung im Körper auch dann eintritt, wenn man das Labyrinth nur mit einem Finger abfährt, ohne es zu durchlaufen.

Besonders im Wissen der Frauen spielt dieses Symbol eine große Rolle: Dabei steht das Zentrum des Labyrinths für die Gebärmutter, aus der alles entspringt, der Schoß der Welt oder die große Leere. Die Gänge sind dann der Geburtskanal, durch den wir gegangen sind, um auf diese Welt zu kommen; zugleich repräsentieren sie jedoch auch die Phasen des Lebens, die ein Mensch durchwandern muss. Ähnlich wie bei einer Schwitzhütte können wir in ein Labyrinth hineingehen, um uns wieder unserem Ursprung und unserer Sterblichkeit zu stellen.

Viele Labyrinthe der Welt liegen auf Kraft- und Kultplätzen. Später wurden auf diese heiligen Orte oft Kirchen gebaut. Da die lokale Bevölkerung sich meist nicht von ihrem alten Glauben lossagen wollte, wurden in die Kirchenmauern Labyrinthe eingeritzt, die über Jahrhunderte ganz blank wurden von den vielen Fingern, die sie berührt haben. Dass es eine enge Verbindung zwischen Kirchen und Labyrinthen gibt, zeigt sich auch in so berühmten Kirchenlabyrinthen wie jenen in Köln und im französischen Chartres.

Wir können der Sage um *Minotaurus* einige wichtige Zusatzinformationen zum *Einheitsatem* und zum senkrechten Weltbild ablauschen. Der Name *Minotaurus* kommt von König Minos und dessen Stier. Es mag sinnvoll sein, sich den König als die eigene herrschende Kraft vorzustellen. *Theseus* spielt dann die Rolle des liebevollen naiven Jünglings oder des inneren Kindes. *Minotaurus* könnte für die eigenen Schattenseiten stehen, das gesamte verdrängte Unbewusste, das wir meist nicht sehen möchten oder können. Wenn wir uns auf den Weg machen, ihm zu begegnen, ohne darauf vorbereitet zu sein, werden wir womöglich von unseren eigenen Schatten verschlungen und gehen im Labyrinth unse-

rer Gefühle verloren. *Minotaurus* ist hier also unser eigenes Untier, das wir nicht wahrhaben wollen.
Es ist Ariadnes Liebe, die Theseus rettet. Sie gibt ihm ein Schwert, das Zeichen für die männliche Kraft, und einen Faden mit. Den Faden der Ariadne, der ihm die Orientierung in den Untiefen der eigenen Seele ermöglicht, können wir gleichsetzen mit der *Pranaröhre*. Durch sie ist der Held der Geschichte an den Kosmos und die Erde angebunden. Seinen Selbstwert und seine Anerkennung schöpft er aus deren Liebe, aus seiner Mitte. Er ist nicht abhängig vom Urteil von außen. Damit kann er alle Kämpfe und Begegnungen mit den eigenen Schatten bestehen, ohne aus seiner Mitte geworfen zu werden.

Wenn Sie sich also den *Einheitsatem* zu Herzen nehmen, haben Sie ein Hilfsmittel, um in jeder Lebenssituation in Ihrer Mitte zu bleiben. Sie können spüren, wie Sie mit dem Universum verbunden sind und von ihm geliebt werden. Indem Sie täglich diese Meditation praktizieren, rufen Sie sich regelmäßig in Ihre eigene Mitte zurück. Wenn Sie Ihren Tag mit der Meditation beginnen, können Sie in jedem Moment auf die Erfahrung zurückgreifen, sich so viel schneller stabilisieren und Ihre Entscheidungen aus Ihrem wahren Zentrum heraus treffen.

In einer glücklichen Welt

Die Verbindung mit dem Universum über die Pranaröhre ist der »Normalfall«, da alles Leben über diesen Kanal in das große kosmische Netzwerk eingebunden ist.
Der Mensch hat drei Zentren, aus denen heraus er erschaffen kann: das Herz, das Gehirn und die Geschlechtsorgane. Die Sexualität mit ihrer Energie und Wildheit ist dabei die Kraft, die sich am wenigsten kontrollieren lässt. Gleichzeitig ist sie eine heilige Energie, da wir mit ihr der Schöpferkraft sehr nahe sind. In den tantrischen Traditionen wird die geschlechtliche Vereinigung von Mann und Frau als eine heilige Begegnung von Gott und Göttin angesehen und zelebriert. Mann und Frau begegnen

sich als Stellvertreter der beiden Lebenskräfte. Wird dies bewusst gefeiert, dann ist der tantrische Weg eine kraftvolle Erfahrung, die das Bewusstsein weit ausdehnt.

Wir leben in einer Welt, in der sich das lebendige Bewusstsein in zwei Teile aufgespalten hat. In jedem Mann lebt die männliche und in jeder Frau die weibliche Kraft. Bei der Begegnung können sich diese beiden auf der physischen Ebene alchemisch vereinigen und neues Leben erzeugen. Dabei verschmelzen für einen Moment der männliche und der weibliche Fluss. In der Frau wird so ein Dimensionstor eröffnet, durch das sich ein neues Wesen mit einer Eizelle verbinden kann, sodass ein Kind entsteht. Dieses junge Leben bekommt ein eigenes Energiesystem mit einem torusförmigen Feld und einer Pranaröhre in der Mitte. Vorerst aber verbindet das Kind seine Pranaröhre mit Vater und Mutter als Gott und Göttin. Während das Kind aufwächst, sind die Eltern die Vertreter/Repräsentanten der beiden Pole. Durch diese Rolle wird für das Kind das emotionale Bild, das es vom Universum hat, entscheidend geprägt. In einem stabilen liebevollen Umfeld entwickelt es ein unerschütterliches Urvertrauen in die nährenden Kräfte der Welt.

In vielen Kulturen finden Rituale statt, die ein Kind zwischen 14 und 21 Jahren zum Erwachsenen und damit zu einem vollwertigen Mitglied der Gesellschaft werden lassen. Leider sind diese Rituale bei uns oft zu bedeutungslosen Geschehen verkommen. Aber es ist vorstellbar, dass in einem symbolischen Akt die Pranaverbindung von Vater und Mutter gelöst und das Kind gelehrt wird, sich wie beim *Einheitsatem* direkt mit dem Kosmos und der Erde zu verbinden.

In verschiedenen Kulturen ist bekannt, dass dabei die Großeltern eine wichtige Rolle spielen. In der schamanischen Tradition wird zum Beispiel der Jugendliche unter Aufsicht eines Schamanen allein in die Wildnis geschickt, um auf seine Vision zu warten. Mit seiner Vision zeigt er dann, dass ihm die Verbindung zum Universum gelungen ist: Der nun Erwachsene weiß, wie er diese aufrechterhalten und regelmäßig erneuern kann. Von dem Moment an ist der Mensch selbstständig und kommuniziert direkt mit dem Universum. Er hat seine Initiation bestanden und kann als Mann oder Frau in die Gemeinschaft zurückkehren. Nun wird er als vollwertiges Mitglied anerkannt und mit seinem »richtigen« Namen angesprochen. Die Eltern können danach aus ihrer starren Rolle heraustreten und zu echten Freunden ihrer Kinder werden. Meist fällt somit die Bezeichnung als »Mutter« und »Vater« weg, da jetzt die Beziehung gleichwertig ist.

Die Meditation des Einheitsatems

Lassen Sie sich die folgende Meditation von Ihrem Partner oder einem Freund vorlesen, bis sie Ihnen vertraut ist. Sie können jedoch auch die Möglichkeit nutzen, die gesprochene *Meditation des Einheitsatems* auf *www.beutel.momanda.de* herunterzuladen, um sie als MP3-File für Ihre Meditationspraxis zu verwenden und sie mit anderen Meditationen aus diesem Buch zu kombinieren.

Nehmen Sie sich etwas Zeit für diese Meditation. Vor allem sollten Sie die Zeit nutzen, nachdem Sie den Zustand des Einheitsatems erreicht haben. Indem Sie diese Energie spüren und in ihr bleiben, verankern Sie das Gefühl, von Vater Himmel und Mutter Erde getragen zu sein, als tägliche Erfahrung in Ihrem Leben.

Ich empfehle, diese Meditation jeden Morgen zu machen. So können Sie die Verbundenheit und das Urvertrauen mit in den Tag nehmen. Indem Sie sich vor jeder wichtigen Entscheidung an die morgendliche Meditation erinnern, werden Sie eher einen Weg der Liebe und des Vertrauens wählen.

Mit jeder neuen Entscheidung bestimmen Sie Ihre zukünftigen Erfahrungen des Lebens und können zu immer mehr innerem Frieden finden, da Ihre Liebe, die Sie aussenden, vom Universum genauso liebevoll beantwortet wird.

Die geführten Meditationen sind unter www.beutel.momanda.de erhältlich.

Meditation: Einheitsatem

Finde eine bequeme Position, setze dich so hin, dass du für ein paar Minuten entspannt, aber aufrecht sitzen kannst. Schließe deine Augen und spür in dich hinein.

Nun nimmst du zur Einstimmung einen tiefen Atemzug und lässt beim Ausatmen alles von dir fallen, was dich daran hindert, im Hier und Jetzt zu sein. Nimm einen weiteren Atemzug und versuche, noch mehr loszulassen. Gib deinem Körper die Möglichkeit, seinen eigenen Atemrhythmus zu finden, und spüre, wie du ruhiger und entspannter wirst und gleichzeitig mehr bei dir ankommst. Richte deine Aufmerksamkeit auf deinen Körper. Erweitere deine Wahrnehmung.

Achte auf deinen physischen Körper, auf den Kontakt mit dem Fußboden oder dem Stuhl, wo immer du gerade sitzt. Spüre, wie dein Körper aufrecht sitzt, und beobachte, was notwendig ist, um die Position zu halten. Alles andere kannst du loslassen.

Schau auf deinen Mentalkörper und auf dein Wahrnehmungssystem. Nimm die Bilder wahr, die sie dir liefern. Lass sie erscheinen und urteile nicht. Beobachte einfach.

Achte auf die Ebene deiner Gefühle. Was fühlst du in diesem Moment? Wie geht es dir?

Richte deine Aufmerksamkeit auf die Mitte deines Brustraumes, wo dein Herz sitzt. Erinnere dich an die Wörter, die anzeigen, dass dein Herz berührt wird. Wird dir warm ums Herz oder geht dir das Herz auf? Achte auf diese Gefühle, denn sie helfen dir, in Verbindung mit dir zu kommen und in Kontakt mit deinem Herzen zu sein.

Erinnere dich daran, dass du nicht nur einen physischen Körper, einen Mental- und einen Emotionalkörper hast, sondern dass es auch Ebenen darüber hinaus gibt. Du hast einen Energiekörper, der alles Weitere beinhaltet; er ist größer als dein physischer Körper und reicht über diesen Raum hinaus.

Erinnere dich an die Prana- oder Atemröhre, den Energiekanal, der senkrecht durch deinen Körper hindurchgeht, nach unten, wie ein Lot, hinein ins Herz von Mutter Erde. Er verbindet dich mich dem Planeten, er verbindet dich nach oben hin mit den Sternen, der Sonne, dem Herzen der Galaxie. Nimm dir einen Moment

Zeit, um dich als Ganzes wahrzunehmen und ganz hier zu sein. Richte nun deine Aufmerksamkeit auf die Flächen, durch die du Kontakt mit der Erde, mit einem Stuhl oder dem Boden hast.

Erinnere dich an den schönsten Ort, den du dir vorstellen kannst, irgendwo in der Natur. Der Ort, wo du sagen kannst: »Hier bin ich zu Hause, hier bin ich eins mit der Erde. Hier geht mein Herz auf!« Spüre es so lebendig wie möglich.
Fühle, dass du hier an diesem Ort bist. Dort, wo du Kontakt mit der Erde hast, wo du auf einem Stein oder auf einer Wiese sitzt. Wie immer deine Landschaft aussieht, nimm alle Sinne zu Hilfe und spüre, wie du frische Luft einatmest. Verspüre den leichten Windhauch auf der Haut und die warmen Sonnenstrahlen, die dich berühren. Sei ganz an diesem Platz. Achte auf das Gefühl in deinem Brustraum. Wie fühlt es sich an, diesen Ort zu lieben?
Du nimmst die Schönheit in dich auf und spürst, wie dein Herz dabei weit wird. Du fühlst, wie alles von dir abfällt. Du genießt diesen Platz. Du kannst ganz da sein und in Liebe aufgehen. Lass dieses Gefühl nicht nur in deinem Herzen und Brustraum sitzen, sondern lass es sich entfalten. Es füllt deinen ganzen Körper mit dieser Liebe aus. Fühle deine Verbindung zur Erde.
Lass deinen Raum weit werden, bis er die Landschaft um dich herum umfasst. Es ist schön, dass es so einen harmonischen Ort gibt und dass du jederzeit zu ihm zurückkehren kannst. Du spürst, wie dein Raum der Liebe größer wird. Er umfasst den ganzen Kontinent, den du mit allen seinen Facetten liebst. Bleibe jedoch dort nicht stehen, denn deine Liebe fließt weiter über diesen Kontinent hinaus, bis sie am Ende den ganzen Planeten umfasst. Du liebst diese Erde. Du liebst diesen bezaubernden blauen Ball, weil er den berührenden Ort, den du liebst, hervorgebracht hat.
Du spürst deine Verbindung mit der Erde. Alles, was du hast, ist von ihr. Dein Körper, deine Kleidung, alle Menschen und alle Begegnungen, die du hier auf diesem Planeten hast, kommen von der Erde. Du fühlst in deinem Herzen die Verbindung mit ihr. Du fühlst deine Liebe zu ihr. Alle Religionen haben einen Namen für sie: Mutter Erde. Die Mutter, die dich versorgt, trägt und bei dir ist. Jeden Augenblick, bei jedem Atemzug, den du nimmst, bei jeder Bewegung bist du in ihrem Schoß. Du fühlst in deinem Herzen die Verbindung zu ihr und die Liebe, die du für sie empfindest.

Stell dir vor, du würdest der Erde ein Geschenk machen: eine Kugel aus goldenem Licht, eine Gabe, in die du alles hineinlegst, zum Beispiel deine Dankbarkeit, deine Liebe für sie oder ein Bild oder ein Wort, das du Mutter Erde sagen möchtest. Was ist für dich in diesem Moment wichtig? Fühle, wie die Kugel in deinem Herzen entsteht und wie du sie dort bewegst.

Gib dir einen Moment Zeit und nimm dann einen tiefen Atemzug. Schicke beim Ausatmen die Kugel die Pranaröhre entlang nach unten. Du siehst, spürst oder fühlst, wie sie nach unten gleitet, immer tiefer in den Boden hinein, durch alle Schichten hindurch, bis zum Herzen von Mutter Erde. Du kannst sehen und fühlen, wie deine Botschaft oder dein Geschenk ankommt.

Du spürst, wie eine Antwort zurückfließt, eine liebevolle, warme Energie, die in dir aufsteigt und wiederum in deinem Herzen ankommt. Mutter Erde antwortet. Du empfängst sie in deinem Herzen und lässt sie von da aus sich ausbreiten in deinem ganzen Körper. Du fühlst dieses wohlige Gefühl, geliebt zu werden, verbunden zu sein mit der Erde, eins zu sein in diesem Moment mit diesem Planeten. Du spürst das Pulsieren zwischen euch, wie die Liebe hin und her fließt, wie du verbunden bist mit ihr.

Du siehst dich in einer Landschaft sitzen, verbunden mit der Erde, und fühlst diesen Moment und beobachtest nur.

Dann erinnerst du dich an den schönsten Sternenhimmel, den du je gesehen hast. Die Milchstraße, die Galaxien und Planeten. Du siehst, spürst und fühlst, wie der Kosmos sich über dir wölbt, wie die Erde in diesem wunderbaren All schwebt und dass du Teil davon bist. Du spürst in deinem Herzen die Sehnsucht nach den Sternen, nach der kosmischen Heimat. Du siehst das Funkeln der Sterne und spürst den Sternenstaub, der in deinem Körper ist, all die Funken, die einmal im Kosmos waren, all das, was dich mit dem Himmel verbindet. Und du fühlst dein Herz, wie es sich aufwärts öffnet. Du sammelst, spürst und fühlst deine Liebe, die du empfindest.

Du formst wiederum eine Gabe oder ein Geschenk für das, was wir »Vater Himmel« nennen. Du legst deine Dankbarkeit hinein, dein Vertrauen, all das, was die männliche Kraft des Universums ist. Du fühlst es in deinem Herzen. Du nimmst dir wieder einen Moment Zeit, dann machst du einen tiefen Atemzug. Du schickst beim Ausatmen die Kugel entlang der Pranaröhre nach oben, ins Gitternetz über der Erde, zum Herzen der Sonne oder ins Herz der Galaxie hinein.

Du siehst, wie die Botschaft nach außen geht, sich ausbreitet und wellenartig von Stern zu Stern läuft. Die Sterne antworten. Wie bei einem Feuerregen oder Feuerwerk kommt von oben die Antwort zu dir. Vater Himmel antwortet mit all der Liebe des Kosmos, die in dein Herzen hineinströmt. Du empfängst und spürst sie und breitest sie in deinem ganzen Körper aus, damit du für einen Moment fühlst, wie dein Körper mit dem Kosmos eins ist. Du spürst das Pulsieren der Liebe von dir zu Vater Himmel und von Vater Himmel zu dir.

Gleichzeitig nimmst du deine Verbindung mit der Erde unter dir wahr. Du entscheidest dich ganz bewusst dafür, beide Tore aufzumachen. Du lädst Vater Himmel und Mutter Erde ein, in diesem Moment in dir zusammenzukommen. Sieh und fühle, wie ihre Liebe von oben und von unten in dich hineinströmt. Du merkst, wie beide Kräfte in deinem Herzen in diesem Augenblick zusammenfließen, sich vereinigen und Hochzeit feiern. Du fühlst, wie die Liebe fließt, wie sich dein Herz dabei weitet. Du spürst, wie dein Herz gefüllt wird mit ihrer Liebe. Lass diese Liebe wachsen und deinen Körper ausfüllen.

Wenn das Licht mehr wird, siehst du, wie jede Pore zu leuchten beginnt und du anfängst, diesen Raum zu erhellen, das Haus, in dem du gerade bist, und alles um dich herum. Mit jedem Augenblick strahlt mehr und mehr Liebe in dich hinein und mehr und mehr Liebe aus dir heraus. Du füllst das ganze Land mit Liebe aus, den Kontinent, die ganze Erde und darüber hinaus, immer schneller und weiter. Das ganze Sonnensystem wird mit deiner Liebe gefüllt, die Galaxie und alle sichtbaren und unsichtbaren Ebenen. Bis deine Liebe so groß ist, dass es nichts mehr gibt, was außerhalb wäre. Du spürst, dass alles in dieser Einheit von Vater Himmel und Mutter Erde beisammen ist. Du spürst diesen Moment und fühlst diese Qualität.

Jede Schwingung deines Körpers hat eine Resonanz im Kosmos. Du atmest, und gleichzeitig wirst du geatmet. Jedes Pulsieren des Sterns hat eine Widerspiegelung in dir. Jeder Herzschlag spiegelt sich in einem Rhythmus der Natur wider, der synchron ist mit dir *in diesem Moment. Du bist vollkommen eins und verbunden mit dem Kosmos.*

Stell dir vor, Vater Himmel und Mutter Erde könnten wie sichtbare Wesen bei dir sein: Vater Himmel rechts, Mutter Erde links von dir, wie eine heilige Familie. Du spürst, wie alles ausgeglichen und in tiefer Liebe verbunden ist. Du liebst die Erde, und die Erde liebt dich. Du liebst Vater Himmel, und Vater Himmel liebt dich. Du siehst, wie Vater Himmel und Mutter Erde sich lieben. Vater Himmel liebt Mutter Erde, und Mutter Erde liebt Vater Himmel. Wie ein perfektes Dreieck ist alles ausgeglichen, gleich groß und stabil. Du kannst es fühlen, dass sie immer bei dir sind und dir zeigen, wie sehr sie dich lieben. Es gibt kein Urteil, keine Erwartung, sie lieben dich einfach so, wie du bist. Du genießt es, angenommen zu werden für dein Sein, und du freust dich, es zu spüren und einfach geliebt zu werden.

In diesem Bad der Liebe kannst du die letzten Schranken fallen lassen und dich selbst annehmen und lieben. Wenn Vater und Mutter dich lieben, warum solltest du dich dann verurteilen? Du bist genau so, wie du bist, perfekt und geliebt. Du fühlst es in deinem Körper, fühlst es in deinem ganzen Wesen und kannst von dort weitergehen, einfach sitzen und beobachten, deine eigene Meditation fortsetzen, wie du möchtest.

Irgendwann ist es Zeit, zurückzukehren. Dabei ist es gleich, ob deine Augen geöffnet oder geschlossen sind. Vater Himmel und Mutter Erde sind bei dir. In jedem Atemzug bist du mit ihnen verbunden. Du kannst sie jeden Augenblick spüren.

Du achtest darauf, dass du wieder in deinem Körper bist und ganz im Hier und Jetzt ankommst. Du verbindest dich selbstständig mit deinen Armen, deinen Beinen und deinem ganzen Körper. Du nimmst einen tiefen Atemzug, beginnst dich zu bewegen und zu strecken und bringst diese Verbindung mit in deinen Alltag.

9 Das innere Kind

Neben den alltäglichen Rhythmen ist das menschliche Leben seit langer Zeit in Phasen unterteilt, die sich jeweils über ungefähr sieben Jahre erstrecken und sich auch in gesellschaftlichen Strukturen abbilden. Die erste Phase dauert bis zur Einschulung. Um das Ende der zweiten Phase herum gehen wir mit der Pubertät und den gesellschaftlichen Ritualen ins Erwachsenenalter über. Spätestens mit 21 Jahren sollte diese Phase abgeschlossen sein, in der für die meisten Menschen das bewusste Leben beginnt. Sie lassen ihre Kindheit hinter sich und schauen nach vorn, um einen eigenen Weg zu gehen. Recht bald ist die Erinnerung an die Kindheit so weit überdeckt, dass sie sich kaum noch daran erinnern. Und dies, obwohl in den ersten Jahren viele Grundmuster und Überzeugungen gebildet werden, die jeden Menschen ein Leben lang begleiten und bestimmen.

In der Welt ist alles in Dreiheiten unterteilt – was sich besonders auffällig in Familiensystemen mit Vater, Mutter und Kind zeigt. In der Familie sind Vater und Mutter Stellvertreter für die männliche und die weibliche Kraft des Universums. Sie bilden eine feste Basis für ein freies und selbstbewusstes Leben. Mit der Initiation ins Erwachsensein folgt der symbolische Schritt in die Selbstständigkeit und die Aufnahme als gleichrangiges Mitglied in die Gemeinschaft. Wurde in der Kindheit durch die gesunde Verbindung mit beiden Seiten eine solide Basis gelegt, entwickelt sich eine innere Stärke, die jeden von uns später durch viele Stürme des Lebens trägt.

In der übersteigerten Form können Familiensysteme auch lähmend wirken, weil Erwartungen, festgefahrene Einstellungen und Familiengeheimnisse den Einzelnen zu stark einengen.

Wenn in der Kindheit die Familienrollen nicht klar verteilt waren oder das Vertrauen in die Eltern gestört wurde, ist auch das Urvertrauen in das Universum angeschlagen. Dadurch fehlt einem Menschen eine gesunde Basis in sich selbst, er sucht dann die Kraft im Außen. Damit ist er anfällig, sich in neue Abhängigkeiten zu begeben, die ihn eine lange Zeit vom eigenen Weg ablenken.

Aber diese Erfahrungen sind jederzeit umkehrbar, indem Sie Ihre Innenwelt mit neuen Erfahrungen auffüllen. Niemand lebt ein eingeschränktes Leben, weil ihm in der Kindheit etwas angetan wurde, sondern wegen der Bilder, die er von dem »schmerzlichen« Ereignis hat. Wenn Ihre Eltern nicht so gewesen sind, wie Sie es sich gewünscht hätten, gab es selbst unter schwierigsten Umständen immer Menschen und Kräfte, die Sie unterstützt und begleitet haben. Sie haben es vielleicht damals nicht bemerkt, aber alles, was Sie je erlebt haben, lässt sich als Erinnerung in Ihnen abrufen. Sie können heute Ihre Geschichte von damals neu anschauen, unklare Erlebnisse sortieren und zerrissene Stränge zu einem guten Ende zusammenweben. Indem Sie die unterstützenden Kräfte des Universums einbinden, schaffen Sie sich neue Bilder von dem, was Ihnen in der Vergangenheit widerfahren ist. Dabei haben Sie die Möglichkeit, für sich selber der Erwachsene zu sein, den Sie sich schon immer gewünscht haben.

In Ihnen lebt ein Teil weiter, der immer Kind geblieben ist. Mit seiner Hilfe können Sie die Bilder der Vergangenheit aus emotionaler Sicht ansehen. Wenn Sie diesen kindlichen Anteil in sich annehmen und beachten, kann das gestörte Urvertrauen ins Universum geheilt werden und Freude und Kreativität in Ihr Leben zurückkehren.

Das innere Kind lebt

Wir existieren auf vielen Ebenen gleichzeitig. In der Mythologie der Ureinwohner der Erde leben wir parallel in drei Welten. Sie werden durch drei Tiere symbolisiert, zum Beispiel den Kondor, den Puma und die Schlange. Der Puma, der auf dieser Erde im Hier und Jetzt läuft, symbolisiert das Alltagsbewusstsein. Die Schlange begleitet ihn und ist dabei mit ihrem ganzen Körper – also unmittelbarer – mit der Erde verbunden. Sie symbolisiert das niedere Selbst und seine Verbindung zum Gruppenbewusstsein der Erde. Das höhere Selbst wird durch den Vogel dargestellt, der in der Luft schwebt. Der Kondor als Symbol besitzt den Überblick über die Landschaft und den Weg des mittleren Selbst. Es ist seine Aufgabe, das Alltagsbewusstsein bei seinen nächsten Schritten zu begleiten, um dem Ziel der Lebensreise näherzukommen.

Die Psychologie kennt einen Seelenanteil, den sie das *innere Kind* nennt und der der Beschreibung des niederen Selbst der Urvölker sehr nahe kommt. Das innere Kind lebt in Ihnen wie in jedem anderen Menschen. Es ist der Schlüssel zu Ihren emotionalen Erlebnissen und Erinnerungen. Über das innere Kind als Personifizierung Ihrer inneren Erlebnisgeschichte haben Sie ein mächtiges Hilfsmittel, um sich selbst besser zu verstehen. Wenn Sie Ihren inneren Frieden finden möchten, ist es unerlässlich, dass Sie sich auf die Suche nach Ihrem kindlichen Anteil machen.

Spieler sein

Wann waren Sie das letzte Mal kreativ? Spielerisch kreativ, ohne sich Gedanken zu machen, ob sich Ihre Idee umsetzen lässt oder nicht? Durch Kreativität können Sie Ihr inneres Kind wiederfinden. In der Fantasie eines Kindes ist nichts unmöglich. Ein Sofa kann an einem Tag eine Höhle sein, am anderen Tag ein Raumschiff oder ein Auto.

Haben Sie schon einmal ältere Menschen erlebt, deren Augen noch glühen? Sie kennen vielleicht einige Schauspieler, die auch im hohen Alter noch vor Witz, Freude und Selbstironie sprühen. Meist erzählen sie in Interviews davon, wie wichtig es ist, sich das innere Kind bewahrt zu haben. Diese Menschen, die uns so berühren, leben es und bringen es beim Spiel auf der Bühne oder im täglichen Leben immer wieder zum Vorschein. Gerade diese Lebendigkeit, die in ihren Augen zu sehen ist, hält sie jung.

Humor

Ein anderer Bereich des inneren Kindes ist der Humor. Immer wenn Sie über eine Situation herzlich lachen, leben Sie Ihr inneres Kind. Es fragt nicht, ob etwas sinnvoll ist, es freut sich einfach. Gleichzeitig ist Lachen der direkte Zugang zu Ihrem Herzen. Im Lachen fallen viele Sorgen von allein ab, und das Herz geht auf.

Kinder haben eine wunderbare Fähigkeit, andere Menschen zu verzaubern. Schon die Kleinsten haben ein Gespür dafür, was lustig ist und andere zum Lachen bringt. Manchmal frage ich mich, woher sie das wissen, aber vielleicht kommen sie aus einer Welt, in der das Lachen nie aufgehört hat. Wirklich witzigen Menschen geht es nicht darum, andere von sich zu überzeugen oder ihre eigenen Verletzungen zu überdecken. Es ist ihre innere Freude, die nach außen möchte und gelebt werden will, als sei Humor der Lebensfunke. Vor allem aber ist es oftmals das Lachen über sich selbst, was unser Herz berührt. Mit einem Schuss Selbstironie ist es leichter, die Perspektive zu wechseln und das Leben differenzierter zu sehen. Oft ist es gerade das, was Ihnen hilft, in einer ausweglos scheinenden Situation eine Lösung zu finden.

Wissensarbeiter

Die Ureinwohner Hawaiis arbeiten besonders intensiv mit den drei Ebenen des Selbst. Ihre Ältesten sind die Kahunas. Sie haben uns sehr viel Wissen über die einzelnen Ebenen und deren Aufgaben vermittelt. In Bezug auf das niedere Selbst sagen sie, es lebe wie ein Kind in uns weiter und wir könnten jederzeit wieder in Kontakt zu ihm treten. Das innere Kind ist nach ihrer Auffassung ungefähr fünf bis sieben Jahre alt. Eine der wichtigsten Aufgaben dieses Kindes ist es, unsere Bilder und Erinnerungen zu verwalten. Wie ein Chronist begleitet es unser Leben und speichert aus der Sicht eines Kindes alles, was wir erleben. Normalerweise sollte diese Chronik ein bunt gewebter Teppich mit vielen Fäden der Erfahrungen sein. Manche glänzen, weil sie so schön waren, andere haben vielleicht wehgetan und sehen aus wie ein Flicken. Dafür sind diese Stellen aber mit besonders schmückendem Faden eingerahmt, weil es die schmerzlichen Momente des Lebens sind, die uns am meisten gelehrt haben.

In der Realität ist dieser Teppich bei den meisten Menschen nur ein Stückwerk aus lauter unzusammenhängenden Flicken und Löchern, die sie sich am liebsten nicht ansehen möchten. Darin stecken Erlebnisse, die immer noch wehtun und bisher ihren Sinn nicht offenbart haben. Oft mussten die Betroffenen die Erfahrung machen, dass sie als Kinder zu klein waren, um eine Situation zu verstehen, oder das Geschehen wurde nicht kindgemäß erklärt und konnte nicht eingeordnet werden.

In solchen Momenten vermutet das innere Kind – wie die meisten Kinder –, es sei *seine* Schuld gewesen. Deshalb versucht es, die Erfahrung und den Schmerz zu verbergen und das Handeln so zu beeinflussen, dass man als Erwachsener im Alltag diesen Verletzungen nicht begegnen muss. Gerade in Trennungssituationen ist es deshalb enorm wichtig, dem am Familiensystem beteiligten Kind spürbar zu vermitteln, dass es nicht seine Schuld ist, wenn sich die Eltern nicht mehr als Lebenspartner verstehen.

Gefühle

Ihr inneres Kind hat seine eigene emotionale Welt, die Sie bis ins hohe Alter begleitet. Die Erfahrungen Ihrer Kindheit haben Ihre Lebensüberzeugungen geprägt. Je nachdem, wie Sie mit den Erfahrungen umgegangen sind, wurde Ihr emotionales Selbstbild geformt. Sie können Ihre Gefühle verdrängen und ignorieren –

oder Sie können sich dafür entscheiden, wieder zu fühlen und die Erfahrungen in Ihre Welt zu integrieren. Wenn Sie sich von Ihrer eigenen Lebendigkeit und Ihrem Humor abtrennen, verdursten Sie innerlich. Der verdrängte Teil schiebt sich jedoch immer wieder nach oben, da auch er gesehen werden möchte. Mit jedem verborgenen Gefühl, das Sie neu entdecken und sich entfalten lassen, werden Sie nach und nach ein Stück vollständiger. Das innere Kind wird auf diese Weise immer mehr in Ihr Wesen integriert, sodass es später ein fester Teil von Ihnen ist. Es kommt der Tag, an dem Sie das innere Kind nicht mehr als verletzten Teil außerhalb von sich wahrnehmen, sondern an dem es in Ihnen lebt. Sie können wieder aus Ihrem ganzen Wesen mitsamt seinem Potenzial schöpfen.

Im Kontakt

Sobald Sie erkannt haben, wie viel Potenzial in Ihrer Kindheit verborgen ist, besteht der nächste Schritt darin, dank Ihrer Erinnerung wieder mit ihr in Kontakt zu treten. Vertrauen Sie sich. Nehmen Sie sich etwas Zeit und gehen Sie auf Spurensuche. Welche alten Fotos haben Sie von sich? Wie haben Sie ausgesehen?

Kindheitserinnerungen

Nimm eines oder mehrere Fotos von dir als fünf-, sechs- oder siebenjähriges Kind und leg einen Zettel und Stift bereit. Schaffe eine ruhige, gemütliche Atmosphäre. Schau auf die Bilder deiner Kindheit. Was fällt dir dazu ein? Beobachte dich dabei, wie du dich fühlst, wenn du in diese Bilder eintauchst. Woran erinnerst du dich? Was war dein Lieblingsspielzeug? Mit wem hast du damals am liebsten gespielt? Von wem hast du dich am meisten verstanden gefühlt? Wann immer dir etwas einfällt, schreibe es auf!

Bei diesem »Erstkontakt« geht es darum, überhaupt einmal auf diese Weise in sich hineinzuschauen. Wichtig ist dabei, dass Sie ohne Bewertung wahrnehmen, was in Ihnen passiert. Das innere Kind steht in ständigem Kontakt mit Ihnen. Wenn Sie aber die mit ihm verbundenen Gefühle nicht mögen, fühlt das innere Kind sich nicht verstanden und öffnet sich nicht für die tiefer liegenden Themen.

Auf der Oberfläche des Sees Ihres Unterbewusstseins gibt es viele Facetten, die angesehen werden möchten. Jedes Erinnerungsteilchen ist ein Einstieg, wieder mit dem inneren Kind in Verbindung zu treten und sich die Tiefen Ihrer eigenen Innenwelt zu erschließen.

Am Anfang kann die Reise zum inneren Kind schmerzlich sein, aber es ist ein sehr befreiender Weg. Solange Sie jeden Tag Energie in das Verdrängen einer Erinnerung stecken, können Sie nicht glücklich werden. Sobald es Ihnen aber gelingt, hinzusehen, öffnen Sie sich ein Stück weiter, und die bisher verwendete Energie wird frei für mehr Lebensfreude und Glück.

Der Weg zum inneren Kind ist ein Weg der eigenen Gefühle. Sie können von ihnen lernen und mehr innere Freiheit erfahren.

Heilung

Das innere Kind spricht nur selten in Worten zu Ihnen. Es teilt sich in einer Sprache aus Wissen und inneren Bildern mit. Wir Menschen speichern Erinnerungen wie dreidimensionale Hologramme mit allen Facetten des Momentes ab. Bleibt eine Erinnerung an einem Punkt hängen, ist der Moment wie eingefroren, da Sie damals nicht die Kraft hatten, den Moment zu fühlen und auszuhalten. Wenn Sie wieder mit Ihrem Kind kommunizieren, kann es Ihnen genau solche Bilder liefern. Sie spüren vielleicht, dass die Erinnerung bedeutend ist. Manchmal erscheint sie auch auf den ersten Blick belanglos. Das innere Kind liefert jedoch nie eine Erinnerung ohne Grund.

Sobald ein Erinnerungsbild auftaucht, schauen Sie es sich genau an! Versuchen Sie ganz in die Situation einzutauchen und so viel wie möglich auf allen Ebenen wahrzunehmen. Was fühlen Sie? Was spüren Sie? Und wie geht es Ihrem Körper? Situationen bestehen nicht nur aus Augenblicken, sondern sind ein Stück Ihres Lebensfadens. Um wieder in Ihre volle Kraft zu kommen, müssen sich nach und nach alle Einzelfäden in einer Linie sortieren können. Schauen Sie sich also die Erinnerung nicht nur als Momentaufnahme an, sondern gehen Sie in ihr zeitlich vor und zurück, bis Sie spüren, dass Sie alles verstanden haben und keine Energie mehr in ihr gefangen ist.

Wenn Sie beginnen, sich dem inneren Kind zuzuwenden, stellt dies eine Herausforderung dar, die sich aber relativ schnell auflösen lässt. Wahrscheinlich hat Ihr inneres Kind die Erfahrung gemacht, dass es von Erwachsenen nicht ernst genommen wird und Erwachsene nicht zuhören können. Wenn Sie sich längere Zeit nicht mit Ihrem inneren Kind befasst haben, haben Sie wahrscheinlich unzählige Signale von ihm überhört, und damit passen Sie zunächst ebenfalls in die Schublade des unaufmerksamen Erwachsenen. Wenn Sie sich also dem inneren Kind zuwenden, wird es möglicherweise noch schmollen oder sich reserviert zeigen. Erwarten Sie am Anfang nicht zu viel, sondern gehen Sie achtsam mit Ihrem kindlichen Anteil um. Zeigen Sie ihm, dass Sie jetzt bereit sind, genau hinzuhören und sich besser um sich zu kümmern. Ihr inneres Kind hat Sehnsucht danach, wieder mit Ihnen zu verschmelzen und wahrgenommen zu werden. Indem Sie sich täglich nach innen wenden und wenigstens ein paar Minuten nach innen hören, wird das Kind merken, dass es Ihnen ernst ist mit der Kontaktaufnahme. Irgendwann sendet es Ihnen einen Testballon mit einer vielleicht harmlosen Erinnerung. Hören Sie darauf! Indem Sie zeigen, dass Sie die Gefühle des Kindes wahrnehmen sowie die – mit der Erinnerung verbundenen – Gefühle und Emotionen fühlen wollen, bekommt Ihr Inneres sehr schnell einen anderen Eindruck von Ihnen. Es beginnt dann immer mehr und immer tiefere Erinnerungen zu Ihnen zu senden, die Sie schrittweise in eine neue Innenwelt führen.

Mit jedem Baustein, den Sie zutage fördern und integrieren, werden Sie vollständiger, und der Kontakt zu Ihren Gefühlen verstärkt sich zunehmend. Plötzlich erinnern Sie sich auch an fröhliche Momente in Ihrer Kindheit. Damit gewinnen Sie mehr und mehr Lebenskraft, die Ihnen bei neuen Erfahrungen zur Verfügung steht.

Mit der steigenden Lebenskraft kommen auch die fröhlichen Seiten des inneren Kindes wieder zum Vorschein. Das Spielerische möchte gelebt werden, der Humor bringt Sie zum Lachen, und Ihre Gefühle gewinnen wieder mehr Raum in Ihrem Leben.

Paranormal

Es ist ein Teil Ihres Weges, dass das innere Kind nicht nur von Ihnen gesehen werden möchte. Es hat auch Kontakt zu vielen anderen Ebenen und weiß den Weg zu Ihrer spirituellen Entwicklung und zu Ihrem höheren Selbst. Darüber hinaus steht es in Kontakt mit den inneren Kindern aller Menschen. Wenn Sie auf die Signale des inneren Kindes hören, werden Sie zu neuen Menschen geführt, entdecken wie zufällig Bücher und Informationen, die sich wie ein Schulungsweg in Ihrem Leben entfalten.

Sobald Ihre Verbindung zum inneren Kind intensiver geworden ist, haben Sie plötzlich Erfahrungen, die auf den ersten Blick übersinnlich erscheinen. Vielleicht haben Sie diese Verbindung bereits und Sie erkennen einen neuen Zusammenhang darin, der Ihnen hilft, sich besser zu verstehen.

Stellen Sie sich vor, Sie begegnen einem Menschen, bei dem Sie sofort spüren, was in ihm vor sich geht oder mit welchem Anliegen er zu Ihnen kommt. Bei jeder persönlichen Geschichte, die er erzählt, können Sie seine Erfahrungen miterleben und teilweise schon die nächsten Worte vorausahnen.

Oftmals kommt es auch zu Begegnungen mit Menschen, die scheinbar zufällig sind, aber doch wie von unbekannter Hand gesteuert erscheinen. Wenn Ihnen das passiert, war Ihr inneres Kind auf jeden Fall daran beteiligt.

Unter der Schicht der inneren Kinder der Menschheit gibt es eine Bewusstseinsebene, die mit unserer Erde verbunden ist. Wenn Sie seltsame Begegnungen mit Tieren oder das Gefühl haben, Tiere seien Zeichen, dann stehen Sie bereits mit diesem Teil in

Verbindung. Für viele Urvölker ist es selbstverständlich, dass die Natur mit ihnen redet. Wenn sie um Nahrung bitten, lesen sie die Zeichen der Natur. Manchmal zeigen Wolkenformationen, der Wuchs von Pflanzen oder die Flugrichtung von Vögeln, wo sich die gesuchte Gabe von Mutter Erde befindet. In ihren Ritualen verbinden sie sich mit dieser tiefen Ebene des Lebens, die ihnen dann in der Sprache der Natur antwortet.

Kommunikation

Der hawaiianische Autor *Max Long* sagt, dass die Ebene des niederen Selbst Energiepakete verschicken kann. Aus seiner Sicht haben Sie ein solches Paket empfangen, wenn Sie an einen Menschen denken, der Sie Momente später anruft. Ihr Gesprächspartner hat an Sie gedacht und das Bild von Ihnen mit einer Emotion aufgeladen. Sein inneres Kind hat es als Auftrag aufgefasst, das Paket an Sie weiterzuleiten. So macht es sich bildlich gesprochen auf den Weg und überreicht Ihrem inneren Kind die Botschaft.

Wenn Sie einem Menschen zufällig begegnen, den Sie seit Jahren nicht mehr gesehen haben, haben sich sehr wahrscheinlich Ihrer beider innere Kinder vorher verbunden und Sie zusammengeführt.

In Dresden habe ich einmal die Geschichte von zwei befreundeten Paaren gehört, die sich im Krieg beim Angriff auf die Stadt verloren haben. Jeder von ihnen hat sich gefragt, was aus den anderen wohl geworden ist und ob sie noch leben. Zehn Jahre später sind sie sich im Theater begegnet, als sich beide Paare nach der Vorstellung auf zwei aufeinander zulaufenden Treppen entgegenkamen.

Obwohl viele Begegnungen zufällig erscheinen, entfaltet sich durch sie ein größeres Bild Ihres Weges. In der Betrachtung der eigenen Erinnerungskette liegt ein Bild, das weit über Ihre bisherigen Erfahrungen hinausreicht. Plötzlich tauchen Erlebnisse aus Ihrer frühesten Kindheit auf, die sogar die pränatale Phase mit einschließen. Vielleicht treffen Sie auch Menschen oder besuchen fremde Orte, die Ihnen sehr vertraut vorkommen, obgleich Sie sie noch nie in diesem Leben gesehen haben. Die Reise zu ihnen entfaltet nach und nach ein Panorama, in dem dieses Leben nur Teil eines größeren Bewusstseinsstromes ist, der Sie hierhergespült hat. Gleichzeitig bietet diese Perspektive viel Ruhe, wenn Sie spüren, dass Ihr Bewusstsein ewig ist und dass es Sie immer begleitet, die meisten gesellschaftlichen oder wirtschaftlichen Systeme jedoch nicht. Das innere Kind möchte Ihnen helfen, wieder heil zu werden und Ihren Weg zu finden. Es führt Sie auf dem gemeinsamen Weg mit ihm immer weiter. Anfangs geht es um die Integration der Persönlichkeitsanteile, die in diesem Leben verschüttet wurden. Später zeigt sich dann ein größeres Gesamtbild, und Sie kommen wieder in Kontakt mit dem Kondor, der über Ihnen schwebt, eben mit Ihrem höheren Selbst.

Das höhere Selbst

Die Verbindung zum höheren Selbst lässt sich nicht erzwingen. Der Weg ist versperrt, wenn Sie versuchen, direkt nach oben zu gelangen. Vor dem Auszug aus einer Mietwohnung sortieren wir unsere Habseligkeiten und betrachten noch einmal, was sich alles angesammelt hat. Idealerweise trennen wir uns von Unnützem und integrieren die guten Sachen in unseren weiteren Lebensweg.

In der gleichen Art und Weise sollten Sie den Weg auf dieser Erde gehen. Der spirituelle Pfad lässt sich nur beschreiten, wenn Sie sich vorher umdrehen und Ihre Vergangenheit anschauen. Erst dann öffnet sich der Weg zum höheren Selbst. Diese Richtung wird genauso von den Kahunas auf Hawaii gelehrt. Sie sagen, dass wir uns erst unserer Wurzeln besinnen müssen, ehe wir nach oben schauen können.

So, wie die Geometrie immer wieder zeigt, dass ihre Muster »ineinandergeschachtelt« sind und sich vom Großen bis ins ganz Kleine wiederholen, können Sie auch das niedere Selbst als einen Teil in sich wahrnehmen. Das höhere Selbst dagegen ist der Bereich, in den Sie mit dem niederen Selbst eingebettet sind. Es umgibt Sie und begleitet Sie auf eine Art, die für den normalen Verstand manchmal schwer zu fassen ist. Die Wege des höheren Selbst führen wieder zurück zu einer tieferen Anbindung an das ganze Universum. Aber auch dieses höhere Selbst ist nicht das Ende. Es ist verbunden mit einem weiteren höheren Selbst – und dieses wiederum mit einem höheren Selbst. Diese Ebenen haben sich zu Gruppenseelen zusammengeschlossen und sind »eingeschachtelt« in weitere höhere Ebenen. Für jede Ebene und jeden Übergang gibt es Bewusstseinsformen, die den Weg dahin begleiten. Unser höheres Selbst ist eine der ersten Formen, die in Kontakt mit den größeren Dimensionen der Welt stehen. Der Mensch ist eines der wenigen Wesen, das seine Anbindung nach oben an die verschiedenen höheren »Selbste« verloren hat. Wenn dieser Kontakt über die gelebte Verbindung zum inneren Kind aktiviert ist, öffnen sich die anderen Bereiche schrittweise von selbst.

Die innere Landschaft

Um den Kontakt mit dem inneren Kind zu vertiefen, können wir einen einfachen Weg über die Sprache der Bilder wählen. Die Welt der Worte ist linear, während unsere innere Welt in Bildern, Gefühlen und sinnlichen Eindrücken gespeichert ist. Damit beinhalten sie viel mehr Informationsdimensionen, als Worte ausdrücken können. Gute Romanautoren schaffen es, in Ihnen einen inneren Bilderstrom hervorzurufen, der Sie mitreißt. Wenn Sie kurzzeitig in einen Traum fallen, nehmen Sie innerhalb weniger Minuten so viel wahr, dass es mit Worten nur in einer vielfach längeren Zeit zu beschreiben wäre. Die Seele spricht in Bildern, und unsere Schriftsprache dient nur als ein Hilfsmittel, damit wir in unserem momentanen Zustand überhaupt etwas speichern und erinnern können. In Bildern lässt sich viel leichter mit der Seele kommunizieren, wenn Sie sich auf ihre Sprache einlassen.

So stellt die Meditation *Reise zum inneren Kind* einen einfachen, aber wirkungsvollen Weg dar, wieder mit sich in Kontakt zu kommen. Ich biete Ihnen dazu eine bildhafte Reise in eine innere

Landschaft an, die symbolisch für alle Facetten Ihrer Seele steht. Sie können sich unterschiedlichen Bereichen in ihr zuwenden. Jedes Bild, das dabei auftaucht, steht symbolisch für einen inneren Vorgang.

Einheitsatem und Energiekreislauf

Der *Einheitsatem* ist in dieser Meditation etwas abgeändert in eine einfache schamanische Technik. Dabei stellen Sie sich vor, dass ein Seil von der Basis Ihres Körpers in die Erde reicht. Von dort lassen Sie eine bräunliche, erdige Energie oder Flüssigkeit aufsteigen, die an der Rückseite Ihres Körpers nach oben fließt. Damit wird ein Energiekreislauf um Ihren Körper angesprochen, der mittig entlang der Wirbelsäule nach oben steigt und an der Vorderseite wieder nach unten fließt. In diesem Kreis lassen Sie die Erdenergie beim Einatmen auf dem Rücken aufwärts und beim Ausatmen auf der Vorderseite abwärts strömen.

Die Verbindung zum Himmel wird hier durch eine goldene Kugel symbolisiert, die etwa einen Meter groß ist und wiederum in etwa einem Meter Abstand über Ihrem Kopf schwebt. Aus ihr beziehen Sie die himmlische Anbindung an das männliche Prinzip des Universums. Durch diese beiden Bilder können Sie sich einfach und schnell mit beiden Seiten des Kosmos verbinden und einen inneren Ausgleich schaffen, der Ihrem persönlichen Gleichgewicht für diesen Tag entspricht.

Danach folgt ein kleiner Springbrunnen, um Ihr Feld zu reinigen, und ein Kristall als Torwächter für die innere Landschaft. Bei der Reise nach innen ist es wichtig, dass Sie diese Welt durch einen definierten Eingang betreten und am Ende wieder verlassen. Dadurch stellen Sie sicher, dass Sie mit allen Sinnen dabei sind, aber auch geordnet in die Gegenwart zurückkehren können. Verachten Sie niemals die Bedeutung eines solchen Zuganges! Das Auseinanderhalten der Ebenen ist in der spirituellen Arbeit elementar wichtig. Wenn Sie durch den Kristall hindurchgehen und ihn auf der anderen Seite verlassen, betreten Sie eine Landschaft, die aus Ihren Seelenbildern besteht.

Die innere Landschaft

Diese Landschaft ist keine feste Landschaft, von der Sie eine Landkarte zeichnen könnten. Sie wandelt sich mit Ihren Erfahrungen, Einstellungen und Gefühlen. Bei jedem Besuch können Sie neue Bereiche entdecken und erleben, wie bekannte Plätze ihr Aussehen verändern, während Sie sich entwickeln. Jedes Bild, das sich hier in Ihnen zeigt, erzählt eine Geschichte und steht für einen Bereich Ihres Lebens.
Das Wichtigste ist, dass Sie bei den Reisen in Ihre Innenwelt Ihrem Herzen folgen. Es ist das Geburtsrecht eines jeden Menschen, seine Seele zu erkunden und zu bereisen. Haben Sie Vertrauen! Der Ort, an dem das innere Kind sitzt, zeigt sich dann in der Meditation von ganz allein.

Der Zeitstrahl

In der Landschaft Ihrer Seele können Sie sich beliebige Werkzeuge erfinden, die Ihnen helfen, einzelne Themen zu bearbeiten. Ihrer Fantasie sind dabei keine Grenzen gesetzt. Ein Hilfsmittel für unsere Meditation ist der »Zeitpfeil«.
Wann hat Ihr Leben begonnen? Mit Ihrer Geburt oder mit Ihrer Zeugung? Im Moment Ihrer Zeugung wurde ein wichtiger Startpunkt für Ihr Leben gesetzt, der letzten Endes zu dem geführt hat, was Sie heute sind. Einen Zeitpfeil kennen Sie aus diversen Geschichtsbüchern, die den Ablauf der linearen Geschichte anschaulich darstellen. Genauso können Sie sich Ihr Leben entlang einer Linie von links (Zeugung) nach rechts (Gegenwart) und darüber hinaus vorstellen. Auf diesem Zeitpfeil befinden sich alle Ereignisse Ihres Lebens. Nicht alle sind von Bedeutung. Andere wiederum sind mit Emotionen aufgeladen. Wenn es irgendwo in Ihrem Lebenslauf traumatische Ereignisse gab, kann es sogar zu Rissen in dieser Linie gekommen sein.
Am Ende ist es unwesentlich, was passiert ist. Wir reagieren nur aufgrund des Bildes, das wir von den Erlebnissen der Vergangenheit haben. Das bedeutet, unser Erinnerungsfaden ist nicht für

immer zerstört. Er kann repariert werden, damit wir wieder ein Stück mehr von unserer Kraft befreien und integrieren.

> **Hintergrundwissen**
>
> **Vorgeburtliche Erinnerung**
> Zur Vorbereitung einer künstlichen Befruchtung werden mit Hormonen mehrere Eizellen auf einmal zur Reife gebracht und dann befruchtet. Diese werden dann eingefroren und zu einem passenden Zeitpunkt eingepflanzt. Wie ich gehört habe, soll es sogar vorkommen, dass Kleinkinder, die auf diese Art entstanden sind, zum Kühlschrank gehen und hineinrufen: »Huhu, wo bist du?«, um ihre Geschwister zu suchen.

Wenn Sie die Reise zum inneren Kind mithilfe der Meditation aus dem nächsten Abschnitt unternehmen, reisen Sie entlang dieser Linie bis zu Ihrer Geburt oder Zeugung. Das Wissen aus all diesen Ereignissen steckt noch in Ihren Zellen.

Diese Reise hilft Ihnen, Ihre verlorenen Stücke wieder einzusammeln. Egal, was Sie erlebt haben, es hat mindestens einen Moment der Liebe gegeben, in dem Sie entstanden sind. Bei dem einen hat vielleicht nur ein winziger Funke gereicht, als sich das Spermium in die Eizelle im Schoß der Mutter verliebt hat. Beim anderen war es die ganz große Liebe, bei der die Himmel aufgingen und die Engel lachten, als sich die Eltern zum ersten Mal trafen. Aber vergessen Sie niemals: Mit Liebe hat alles angefangen. In diesem Moment der Liebe waren nicht nur Ihre Eltern eins, sondern auch Sie haben voller Freude Ja zu diesem Leben gesagt. Auf der Reise gehen Sie dieser Spur nach, um die Kraft von diesem Ja zueinander wieder zu erfahren. Spüren und fühlen Sie es in Ihrem ganzen Körper.

Vom Moment der Zeugung an reisen Sie vorwärts in der Zeit. Achten Sie darauf, dass Sie mit all Ihren Körpern verbunden sind und diesen Impuls der Liebe spüren. Wenn Sie irgendwo auf dem Weg zu einem Ereignis kommen, das in der Vergangenheit nicht so optimal verlaufen ist, wurde der Kontakt gestört und ein Stück Ihrer Lebenskraft blieb dort hängen. Falls Ihnen ein solcher Moment wieder begegnet, schauen Sie ihn sich genauer an. Gehen Sie noch einmal hindurch und spüren Sie, dass Sie dieses Mal

Ihren Lebensimpuls nicht verlieren. Manchmal muss eine Situation mehrmals durchlaufen werden, bis Sie das Gefühl haben, dass sie gelöst ist und Ihre Kraft wieder frei fließen kann. Auf jeden Fall sind Sie heute stärker als damals und in der Lage, bei sich zu bleiben. Manchmal ist es notwendig, an einer Stelle zu verweilen und mehrmals vor und zurück zu fliegen, bis die Energie frei fließen kann. Wenn das geschafft ist, fliegen Sie Ihren Zeitpfeil weiter entlang, bis Sie auf den nächsten Knoten stoßen. Dort versuchen Sie, die verlorenen Kräfte zu fühlen und den Lebensfaden wieder aufzunehmen.

Es kann sein, dass Sie bei einer Reise nicht alles sehen oder bei Ihrer Recherche erst später auf neue Themen Ihres Lebens treffen. Dann steht Ihnen dieses Werkzeug immer wieder zur Verfügung. Mit jedem Mal können Sie Ihre Energie unter einem anderen Aspekt betrachten.

Nach einer Weile des Reisens kommen Sie in der Gegenwart an. Spüren Sie hier die neu gewonnene Verbindung zu Ihrem Lebensimpuls. Vielleicht sehen Sie die Linie Ihres Lebens von links kommend als leuchtendes Band, das voller Energie vibriert. Wenn das der Fall ist, stellen Sie sich vor, wie diese Kraft sich über den jetzigen Moment hinaus nach rechts in Ihre Zukunft ausbreitet. Dadurch können Sie künftig leichter mit sich in Kontakt bleiben, da Ihr kraftvoller Lebensimpuls quasi schon ausgelegt ist.

Gleichzeitig versuche ich, Ihnen in der Meditation einen Vorgeschmack auf die Arbeit mit Ihren Ahnen aufzuzeigen. Der Weg mit den Ahnen wird im zehnten Kapitel ausführlich dargestellt.

Die Meditation

Unter *www.beutel.momanda.de* können Sie die gesprochene Meditation herunterladen. Sie können sie sich natürlich auch von einem Freund oder Ihrem Partner vorlesen lassen.

Nehmen Sie sich eine Stunde Zeit, um sich auf den Weg zu machen. Am besten reservieren Sie sich einen Abend für die Begegnung mit dem inneren Kind. Legen Sie etwas zum Schreiben zurecht, um

Ihre Eindrücke und Gefühle festzuhalten. Gehen Sie achtsam mit allen Themen um, die erscheinen möchten. Es kann sein, dass Sie sehr emotional werden, weil Ihnen etwas Wesentliches aus Ihrer Kindheit oder über Ihr Inneres bewusst wird. Tun Sie sich selbst etwas Gutes und nehmen Sie sich Zeit, das Erlebte zu reflektieren.

> Die geführten Meditationen sind unter www.beutel.momanda.de erhältlich.

Reise zum inneren Kind

Begib dich an einen Ort, an dem du bequem und ruhig sitzen kannst, und finde eine aufrechte, stabile Position. Schließe deine Augen, entspanne dich und lass deinen Körper einen eigenen Atemrhythmus finden. Du spürst das Kommen und Gehen der Wellen des Atems. Und mit jedem Ausatmen lässt du alles los und kommst ganz im Hier und Jetzt an. Du kommst zur Ruhe und richtest deine Aufmerksamkeit nach innen. Achte darauf, dass dein Körper aufrecht sitzt und du frei und tief atmen kannst.

Nimm alle deine Körper wahr. Dein physischer Körper ist mit dem Boden verbunden. Du spürst, wie er aufrecht und weitgehend entspannt ist. Alle Muskeln und Sehnen, die du nicht zum Sitzen brauchst, kannst du locker und weich werden lassen.

Dein Mentalkörper ist offen für Bilder, Träume und Wissen. Lass deine Gedanken zur Ruhe kommen und achte auf seine Sprache. Auch dein Emotionalkörper ist dabei, du fühlst ihn. Achte vor allem darauf, was das Herz in deiner Mitte macht. Wie fühlt sich dein Brustraum auf dieser Reise an? Du bist mit deinem ganzen Wesen hier, atmest ruhig und gleichmäßig und spürst die Punkte, mit denen du Kontakt zur Erde hast – vielleicht sind es deine Füße oder dein Gesäß. Auf welche Weise bist du in diesem Moment mit dem Boden verbunden?

Stell dir vor, von deinem Steiß geht ein Seil nach unten. Du lässt es wie einen Anker immer tiefer in den Boden sinken. Hinunter in die Erde hinein, bis es im Herzen des Planeten ankommt. Du nimmst Verbindung auf und fühlst eine warme, weiche Energie, die entlang des Seiles nach oben steigt. Und wenn du das nächste Mal einatmest, nimmst du die Energie auf, indem du sie an deiner Körperrückseite nach oben fließen lässt, deinen Kopf hinauf – und beim Ausatmen an der Vorderseite wieder hinunter. Du bringst die Energie in einen Kreislauf hinein, der in dieser Richtung um deinen Körper herum fließt. Fühle diese Energie der Erde und verbinde dich mit ihr. Es ist dein direkter Draht zu unserem Planeten. Du fühlst diese Erdenergie und spürst, wie viel du heute davon brauchst. Lass diese Energie in dich einströmen, während du gleichzeitig alles loslassen kannst, was du nicht brauchst. Du gibst es zurück an diesen Fluss und damit zurück an Mutter Erde, die es reinigt und wegträgt. Und mit jedem Atemzug wirst du mehr und mehr eins mit der Erde. Du fühlst ihre Kraft, und du fühlst ihre Liebe. Du fühlst, dass du ihr Kind bist, dass sie dich versorgt mit ihrer Energie, Nahrung und Liebe.

Stell dir vor, über deinem Kopf würde sich eine goldene Kugel befinden: einen Meter groß, mit einem Meter Abstand zu dir und golden strahlend. Es ist die männliche Energie – der männliche Pol des Universums, den du aufnimmst. Während Erdenergie in deinem Rücken nach oben steigt, lässt du beim nächsten Einatmen himmlische Energie aus der Kugel an der Vorderseite hinunterströmen. Speise sie genauso in deinen Kreislauf ein, und wenn du ausatmest, fließt die Energie an der Rückseite deines Körpers nach oben. Du fühlst die himmlische Energie, die in dein System strömt. Du spürst, wie beide Qualitäten sich vermischen, und lässt dich von dieser Kraft reinigen. Dabei gibst du alle Gedankenmuster, alle Bilder, die du jetzt nicht brauchst, an die kosmische Energie ab und lässt sie »wegspülen«.

Dann prüfst du, was du heute brauchst, um deine Balance zu finden. Brauchst du mehr Himmelsenergie oder mehr Erdenergie? Je nachdem, nimmst du dir etwas von dem einen oder anderen Fluss. Du findest dabei deine persönliche Mitte und gleichst sie aus. Du fühlst, wie es dir dabei gut geht, fühlst es in deinem Körper. Du dankst diesen beiden Kräften. Du dankst der Erde, und du dankst der goldenen Kugel über dir, beiden Werkzeugen, die immer für dich da sind und dich begleiten.

Dann lässt du dieses Bild los, bist weiter über das Seil verbunden und gehst zum nächsten Bild über. Du spürst, wie eine bläuliche Energie aus der Erde nach oben kommt, beim Einatmen deinen Rücken hinaufkriecht und beim Ausatmen über dich hinausschießt wie eine Fontäne, ein großer Springbrunnen, und rings um dich wieder herabregnet, dein Energiefeld durchspült und alles, was in diesem Feld ist, reinigt, klärt und sauber wäscht. Alle verhärteten Strukturen und Anhaftungen, alles wird wie in einer kosmischen Waschanlage sauber gewaschen und gereinigt. Du spürst, wie deine Felder klarer und klarer werden, wie du dabei reiner und reiner wirst und mehr und mehr in deiner Mitte ankommst. Du genießt dieses Gefühl und spürst es mit deinem ganzen Wesen. Du kannst dich bei dieser Fontäne bedanken und dann dieses Bild loslassen.

Du spürst, wie du dich weiterbewegst, bis du vor dir einen großen Kristall siehst. Je weiter du gehst, desto näher kommst du ihm. Du spürst ihn schon, fühlst seine Kraft, Größe und Klarheit. Du siehst, dass der Weg, den du gehst, zu einer Tür hinführt, die groß genug ist, um in diesen Kristall hineinzugehen. Du verbindest dich nun mit ihm. Du dankst ihm, dass er da ist, und bittest ihn, dich hineinzulassen. Du gehst zu ihm hin und trittst durch die Tür hindurch, bis du in ihn hineingelangst, du setzt dich hin und spürst für einen Moment seine Energie.

Der Kristall hat Erfahrung von Millionen von Jahren hier auf der Erde. Du kannst diese Kraft nutzen. Bitte ihn, dir zu helfen, all deine Energiefelder zusammenzubringen, auszugleichen und zu harmonisieren. Du spürst sein Werk, spürst, wie er Ungleichgewichte ausbalanciert und die Felder aufeinander abstimmt. Du spürst, wie die kristallinen Strukturen in deinem Körper lernen von den kristallinen Strukturen dieses großen Kristalls.

Du fühlst es ganz intensiv, dass du mit hundert Prozent da bist, ganz im Hier und Jetzt. Du dankst dem Kristall dafür, dass er als Tor für dich da ist und dass er dir diesen Weg offen hält. Du verneigst dich vor ihm und verlässt ihn auf der anderen Seite.

Du trittst hinaus und kommst in einer Landschaft an. Es ist deine Landschaft, die Landschaft deiner Seele. Alles, was dir hier begegnet, ist ein Teil von dir und ist dir vertraut. Du siehst diese Landschaft, du spürst sie und fühlst sie. Mach es so lebendig wie möglich. Spüre den Boden unter den Füßen, fühle die frische Luft, die du atmest, spüre die Sonnenstrahlen und den leichten Wind-

hauch auf deiner Haut und höre das Zwitschern der Vögel. Nimm deine Fantasie zu Hilfe und mach es ganz lebendig für dich.
Jeder Schritt, den du auf diesem Weg gehst, führt dich tiefer hinein in deine Welt, und jeder Schritt, den du gehst, lässt dir den Weg vertrauter erscheinen. Du folgst ihm über Hügel, Berge und Täler, bis du in der Ferne einen Ort siehst, zu dem du hingehst. Du siehst einen Garten mit einem Tor davor. Schon von Weitem ist er dir vertraut, du kennst ihn von irgendwoher. Vorsichtig öffnest du das Tor, gehst hinein und schaust dich um, was sich in dem Garten befindet.
Du siehst einen Sandkasten, Spielzeug, eine Schaukel. Es ist wie der Garten eines Kindes, er kommt dir bekannt vor. Hier findest du Spielsachen, mit denen du gespielt hast, Dinge, die du als Kind gemocht hast, deinen Roller oder deinen Puppenwagen, deine Lieblingspuppe. Du schaust dich um und merkst, dass du nicht allein bist. Ein Kind ist in diesem Garten, es sieht aus wie du, als du vier, fünf, sechs oder sieben Jahre alt warst.
Und du nimmst Kontakt auf mit diesem Kind. Erinnere dich daran, wie du in diesem Alter warst. Wie hast du ausgesehen? Schau dir dieses Kind an, bau eine emotionale Verbindung auf, fühle deine Liebe für dieses Kind, das frohe Lachen und das Strahlen seiner Augen. Wie geht es ihm? Wie fühlt es sich? Was möchte es von dir? Achte auf die Bilder, die entstehen, und die Gefühle in dir, und lass sie einfach zu, lass sie fließen.
Erzähle ihm von deinem Leben. Wie viel davon lebst du heute? Wo hat dich dass Leben hingespült, welche Erfahrungen hast du gemacht? Erinnere dich an ein schönes Erlebnis aus deiner Kindheit. Hol dir den Moment der Freude wieder zurück. Kommuniziere mit dem Kind. Fühle es in deinem Herzen, tausche dich aus und sprich mit ihm.
Du spürst, wie du in deiner inneren Landschaft sitzt, und lädst das Kind ein, sich auf deinen Schoß zu setzen. Du kannst deine Hände im Schoß haben und die Hände des Kindes darin. Du fühlst dabei, wie durch deinen Körper eine Röhre hindurchgeht, die dich nach unten mit der Erde verbindet und nach oben mit dem Kosmos. Wie in dem Kreislauf aus den beiden Energien bist du nach unten mit der Erde verbunden und nach oben mit dem Kosmos oder Vater Himmel.

Du atmest durch die Röhre in dein Herz und verbindest es mit dem Herzen deines Kindes. Ihr atmet zusammen, und du fühlst, wie sich eure Herzen vereinigen. Du fühlst die Vollkommenheit des Augenblicks, ganz im Hier und Jetzt und mit deinem inneren Kind verbunden.

In deiner inneren Sicht siehst du eine Zeichenfläche mit einer waagerechten Linie, die von links nach rechts verläuft. Es ist wie auf einem Zeitstrahl: Links ist die Vergangenheit, rechts ist die Zukunft. In der Mitte ist ein heller, strahlender Punkt. Das ist der Moment, in dem du jetzt gerade bist. Du fühlst diesen Augenblick und fühlst seine Kraft, fühlst dein Herz dabei und lässt das Licht und die Liebe von diesem Moment entlang des Strahles nach links wandern, in deine Vergangenheit.

Du gehst die verschiedenen Stationen deiner Geschichte rückwärts: die Geburt deiner Kinder, deine Heirat, dein Erwachsenwerden, deine Jugend, die Pubertät und deine Kindheit. Du gehst weiter und weiter zurück bis zu deiner Geburt und sogar bis zur Zeit im Mutterleib.

Irgendwo auf diesem Weg gibt es einen Funken, einen Urimpuls, die Kraft, die Idee, mit der du hierhergekommen bist. Du findest diesen Urimpuls wieder. Was war dein Traum, was war der Traum des Universums, als du hier in dieses Leben eingetreten bist? Verbinde dich mit diesem Urimpuls, spüre ihn, fühle, wie er in deinen Körper und deine Seele einzieht. Fühle, dass er mit allen deinen Ebenen verbunden ist.

Kehre um und bewege dich dann entlang des Zeitstrahls nach vorn: von links aus der Vergangenheit nach rechts. Von der Zeit im Mutterleib zu deiner Geburt, bis in deine Kindheit hinein. Du gehst alle Ereignisse deines Lebens noch einmal durch, alle großen Momente. Achte darauf, immer mit diesem Urimpuls verbunden zu bleiben. Du begleitest dich noch einmal auf diesem Weg und fühlst, dass diese Energie jeden Moment bei dir ist.

Betrachte die Ereignisse, wie sie sich verändern. Wenn du auf etwas triffst, was in deinem Leben nicht richtig verlaufen ist, kannst du jetzt die Geschichte noch einmal neu durchgehen, neu schreiben und einen neuen Weg wählen, bei dem du immer in deiner Kraft bleibst.

Aus deiner Kindheit geht es weiter in deine Pubertät, die Jugendzeit und dein Erwachsenwerden, zu deinen ersten Partnern, deiner Heirat und deinen eigenen Kindern.

Wenn du wieder im Hier und Jetzt ankommst, dann achte darauf, dass die Verbindung zum Urimpuls vollständig da ist, dass du ganz im Kontakt mit deiner Kraft stehst und dass sie frei fließen kann. Du verbindest diese Kraft mit diesem Augenblick in der Meditation mit deinem inneren Kind und leitest es auf dem Zeitstrahl weiter nach rechts in deine Zukunft. Du weißt jetzt, wie es sich anfühlt, wieder mit deiner Kraft verbunden zu sein. Du fühlst, dass du mit dieser Kraft verbunden bist, dass dein Traum aus Kindertagen noch immer stark genug ist, sich in deinem Leben zu verwirklichen, und dass er jetzt Wirklichkeit werden kann.

Du lässt diesen Urimpuls in die Zukunft und die Vergangenheit sich ausbreiten, sodass beide Seiten immer ausgeglichen sind und es nie eine Unterbrechung gibt, sondern nur einen Fluss der Liebe. Bring dann deine Aufmerksamkeit wieder in die Mitte, ins Hier und Jetzt. Stell dir vor, von dieser Linie bilden sich Wurzeln nach unten. Zwei Äste sind deine Eltern. Deine Liebe fließt zu ihnen. Von da aus teilt sich der Fluss tiefer auf zu deinen Großeltern. Auch dort fließt deine Liebe hin.

Mit allen Ahnen, die du berührst, kommt ihre Energie zurück, und nur die Liebe fließt zu dir. Egal, was in diesem Leben war, es ist Liebe, die euch verbindet.

Die Wurzeln werden größer und stärker und verfeinern sich zu deinen Urgroßeltern, mit den du auch in Liebe verbunden bist. Dieser Wurzelballen verästelt sich immer mehr in deine Ahnenreihe hinein. Gleichzeitig sortieren sich all die unausgesprochenen Sachen ein, die da noch sind, und lösen sich auf. Alles kehrt an seinen Platz zurück.

Je mehr Ordnung und Liebe hineinkommt, desto mehr Liebe fließt von deinen Ahnen aus dem Wurzelreich. Wie eine Welle kannst du spüren, wie deine Ahnen hinter dir stehen. Ihre Kraft, ihre Erfahrung, die Liebe und das Vertrauen von ihnen fließen zu dir, zu deinem inneren Kind. Du spürst, wie du ganz mit ihnen verbunden bist.

Im Bild des Baumes bist du der Stamm. Du siehst wie deine Erfahrung, deine Liebe und deine Verbindung mit den Wurzeln der Ahnen sich nach oben hin ausbreiten in die Äste der Zukunft. Du

siehst, wie du diese Kraft an deine Kinder weitergibst, an deine eigenen oder die angenommenen, an Menschen, die du berührt hast im Leben, vielleicht deine Enkelkinder, deine Urenkel und alle folgenden. Niemand bleibt ohne Spur auf diesem Planeten.
Du spürst, wie sich deine Kraft ausbreitet in die Krone des Baumes und für jeden verfügbar ist, der nach dir kommt. Jeder kann sich mit deiner Liebe und mit deinen Erfahrungen verbinden und dein Wissen in sein Leben lassen.
Fühle, wie du ganz im Fluss des Lebens stehst, wie die Kraft der Ahnen durch dich hindurchgeht und weitergereicht wird. Du kannst frei handeln, denn du bist ein Teil der Erde, verbunden mit dem inneren Kind und ganz im Hier und Jetzt. Bleibe dabei und fühle diese Kraft, spüre sie in deinem ganzen Körper. Fühle sie in deinem Herzen und genieße sie.
Du spürst das Kind, das bei dir ist, fühlst eure Verbindung von Herz zu Herz.
Nun ist es Zeit, sich zu verabschieden. Du kannst jedoch jederzeit zurückkehren und immer mit dem Kind kommunizieren. Das innere Kind kann dir zeigen, wenn es Bedürfnisse hat und Zuneigung von dir möchte. Du kannst mit ihm ein Zeichen vereinbaren, woran du erkennst, dass es mit dir reden möchte. Du nimmst dieses Zeichen mit in deine Welt.
Ihr umarmt und verabschiedet euch. Du verlässt nun den Garten, gehst auf deinem Weg, drehst dich noch einmal um und winkst zum Abschied.
Du wanderst durch die Landschaft, bis du wieder zu deinem Kristall kommst. Du freust dich, dass er da ist, und dankst ihm, dass er dir als Torwächter dient. Du trittst in ihn ein und spürst, wie die innere Landschaft zurückbleibt und du ganz im Hier und Jetzt ankommst.
Bedanke dich bei dem Kristall und verlasse ihn auf der anderen Seite. Du spürst deinen Körper, spürst diesen Raum und achtest darauf, dass du mit deinen Gliedmaßen verbunden bist. Nimm deine Erfahrung und deine Verbindung mit. Atme wieder etwas tiefer, beweg dich, streck dich, atme tief durch, öffne deine Augen. Du bist wieder da.

Das innere Kind leben

Sobald Sie einmal mit Ihrem inneren Kind in Kontakt getreten sind, gilt es, diese neue Verbindung auch zu fühlen und ins tägliche Leben zu tragen. Für Ihre seelische Gesundheit und die weitere spirituelle Entwicklung ist eine liebe- und gefühlvolle Verbindung mit dem inneren Kind sehr wichtig.

Vergangenheitsforschung

Viele Menschen können sich kaum noch an ihre Kindheit erinnern. Für sie ist es ein fernes Land, das sie ewig nicht mehr besucht haben und das wenig Bedeutung für das heutige Leben hat. Nach der Reise zu Ihrem inneren Kind wissen Sie, dass es sehr real ist. Schauen Sie auf Ihre Notizen vom Anfang des Kapitels. Was empfinden Sie dabei? Was möchte Ihnen Ihr inneres Kind mit diesen Bildern sagen? Füllen Sie diese Erinnerungsstücke mit Ihren Gefühlen auf. Die Einführung des Dreikörpermodells im vierten Kapitel zeigt Ihnen, auf welcher Ebene Sie noch etwas Neues erfahren können.

Als Nächstes können Sie Ihre Herkunftsfamilie befragen. Welche Erinnerungen haben Ihre Eltern und Geschwister an Sie? Was haben sie mit Ihnen erlebt? Was war aus ihrer Sicht bemerkenswert? Vervollständigen Sie auch dieses Bild mit Ihrer Sicht. Erinnern Sie sich, wie es Ihnen gegangen ist und was Sie damals gefühlt haben. Geben Sie sich Zeit, diese Erkenntnisse in Ihr Leben zu integrieren.

Als Erwachsener erleben Sie vielleicht manchmal, dass die Erziehungsmethoden in Ihrer Nachbarschaft seltsam sind. Und doch gebieten es die Regeln des Anstandes und die Achtung des Raumes von anderen, nicht einzugreifen. Wir müssen zuschauen, wie Familiensysteme ihre eigene Dynamik haben. Das Gleiche gab es vielleicht in Ihrer Kindheit. Wer könnte einen Blick von außen gehabt haben? Gab es Mitbewohner im Haus? Haben Sie noch Kontakt zu Ihnen? Wenn Sie sie befragen können, helfen sie Ihnen vielleicht, weitere Gefühle von sich zu entdecken.

Früher waren Fotos etwas Besonderes. Heute kann dank der Digitaltechnik jeder Augenblick des Lebens gefilmt werden. Jedes Foto bietet einen Zugang, durch den Sie spüren können, was in dem Moment der Fotoaufnahme gedacht und gefühlt wurde und welche Stimmung im Raum lag. Lassen Sie sich einfach auf die offene Betrachtung der Bilder Ihrer Kindheit ein. Entdecken Sie sich neu.

Was sehen Sie mit der Lebenserfahrung von heute auf den Fotos? Sehen Sie glücklich aus? Welchen Gesichtsausdruck haben die anderen auf dem Foto? Zu welcher Zeit wurde das Bild aufgenommen? Wie scheint die Stimmung im Raum gerade zu sein? Sie können sich jede Frage stellen und immer wieder neue Antworten bekommen. Verstehen Sie Ihre Eindrücke nicht als die ganze Wahrheit, aber betrachten Sie die Antworten als wichtige Hinweise, die sich auf anderem Weg nachvollziehen lassen.

Während Sie sich einerseits besser kennenlernen, zeigen Sie andererseits dem inneren Kind, dass es wichtig für Sie ist. Entgegen der Erfahrung, die Sie als Kind gemacht haben, gibt es jetzt mindestens einen Erwachsenen, dem Sie am Herzen liegen – und das sind Sie selbst.

Signale vereinbaren

Sie haben den Kontakt zu Ihrem inneren Kind hergestellt und beginnen, mit ihm zu kommunizieren. Dennoch kann es passieren, dass Sie wieder in Ihren alten Trott zurückfallen und vergessen, auf Ihre Gefühle zu achten. Um das zu verhindern, gibt es ein praktisches Hilfsmittel.

Vereinbaren Sie ein einfaches Signal. Nehmen Sie beispielsweise ein Kinderfoto von sich, das Ihnen gefällt, oder holen Sie Ihr Lieblingsspielzeug hervor. Platzieren Sie es in Ihrem Umfeld, wo Sie es immer sehen können: an Ihrem Schreibtisch, im Wohnzimmer oder wo auch immer Sie wollen. Verabreden Sie mit Ihrem inneren Kind, dass es immer die Möglichkeit hat, Ihre Blicke auf dieses Signal zu lenken. Achten Sie darauf, was in Ihrem Tagesablauf geschieht.

Wenn Sie tagsüber Ihr Kinderfoto sehen, dann halten Sie einen Moment inne. Fragen Sie sich, ob es etwas gibt, was Ihnen das innere Kind sagen möchte. Gibt es ein Gefühl, das wahrgenommen werden will? Falls sich ein größeres Thema meldet, das aber gerade gar nicht in den Tag passt, vereinbaren Sie, später wieder mit dem Kind in Kontakt zu treten. Notieren Sie sich das Thema, damit Sie es nicht vergessen. Und nehmen Sie unbedingt den Kontakt zu Kind und Thema wieder auf. Sonst bestätigen Sie das Bild des Erwachsenen, der Kinder nicht ernst nimmt.

Mit dieser Übung werden Sie schnell entdecken, welche Bedeutung das innere Kind in Ihrem Leben hat. Wenn Sie regelmäßig mit ihm in Kontakt treten, entsteht eine Vertrautheit, die Ihnen viel inneren Frieden und neue Erkenntnisse bringt.

Aus dem Leben

Mobbing in der Jugendzeit

Jörg begann sich mit spirituellen Themen und den Fragen seines Lebens zu beschäftigen. Als er nach seiner Kindheit gefragt wurde, stellte er fest, dass er gar nicht mehr so viel aus dieser Zeit wusste. Er fing an, sich für das innere Kind zu interessieren. Gleichzeitig lernte er, wahrhaftiger zu sich zu sein und zu seiner Spiritualität zu stehen.

Nun stieß er in seiner Erinnerung doch auf eine schmerzhafte Zeit, in der er in der Schule von allen gehänselt und gemobbt wurde. Niemand schien ihn zu verstehen.

Allerdings kam er auch nicht weiter mit der Suche nach einem Grund für die Misshandlungen. Erst nachdem er scheinbar alle Facetten dieser Zeit durchdrungen und gefühlt hatte, gelang es ihm, noch weiter in die Vergangenheit zurückzugehen. Dabei erkannte er ein früheres Ereignis, bei dem er sich entschieden hatte, seine spirituelle Seite abzuschalten und vor sich zu verstecken. Er verband sich wieder mit diesem Funken und brachte ihn nach vorn auf der Zeitachse. Dabei stieß er unerwartet noch einmal auf die Zeit des Mobbings in der Schule. Als er die Szene in seiner inneren Welt mit seiner neu gefundenen spirituellen Kraft betrat, zogen sich alle Angreifer zurück und dankten ihm, weil er jetzt mit ganzer Kraft da war. Seine Mitschüler waren selber auf der Suche nach Wahrhaftigkeit, da sie sie in ihrem Umfeld nicht finden konnten. Aber sie spürten, dass Jörg anders war. Er schien etwas zu besitzen, das er aber nicht zeigte.

Jetzt, da er den versteckten Teil mit einbrachte, verstand er einen »Sinn« des Mobbings aus der Schulzeit. Seine Mitschüler wollten ihn wachrütteln und zeigen, dass er nicht wahrhaftig war. Im Nachgang gelang es ihm aber, die Puzzlesteine neu zu ordnen und mit größerer Kraft weiterzugehen.

Der Sinn zeigt sich erst später

In der spirituellen Literatur findet sich oft der Hinweis, dass jede Erfahrung im Leben einen Sinn habe und dass diejenigen, die uns am meisten wehgetan haben, unsere größten Lehrmeister seien. Der kontrollierende Verstand übernimmt die Idee gern und macht sich auf die Suche nach Mustern und Gründen für eine Verletzung. Nach meiner Erfahrung zeigt sich Sinn jedoch erst, wenn alles gefühlt wurde und das Bild komplett ist. Erst verstehen zu wollen, warum etwas geschehen ist – dies ist oft nur eine Abkürzung des Verstandes, zu der er uns drängt, um den Schmerz nicht fühlen zu müssen.

Auf dem Weg der Heilung geht es nicht darum, den Sinn zu verstehen, sondern alle Körper wieder zusammenzubringen. Verletzungen wollen beachtet und gefühlt werden, damit sie heilen können. Dazu ist es notwendig, zeitlich zurückzugehen und zu spüren, was Sie damals empfunden haben. Sobald Sie alles gefühlt haben, schließt sich die Wunde von alleine. In jeder endgültig durchlebten Erfahrung liegt ein Schatz für Ihr Bewusstsein verborgen. Sobald Sie alle Bausteine gesammelt haben, ergibt sich ein größeres Gesamtbild und damit der Sinn des Erlebten. Aber dieser Sinn entfaltet sich im Nachhinein von selbst und erschließt sich nicht durch Nachdenken.

Alte Träume suchen

Wovon haben Sie als Kind geträumt? Was wollten Sie werden? Wichtig ist auch die Frage, wo Ihre kreativen Seiten waren. Was haben Sie gespielt? Waren Sie gern in der Natur? In welchen Situationen haben Sie sich selbst am ehesten als Kind gespürt?

An der Natur können Sie sehen, wie sie sich ständig selbst verschwendet. Sie schießt über vor Lebendigkeit. In der menschlichen Geschichte sind meist jene Individuen am einfallsreichsten, die mit dieser Kraft des Lebendigen in Kontakt stehen. Es sind oft die Träumer, die Kreativen und die Clowns, die die eingefahrenen Strukturen der Gesellschaft hinterfragen und einen Traum von einer besseren Welt haben. Wer seinen Traum zum Leben erweckt, schenkt dem Leben die Chance, sich zu entfalten.

Auch wenn es mitunter seltsam erscheint, an welchen Stellen die Natur überall für Leben sorgt, geschieht doch nichts ohne Sinn. Vielleicht ist es die Aufgabe der Pflanze, die sich durch den Asphalt gewühlt hat, gerade Sie zu erfreuen, der sie gesehen hat. Sie wird wohl keine Chance haben, zu überleben und ein großer Baum zu werden, aber mindestens einen Menschen hat sie berührt.

Wenn Sie sich auf die Kraft Ihrer Träume besinnen, schließen Sie sich wieder an den Strom des Lebens an. Während Sie diesem Traum folgen, entsteht eine eigene Kraft, die Ihnen hilft, den Traum wahr werden zu lassen. Von allen Seiten ist Unterstützung da, auch von dort, wo Sie sie nicht vermuten.

Was immer Ihr kreativer Weg ist, es gibt etwas, womit Sie die Welt beglücken möchte. Fangen Sie einfach an! Lernen Sie das Musikinstrument, das Sie schon immer spielen wollten. Holen Sie Pinsel und Farben hervor und beginnen Sie zu malen. Setzen Sie die Idee um, ein kleines Café der Kreativen zu eröffnen. Erlauben Sie sich, zu träumen!

Es kann sein, dass mancher Traum, den Sie als Kind geträumt haben, nicht mehr umzusetzen ist. Wahrscheinlich haben Sie seitdem viel dazugelernt. Heute können Sie das innere Kind und Ihre jetzige Erfahrung zusammenbringen und Ihre Träume spielerisch und leicht in die Welt hineinzaubern.

»Kinder erkennen sich am Gang ...«

... so lautet der Titel eines wunderschönen Liedes von *Klaus Hoffmann*. Es beschreibt exakt, worum es geht. Sie können die Bedeutung des inneren Kindes in jedem von uns in vielen Geschichten wiederfinden.

Denken Sie an *Momo* in Michael Endes gleichnamigem Märchenroman, die als Einzige in der Lage ist, die Zeitdiebe zu besiegen – oder an *Robin Williams* als Finanzhai im Film »Hook«, der wieder lernt, Kind zu werden, um seine eigenen Kinder zu retten. Das innere Kind zu leben, heißt nicht, kindisch zu werden. Das innere Kind zu leben, bedeutet: lebendig zu sein und mit dem Herzen dabei zu sein.

Wenn Sie Ihr eigenes Kind entdecken und wieder mit Freude ins Leben schauen, werden Sie sehen, dass sehr viele Kinder lebendig sind. Und das macht Hoffnung auf die Träume für eine neue, bessere Welt.

10 Reise zu den Ahnen

Jeder Mensch ist Teil einer langen Kette des Lebens. Wir kommen aus der Vergangenheit unserer Vorfahren und reisen weiter in die Zukunft unserer Kinder. Im Moment unserer Geburt ist klar, dass es auch den Tag unseres Todes geben wird.

Mit Ihrer Geburt haben Sie symbolisch Ihre Eltern auf der Kette Ihrer Familie eine Stufe höher gehoben: Früher selbst Kinder ihrer Eltern, gehen sie jetzt in die Elternstufe ein und wachsen an dieser Rolle. Die Eltern unserer Eltern rücken damit in den Kreis der Großeltern auf. Das Leben ist ein ständiger Fluss, der sich mal schneller und mal langsamer, aber doch immer vorwärts bewegt. Jeder in dieser Kette spielt eine Rolle und gibt seine Erfahrungen an die Nachkommen weiter.

Dieser Lauf lässt sich mit einer Welle vergleichen. Wenn auf der Wasseroberfläche ein Ball liegt und eine Welle angespült kommt, bewegt sich der Ball kaum von der Stelle und bleibt, wo er ist. Er bewegt sich mit der Welle nach oben und sinkt mit der Wasseroberfläche nach unten, während die Welle vorüberzieht. Wenn wir uns selbst als Teil einer Ahnenkette sehen, wandert die

Welle des Lebens durch alle Glieder hindurch: Der eine erhebt sich gerade, während der andere auf dem Kamm der Welle in der Blüte des Lebens steht. Unsere Vorfahren dagegen ruhen sich auf der Rückseite der Welle aus und gehen in das große Feld der Geschichte der Menschheit ein.

Wie innen, so außen

Irgendwann haben Sie begonnen, als erste Eizelle innerhalb des Mutterleibs zu existieren. Von dieser kleinen Kugel aus schob die Zellteilung Sie vorwärts und bildete allmählich Ihren Körper. Dabei folgten die Zellen einer einfachen Regel, nach der sie sich immer wieder verdoppeln. Aus einer Zelle wurden zwei, aus zweien vier usw.

Wie die Zellteilung in Ihnen aufgebaut ist, ist auch Ihre Ahnenreihe außerhalb von Ihnen gestaltet. Sie haben zwei Eltern, aus deren Begegnung Sie entstanden sind, die von vier Großeltern und acht Urgroßeltern abstammen. Mit jeder Generation findet eine Verdoppelung statt. Daraus ergibt sich der bekannte Stammbaum, auf dem wir in der Ahnenforschung die Namen unserer Verwandten sammeln und zusammentragen.

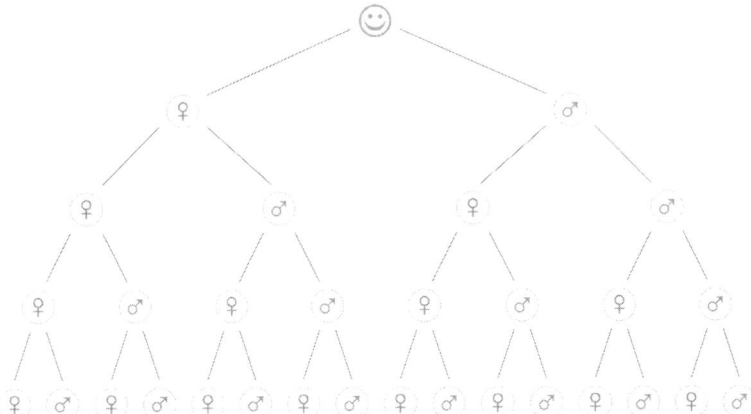

Beim Blick auf den Stammbaum ist offensichtlich, wer zu welcher Generationen-Ebene gehört. Doch auf biologischer Ebene ist die Trennung zwischen den einzelnen Generationen nicht so einfach. Wird ein Mädchen geboren, trägt es bereits alle Zellen in sich, die später einmal die einzelnen Eizellen seines Lebens werden. Innerhalb der ersten vier Wochen des neuen Lebens hat dieses Mädchen eine minimale Regelblutung, die dann bis zum Beginn der Pubertät ruht, wenn das Mädchen zur Frau reift. Ist sie ausgewachsen, wird mit jedem Zyklus eine der Zellen freigegeben, die schon bei ihrer Geburt dabei waren. Die Eizelle, die einmal befruchtet und ihr erstes Kind wird, hat also bereits ihr ganzes Leben bis zu diesem Moment miterlebt und dabei viele Erfahrungen in sich gespeichert.

Doch die Rückbindung in der Ahnenreihe reicht noch weiter zurück.

Die Zelle, aus der Sie entstanden sind, hatte sich also bereits gebildet, bevor Ihre Mutter geboren wurde. Es gibt damit mindestens eine Zelle in Ihnen, die bereits im Körper Ihrer Mutter während der Zeit im Bauch Ihrer Großmutter gebildet wurde. Sie hat sich vereinigt mit dem Spermium Ihres Vaters, das aber relativ jung ist, weil Spermien immer wieder neu gebildet werden. Da jede weitere Zelle von der ersten abstammt, haben sie alle die Informationen von Mutter und Großmutter erhalten. Dadurch tragen Sie ein Stück weit die Erinnerung an Ihre Großmutter in sich, unabhängig davon, wie weit Ihre Großeltern von Ihnen entfernt sind. Mindestens auf der weiblichen Linie hat ein Teil von Ihnen einen sehr direkten Kontakt mit ihr gehabt.

Es gibt in der Zelle zwei Plätze, an denen sich DNA befindet: zum einen im Zellkern, zum anderen in den Mitochondrien. Diese Mitochondrien-DNA hat die Besonderheit, dass sie nur auf der weiblichen Linie weitergegeben wird. Ein Spermium dagegen enthält nur die Informationen des Zellkerns. Damit gibt es eine direkte weibliche Linie in jeder Familie. Die sogenannte Matrilinearität ist einer der Gründe, dass ca. 13 Prozent der indigenen Völker auf der weiblichen Linie aufbauen, zum Beispiel das Judentum. Die männliche Kraft ist immer der Impulsgeber, während die weibliche Seite die Basis bildet. Sie ist sozusagen die Matrix, auf der das Leben stattfindet. Auch deswegen haben die Wörter *Mutter, Matrix* und *Materie* die gleiche Wurzel. Die erste Zelle ist ein Abbild des gesamten Kosmos, aber auch des fertigen Menschen. Wenn sie sich teilt und ihre Informationen an viele weitere Zellen weiterträgt, formt sich ein großes Bild, das immer noch in Verbindung mit den Ahnen steht.

Im Fluss der Generationen

In indigenen Traditionen wird von sieben Generationen gesprochen, die hinter uns stehen. Gleichzeitig haben unser Leben und unsere Entscheidungen Auswirkungen auf die nächsten sieben Generationen. In der westlichen Tradition heißt es dagegen in der Bibel, dass Gott ein eifernder Gott ist, der Missetaten bis ins dritte oder vierte Glied weiterverfolgt. Obwohl Ihre Handlungen Auswirkungen auf die nächsten sieben Generationen haben, so hat dennoch jedes Ihrer Kinder, Enkelkinder etc. die Möglichkeit, frei zu entscheiden, wie es mit den Impulsen der Ahnen umgeht. Über die Astrologie hat *Johannes Kepler* gesagt: »Die Sterne zwingen nicht, sie machen nur geneigt.« Ähnlich ist es hier. Allerdings müssen wir uns dazu unserer Ahnen bewusst werden, um ihren Einfluss und ihre Kräfte erkennen zu können.

Wie eine Zelle den gesamten Organismus widerspiegelt, sind Sie wiederum die kleinste Einheit, die die nächstgrößere Struktur, die Familie, abbildet. Eine Familie ist gleichzeitig Teil eines größeren Organismus, zum Beispiel eines Dorfes, einer Stadt oder eines ganzen Volkes. Teilweise hat sich dieses Muster heute in einer Vereinzelung aufgelöst. Damit sind Strukturen verloren gegangen, die Halt in Lebenskrisen und Wandlungsphasen gegeben haben.

Mit den eigenen Ahnen verbunden zu sein, verleiht eine Kraft, die sich in allen Bereichen des Lebens bemerkbar macht. Stellen Sie sich zwei Menschen vor, die durch die unterschiedlichsten Phasen des Lebens gehen. Der eine hat keine Eltern, erinnert sich nicht mehr an seine Verwandtschaft und lebt ganz für sich allein. Der andere sieht sich als Teil einer Linie seines Geschlechtes, das sich bis ins 12. Jahrhundert zurückverfolgen lässt. Er lebt eine Familientradition und wird von ihr auch getragen. In diesem einfachen Beispiel hat ganz offensichtlich derjenige mehr Kraft für seinen Weg, der in Verbindung mit seinen Ahnen steht. Sie geben ihm in jeder Situation seines Lebens Energie.

> **Familienkräfte**
> Michael Petersen ist Techniker mit Leib und Seele. Er hat sich mit Flugzeugen aller Art beschäftigt und war auch in dieser Branche tätig. Irgendwann jedoch kam er in eine Sinnkrise. Michael wusste nicht mehr, was ihn eigentlich antrieb und was sein Platz im Leben war.
> Mehr als Hobby und zur Ablenkung begann er eines Tages, seine Unterlagen zu sortieren, die er geerbt hatte über die väterliche Linie. Zu seinem Vater hatte er nur losen Kontakt gehabt, die Großväter nie gekannt. Als er für sich einen Stammbaum erstellte und alle Daten eintrug, fand er ein Muster, das ihn doch nachdenklich stimmte: Sein Vater war nicht direkt im Flugzeugbau tätig gewesen, aber in einem Betrieb, der Teile dafür lieferte. Ein Großvater hatte Flugzeugmotoren konstruiert. Dieser Großvater wiederum stammte aus einer alten Mühlenfamilie, die recht früh begonnen hatten, ihre Mühlen auf Dampfmaschinen umzustellen.
> Michaels technisches Interesse stammte also aus einer Familientradition. Obwohl dies sicher nur ein Baustein von vielen war, fand er wieder neuen Mut für seinen Beruf und sah ihn fortan sogar als so etwas wie Berufung an. Sein innerer Wandel entging auch seinen Mitarbeitern nicht. Wenn sie ihn fragten, scherzte er: »Familie Petersen, seit 200 Jahren im Dienste der Technik.«

Ursprünglich wurde der Jahreslauf von Festen begleitet, die das Jahr strukturierten und die Menschen feiern ließen. Zum Beispiel ist der Herbst auch eine Zeit der Einkehr – sowohl in der Natur (außen) als auch in uns (innen) –, wo wir mehr Zeit haben, in uns hineinzuschauen. Die Zeit der Dunkelheit wurde immer genutzt, wieder Kontakt zu den Ahnen zu pflegen und sie zu ehren.

Auf der Suche nach Ihrer Kraft und Ihrer Lebensaufgabe werden Sie viele Antworten bei Ihren Ahnen entdecken. So mancher bestimmende Wesenszug findet sich in mehreren Generationen wieder. Falls Sie zum Beispiel eine künstlerische Ader haben, können Sie schauen, aus welcher Linie dieser Impuls zu Ihnen gekommen ist. Sollten Sie dagegen feststellen, dass Sie etwas ganz Neues machen möchten, was noch niemand in Ihrer Familie probiert hat, ist es am Anfang schwieriger, die Kraft dafür zu entwickeln. Es lohnt sich für Sie, sich mit Ihrer Herkunft zu beschäftigen und nachzuforschen, aus welchen Landstrichen Ihre Ahnen gekommen sind, welchen Berufen sie nachgegangen sind. Betrachten und spüren Sie, was Sie davon in Ihr Leben einbinden können.

Die Ahnen und der Körper

Jeder Körper hat eine linke und eine rechte Seite. Die meisten Therapeuten sind sich darüber einig, dass die linke Seite weibliche, die rechte männliche Qualität hat. Obgleich »männlich« nicht mit Mannsein und »weiblich« nicht mit Frausein verwechselt werden darf, ist dies ein guter Anhaltspunkt für die Anordnung der Ahnenlinien.

Wenn Sie sich also die Kraft Ihrer Ahnen heranholen, ist es wichtig, sie auch auf die richtige Seite zu stellen, da manche Ahnen ihren Platz erst noch im Stammbaum finden müssen. In dem Bild der Kette, in der jedes Glied für eine Generation steht, kann das Leben nicht frei hindurchschwingen, solange ein Glied versucht, sich neben ein anderes Glied zu stellen. Liegt zum Beispiel die Mutter des Mannes symbolisch neben der Ehefrau im Bett? Oder kleiden sich auf der anderen Seite Mutter und Tochter zum Verwechseln ähnlich und telefonieren täglich? Dann ist im ersten Fall die Ablösung von der Mutterebene noch nicht erfolgt, und im zweiten Fall hat die Mutter noch nicht die Position der Großmutter (ja noch nicht einmal jene der Mutter) eingenommen.

In Bezug auf den Körper sollte also hinter unserer linken Körperseite die weibliche Linie und hinter unserer rechten die männlichen Ahnen stehen. Beide Seiten schauen nach vorn und begleiten uns mit ihrer Kraft auf unserem Weg.

Im schamanischen Umfeld ist es üblich, die Vorfahren zu ehren und die eigenen Handlungen an ihnen auszurichten. Zum Beispiel verneigt sich vor ihnen jeder, der eine Schwitzhütte betritt.

Dabei spricht er leise vor sich hin und weiß, dass er auch stellvertretend für seine Verwandten in diese Hütte geht. Während der Zeremonie gibt es je nach Tradition einzelne Runden, in denen die Verwandten hinzugerufen werden. Manchmal wird nach der vierten – eigentlich letzten – Runde eine fünfte aufgelegt, in der niemand mehr in der Schwitzhütte weilt: Sie ist dann den Ahnen vorbehalten, damit sie noch einmal bei uns zu sein können.

Atomkraft, Krieg und fehlende Wurzeln

Leider gehören Kriege schon seit Langem zur Geschichte der Menschheit. Erst in den letzten Jahren werden uns die Auswirkungen der beiden Weltkriege auf die Familiensysteme stärker bewusst. Die Generation der Kriegsteilnehmer hat oft ihre Emotionen komplett verdrängt, um überleben zu können. Das betrifft auch die Menschen, die in dieser Zeit geboren wurden oder in relativ emotionaler Kälte nach dem Krieg aufwuchsen. Erst als die Kriegs- und Nachkriegskinder ihre eigenen Erfahrungen im Leben machten und vielfach scheiterten, begannen sie zurückzuschauen, um die Familiengeschichte besser zu verstehen. Mittlerweile war so viel Zeit ins Land gegangen, dass die Großelterngeneration erstmals beginnen konnte, über ihre eigenen Erlebnisse zu sprechen. Die Betroffenen werden heute vielfach als *Kriegskinder* und *Kriegsenkel* bezeichnet. Dabei haben sich immer wieder die gleichen Verwerfungen und Traumen gezeigt. Allerdings konnte diese Ähnlichkeit erst gesehen werden, nachdem eine Generation zu forschen und darüber zu reden begann.

Auf Mitteleuropa bezogen, ist zwar schon viel in Bewegung gekommen, aber die Wunden des Kriegs sind noch immer nicht geheilt. Gemessen an einer Generationslänge von 25 Jahren und mehr, sind wir ein Dreivierteljahrhundert nach dem Zweiten Weltkrieg erst in der dritten Generation angekommen.

Mit Blick auf solche Familiensysteme ist es traurig zu sehen, dass heute noch Kriege geführt werden, auch mit deutscher Beteiligung und logistischer Unterstützung. Dies hat erneut Auswirkungen auf die nächsten 150 Jahre. Während ein Teil der Menschheit am Krieg verdient, wandern die Spannungen in dem anderen Teil in die Familien ein und zerstören sie von innen.

Die Weltgeschichte müsste noch einmal komplett neu geschrieben werden, wenn die Sicht familiärer Bindungen dabei berücksichtigt würde. So sind die Vereinigten Staaten von Amerika aus Familien entstanden, die ihre Wurzeln in der ganzen Welt haben. Als suchten sie ihre Ahnen, überfallen ihre Nachfahren heute beinahe jedes Land der Erde.

Ein späteres Beispiel, das vielleicht gar nicht zufällig ist, bietet die Atomtechnologie, die in der Zeit des großen Bruches durch den Zweiten Weltkrieg entwickelt wurde. Es gibt heute keinen Ort, der keine künstliche Radioaktivität abbekommen hat. Wir haben Abfallstoffe, die bis zu 100.000 Jahre tödlich strahlen. In Generationen gerechnet: Für die Gesundheit der nächsten 4000 Generationen könnte schon deshalb niemand eine Verantwortung übernehmen.

Die Zerstörung der Umwelt heute ist nur möglich, weil wir keine Bindung an unsere Ahnen und kein Bewusstsein für die Auswirkungen unseres Handelns auf die künftigen Generationen haben. In festen Stammessystemen wurde immer darauf geachtet, dass die Ressourcen der Natur für die nächsten Generationen erhalten blieben. Ein Mensch, der sich des Tuns seiner Vorfahren bewusst ist und in der Verantwortung für die nächsten sieben Generationen lebt, unternimmt nichts, was diesen schadet.

In Wahrheit ist es Liebe

Neben dem genetischen Pfad tragen wir in unserem Bewusstsein und in unserem Energiefeld alle Ahnen wie ein kleines Abbild des Familiensystems mit uns. Dieses Bild wirkt einerseits auf uns ein, andererseits auch nach außen auf die Ahnen. Solange diese Verbindungen in uns nicht wirklich bearbeitet wurden, wirken sie unterschwellig weiter.

Darin liegt auch ein weiteres Geheimnis, das Ihnen hilft, zu sich zu finden. Sie können in sich alle Konstellationen betrachten und verändern. Sobald Sie sich mit Ihren Ahnen beschäftigen, bringen Sie Energien in sich in Bewegung. In allen Familiensystemen trägt jedes Mitglied deren Gruppenenergie mit. Es beeinflusst die Gruppenenergie genauso, wie es die anderen Familienmitglieder beeinflusst. Indem Sie durch innere Arbeit allein oder mithilfe eines Therapeuten Ihre Einstellung zu einer Familienkonstellation verändern, verschiebt sich auch die Gruppenenergie im Familiengefüge. So ziehen Veränderungen in Ihnen zugleich einen Wandel außerhalb von Ihnen nach sich. Sie werden bemerken, dass Ihre Verwandten Ihnen anders begegnen, obwohl Sie mit niemandem etwas besprochen haben.

An die Ahnenarbeit sollten Sie niemals mit der Motivation herangehen, sich selbst zu ändern, damit der Angehörige, der Sie besonders nervt, sich endlich ebenfalls ändert. Wenn Sie bei allem, was Sie tun, immer bei sich bleiben und Ihren Anteil betrachten, lassen Sie allen anderen Beteiligten die Freiheit, ihre Position selbst zu finden. Während Sie also im Familiensystem arbeiten, verändern Sie nur Ihre eigene Einstellung zu einem Thema und wirken doch auf die Energie im Gesamtsystem ein.

Stellen Sie sich die Familie wie das Tragwerk einer Brücke vor. Wird dieses Tragwerk von einem Familiengeheimnis bestimmt, dann stehen alle beteiligten Streben unter einer Spannung. Sobald Sie Ihre Position ändern und zum Beispiel nicht mehr bereit sind, das Verborgene weiterhin zu verschweigen, müssen alle anderen Streben – das heißt die Familienmitglieder – plötzlich auch noch Ihre Last tragen. Damit ist jeder Einzelne gezwungen, sich mit seiner Position neu zu beschäftigen. Entweder er freut sich, mehr Verantwortung für die anderen tragen zu dürfen, und lädt sich noch mehr Last auf, oder er beginnt, auch einmal bei sich zu schauen, in welchem System er steckt. Dann kann er selbstständig lernen, wie das Familiensystem aufgebaut ist, und etwas zum Abbau der Spannungen aus seiner Sicht beitragen. Dadurch entwickelt sich ein Familienkonstrukt von innen heraus *weiter*, als wenn Sie versuchen, andere Streben des Tragwerks in Ihre Sichtweise mitzureißen.

Das bewusste Dreikörpermodell

Im Abschnitt »Das Mehrkörpermodell« (siehe Kapitel 4) habe ich dargelegt, dass Sie drei Körper besitzen. Egal, was Sie tun – achten Sie immer darauf, mit allen Körpern dabei zu sein. Nur darüber nachzudenken, beeinflusst den Emotionalkörper nicht. Nur in den Emotionen festzustecken, führt nicht zu einem tieferen Verständnis der Situation. Erst wenn Sie auf allen Ebenen fühlen und sehen, kann das Familiensystem, das Sie in sich tragen, die beste Lösung finden.

Es gibt nur Bewusstsein und Liebe. Viele der menschlichen Emotionen sind *nur* Verschiebungen im Energiefluss der Liebe, die wir als Gefühle interpretieren. Diese Energien suchen immer nach Ausgleich. Wenn Sie also auf sich und den freien Fluss in Ihnen achten, können Ihre Gefühle einen Ausgleich finden. Dabei gibt es eine Abfolge der Gefühle, mit denen wir eine Situation empfinden. Je nach Stärke der Verschiebung verdrängen wir etwas. Gerät es ein bisschen in Bewegung, grämen wir uns wegen der Situation und unserer Beteiligung daran. In der nächsten Stufe kommt die Wut hinzu. Alle diese Ebenen sind immer nur Durchgangsstadien. Wenn Sie sich weiter mit der Situation beschäftigen, fließt immer mehr Entspannung hinein. Falls Sie dagegen vorher an einem Punkt stehen blieben, geben Sie vielleicht einem anderen Familienmitglied die Schuld. Am Ende erreichen Sie einen Zustand, in dem Sie aus sich heraus Liebe empfinden und im Frieden mit allen sind. Am Ende ist alles gut. Solange nicht alles gut ist, ist es noch nicht das Ende.

Ahnenarbeit mit Vater Himmel, Mutter Erde und dem Einheitsatem

Im achten Kapitel habe ich Ihnen den *Einheitsatem* vorgestellt. Diese Meditation können Sie auf alle Bereiche Ihres Lebens anwenden. Indem Sie die universellen Prinzipien von männlicher und weiblicher Qualität einbringen, lösen sich verkrustete Strukturen sehr schnell. Fehlende Informationsbausteine können aus dem universellen Feld nachgefüllt werden. Es ist immer wieder erstaunlich und berührend, wie diese Energiequalität eine Situation verändern kann.

Stellen Sie sich vor, Sie reisen mit Ihrem Bewusstsein durch alle sieben Generationen vor Ihnen. Alle diese Ebenen leben noch in Ihnen und können angeschaut werden. Beginnend auf der tiefsten Ebene, können Sie sehen, wie Vater Himmel den männlichen Ahnen und Mutter Erde den weiblichen Ahnen ihre Kraft auf den Lebensweg mitgegeben haben. In jedem idealen Familiensystem haben alle Mitglieder diese Kraft gespürt, getragen und bedingungslos weitergegeben. Angereichert mit den persönlichen Erfahrungen des Lebens, sollte diese Kraft dann bis zu Ihnen frei fließen können, sodass Sie die Kraft der Ahnen hinter sich wissen und spüren können. Gab es irgendwo in der Vergangenheit ein Trauma oder ein Familiengeheimnis, bleibt ein Teil der Energie stecken oder wird ganz blockiert. Die wenigsten von uns kennen ihren kompletten Stammbaum über alle sieben Generationen. Oft ist das auch gar nicht möglich, denn mathematisch gesehen müssten Sie sich dabei mit mehr als 250 Knotenpunkten beschäftigen.

Eine einfachere Möglichkeit ist es, alle Männer einer Generation zu *einem* Mann zusammenzufassen und alle Frauen zu *einer* Frau. Das gibt Ihnen ein Werkzeug an die Hand, mit der personifizierten Energie einer Ebene zu reden, um zu erfahren, was dort noch ungelebt ist. Alle, die weiter zurückliegen als die dritte oder vierte Generation, weilen nicht mehr auf der Erde, das heißt, sie sind biologisch wieder zurückgegangen an ihren Platz in der Kette der Ahnen. Doch auch wenn sie längst gestorben sind, wirken ihre Energien weiter.

Stoßen Sie auf einen Urahn, der etwas Ungesagtes mit sich trägt, oder auf einen verschwiegenen Erzeuger, über den keiner gesprochen hat, bleibt dies doch als ungesagtes Familiengeheimnis erhalten. Es will angesehen und gefühlt werden. Sie können nicht mehr in der Zeit zurückkreisen und Tote lebendig machen, aber Sie können auf das Wissen zurückgreifen, das ihre Leben in der Zeit zurückgelassen haben.

Falls Sie auf einen solchen Fall stoßen, laden Sie alle noch einmal ein, die an dem Geheimnis beteiligt waren. Da gibt es den, der das Ganze gedeckt hat, den, der betrogen wurde usw. Schon die Aufmerksamkeit dahin zu lenken, verändert eine solche Geschichte. Wenn Sie alle Beteiligten einladen, stehen alle Energien da, die unausgeglichen sind. Sobald diese Kräfte zusammenkommen, können sich deren Energien ebenfalls ausgleichen. In Ihrer Vorstellung können Sie sehen, spüren oder fühlen, wie alle miteinander reden. Lauschen Sie und hören Sie ihnen zu. Am Ende findet sich immer ein Ausgleich. Achten Sie bei dieser Fantasiereise auf Ihr Herz, das Sie begleitet und von Ihnen immer gefühlt wird. Geraten Sie in eine Situation, die nicht geklärt werden kann, bringen Sie die beiden Urprinzipien wieder mit ein: Vater Himmel weiß alles von allen Männern, und Mutter Erde weiß alles von allen Vätern. Vor allem aber sind sie vertraut mit allen menschlichen Untiefen und der reinen vergebenden Liebe für unser Handeln. Ihre Perspektive löst solche Familiengeschichten sehr schnell auf und gibt wieder ein Stück Energiefluss in Ihnen frei, der Ihnen für den weiteren Weg zur Verfügung steht.

Aus dem Leben

Neue Einsicht dank Vater Himmel und Mutter Erde
In einer Meditation war Ines auf eine alte Geschichte aus der vierten Generation gestoßen. Sie hatte sich auf die Suche nach ihrer weiblichen Kraft gemacht, weil sie manchmal das Gefühl hatte, dass ihr ein Stück davon fehlte. Die weibliche Energie konnte von der siebten Generation an weitergegeben werden bis zu diesem Punkt. In der fünften Generation lief alles noch gut, doch in der Bildersprache erzählte die Ururgroßmutter davon, dass sie keine Lust verspürte, zu ihrer Weiblichkeit zu stehen – in einer Welt, in der sie nur Krieg und Kampf sah. Die männliche Kraft in Form eines Mannes stand zwar bereit, konnte aber in dem Moment nicht weiterhelfen.
Als Ines sich erinnerte, dass es manchmal hilft, die göttlichen Aspekte Vater Himmel und Mutter Erde einzubringen, bat sie Mutter Erde herzu, die die Meditation begleitete. In der inneren Sicht umfing die nährende Kraft der Erde die zögernde Frau aus alter Zeit. Sie versuchte ihr Herz zu erreichen, was ihr erst nicht gelang. Dann nahm sie sie mit auf einen symbolischen Flug, um ihr zu zeigen, wo sich das Leben überall trotz widrigster Umstände zeigt. Sie sah, dass es in der Geschichte immer wieder weiterging – dass Frauen trotz allem aus Liebe zum Leben Kinder zur Welt gebracht hatten. Gleichzeitig sah sie Stürme, Hochwasser und andere

Naturkatastrophen, nach denen trotz allem immer wieder neues Leben entstand. Länder bekamen neue Nährstoffe durch das Wasser und blühten schöner als je zuvor.
All das half der Ururgroßmutter von Ines ein bisschen. Gleichzeitig zeigte sich aber ein Zögern in ihrem Vertrauen der männlichen Kraft gegenüber. Vater Himmel übernahm den Flug und führte sie zu vielen Männern in der Geschichte, die nicht der Kriegslogik ihrer Zeit gefolgt waren. Sie nährten ihre Familien, stützen die Frau und den weiblichen Weg. Die Ururgroßmutter verstand allmählich. Es brauchte einen Moment länger, bis sie sich in die Kette der Ahnen einreihte und ihren Platz einnahm. Die Energie der Vorfahren konnte wieder richtig fließen.
Was eigentlich »nur« eine Fantasiereise war, befreite doch einen Teil in Ines' Selbstempfinden. Sie öffnete sich ein Stück mehr für ihre weibliche Kraft und brachte diesen Impuls in ihr Leben ein.

Die Essenz aller Erfahrungen

Auf der zwischenmenschlichen Ebene sind die Beziehungen oft von niederen Emotionen und Erwartungen geprägt. Dabei wird jeder Mensch tief in sich von den gleichen Prinzipien bestimmt, die alle Menschen bewegen. Jeder möchte geliebt werden, jeder möchte zurück nach Hause zu einem Ort, an dem er in Frieden leben kann und geborgen ist. Da dies nicht immer möglich ist, hat er sich eine Situation geschaffen, die ihm erlaubt, weiterzuleben. Von da aus geht er seinen Weg und handelt danach.

Das heißt nicht, dass Sie jeden Weg unserer Mitmenschen oder Familienmitglieder gutheißen müssen. Vielleicht gelingt es Ihnen, den Punkt zu finden, an dem Sie Ihren Vorfahren nachfühlen können, dass auch sie nur auf der Suche nach Liebe gewesen sind. Leider merken Menschen gar nicht, dass sie auf ihrem Weg die Grenzen ihrer Umgebung bei ihrer Selbstsuche überschreiten.

Jeder Ihrer Ahnen hat spätestens mit dem Ende seines Lebens eine Rückschau auf seinen Weg erfahren. Dabei durfte er sehen, was die Essenz seines Lebens war. Damit fällt ein Großteil der niederen Erwartungshaltungen und gesellschaftlichen Konventionen ab, die im irdischen Leben eine Rolle spielten. Die Menschheit als Ganzes bewegt sich ständig weiter und damit auch das

Bewusstsein unserer Ahnen, die immer noch bei uns sind. Manchmal bedarf es dann nur eines kleinen Schrittes, die Erkenntnisse, die ein Vorfahr für sich gewonnen hat, auch in Ihr System zu holen. Gleichzeitig sehen manche heutigen Probleme aus der gelebten Erfahrung der Vergangenheit heraus ganz anders aus.

Eine Frau, die ein ordentliches, bescheidenes Leben führt und sich Vorwürfe macht, dass sie es nicht schafft, ihrem Kind genug zu bieten, wird höchstwahrscheinlich von den Ahnen keine Vorwürfe empfangen. Aufgrund der Lebenserfahrung lässt sich eher sagen, dass das Leben nicht einfach war, aber jeder seinen Weg gefunden hat und alle Ahnen stolz darauf sind, wie sie ihren Weg geht. Nur die Liebe existiert und ist wichtig.

Meditation: Reise zu den Ahnen

Die folgende Meditation können Sie unter *www.beutel.momanda.de* herunterladen. Sie können sich die Meditation auch von einem Freund oder Ihrem Partner vorlesen lassen.

Suchen Sie sich einen ruhigen Ort und nehmen Sie sich genügend Zeit, um sich auf den Weg zu machen. Am besten reservieren Sie einen Abend für die Begegnung mit Ihren Ahnen. Legen Sie etwas zu schreiben bereit, damit Sie Ihre Eindrücke und Gefühle festhalten können.

Seien Sie achtsam mit allen Themen, die erscheinen. Es kann sein, dass Sie sehr emotional reagieren, wenn Ihnen bisher unbekannte Informationen über Ihre Verwandtschaft und Ihr Inneres bewusst werden. Tun Sie sich selbst etwas Gutes und geben Sie sich Zeit, das Erlebte zu reflektieren.

> Die geführten Meditationen sind unter www.beutel.momanda.de erhältlich.

Willkommen zu einer Reise zu den Ahnen

Du begibst dich wieder an einen Ort, an dem du meditieren kannst, und setzt dich aufrecht und bequem hin. Dein Atem kann frei fließen.

Schließe deine Augen und richte deine Aufmerksamkeit nach innen. Du spürst, wie dein Atem kommt und geht und wie du mit jedem Ausatmen mehr und mehr loslässt. Du lässt den Alltag hinter dir und kommst ganz im Hier und Jetzt an. Du spürst, dass du mit deinem Körper, deinem Emotionalkörper und deinem Mentalkörper da bist. Alle sind präsent, und alles ist klar und aufeinander abgestimmt.

Du spürst dein Energiefeld und die Energieröhre, die durch dich hindurchgeht. Sie verbindet dich nach unten mit der Erde und nach oben mit dem Kosmos. Du fühlst, wie du hier sitzt, und spürst die Punkte, durch die du Kontakt mit dem Boden hast, deine Füße, Beine oder dein Gesäß – alles, was dich mit der Erde verbindet.

Stell dir vor, du bist an einem Ort in der Natur, der für dich besonders schön ist, ein Ort, von dem du sagen kannst: »*Hier bin ich zu Hause, hier geht mein Herz auf.*« *Du machst es so lebendig wie möglich, du siehst, spürst und fühlst diesen Ort. Du atmest die frische Luft, spürst den Windhauch auf der Haut, die Sonnenstrahlen, und du hörst die Vögel zwitschern. Du spürst, wie du sitzt, nimmst den Ort wahr und den Bereich, an dem das Herz liegt. Du fühlst, wie dein Herz warm wird, weit und weich und sich öffnet. Du liebst diesen Ort, weil er da ist, weil du zu ihm kommen kannst. Du liebst seine Schönheit, Frische und Klarheit. Du lässt deine Liebe sich ausbreiten, spürst sie in deinem Körper und spürst sie in der Landschaft. Je weiter dein Herz wird, desto mehr lebst du. Du umarmst den ganzen Kontinent mit deiner Liebe. Du umarmst den ganzen Planeten, die Erde, diesen Planeten, der dir das Leben geschenkt hat, der dich trägt und nährt und der dir jeden Tag neues Leben gibt. Du fühlst die Liebe in deinem Herzen, die du empfindest für Mutter Erde und für diesen Planeten. Diese wunderbare Murmel im All.*

Stell dir vor, du hast die Möglichkeit, Mutter Erde ein Geschenk zu machen. Du formst in deinem Herzen eine Kugel aus goldenem

Licht und füllst deine Liebe in sie hinein, deine Dankbarkeit und dein Vertrauen. Alles, was du ihr geben möchtest. Dabei spürst du diese Liebe und das Geschenk, das du für sie hast. Du nimmst einen tiefen Atemzug und lässt die Kugel beim Ausatmen entlang der Pranaröhre nach unten gleiten, in die Erde hinein, immer tiefer und tiefer, bis zum Herzen von Mutter Erde.
Du spürst die Energie, die nach oben steigt, die Antwort, die Mutter Erde dir sendet. Du empfängst in deinem Herzen ihre Liebe, ihr Vertrauen und ihre Zuneigung zu dir. Du fühlst und spürst, wie dies in deinem Herzen ankommt und sich von dort ausbreitet in deinem ganzen Körper, in jede Zelle, in jede Faser hinein. Du bist ganz eins mit der Erde und spürst ihre Liebe und die Geborgenheit, die du dabei erfährst.
Gleichzeitig erinnerst du dich an den schönsten Sternenhimmel, den du je gesehen hast, an die Bilder des Kosmos, die dich an die Welt draußen erinnern, an den männlichen Aspekt des Universums. Du fühlst auch deine Verbindung nach oben, die Verbindung zu Vater Himmel. Du fühlst in deinem Herzen die Liebe und die Sehnsucht nach den Sternen, die Liebe zu den fernen Galaxien und fremden Welten. Du spürst Teile in dir, die von den Sternen kommen, die in einem Stern gelebt haben und die noch immer funkeln in dir, sodass du ein Kind des Kosmos und ein Kind der Erde bist.
Du formst wieder eine goldene Kugel in deinem Herzen, die du Vater Himmel überreichen möchtest. Eine Gabe, in die du all das hineinpackst, was du dem kosmischen Aspekt schon immer sagen wolltest: Dankbarkeit, Liebe und Verbundenheit. Du fühlst sie in deinem Herzen und nimmst einen tiefen Atemzug. Beim Ausatmen schickst du die Liebe nach oben in den Kosmos hinaus, ins Gitternetz, zur Sonne oder zum Zentrum der Galaxie. Unmittelbar darauf spürst du, wie von oben eine Antwort kommt, wie die Liebe von Vater Himmel in dich hineinströmt und dein Herz erreicht, sich ausbreitet und deinen ganzen Körper mit kosmischer Liebe füllt. Und wieder spürst du einen Moment, an dem du ganz eins bist mit dem Kosmos. Du erinnerst dich daran, dass du in beiden Welten lebst.
Du öffnest bewusst die Tore und lädst Mutter Erde und Vater Himmel ein, in diesem Moment in dir zusammenzukommen. Mit der

Öffnung spürst du, wie die Energie von oben und unten in dich hineinströmt, wie beide in deinem Herzen zusammenkommen und zu einer Liebe werden, zu einem Licht der Einheit, das dein Herz erfüllt und es überfließen lässt. Es füllt deinen Brustraum und deinen Körper aus, und es beginnt darüber hinaus zu strahlen. Jede Pore beginnt zu leuchten. Der Raum, das Haus, die Straße und die Stadt werden mit Licht gefüllt und darüber hinaus das ganze Land, der Kontinent, der Planet, das Sonnensystem, die Galaxie, immer weiter und immer schneller. Über alle sichtbaren und unsichtbaren Ebenen hinweg wird alles von der Liebe aus deinem Herzen durchwebt, bis es nichts mehr gibt, was außerhalb dieser Liebe ist, und du vollkommen im Einklang mit dem Universum schwingst. Du atmest und wirst geatmet. Du liebst und wirst geliebt.

Du fühlst, wie Vater Himmel und Mutter Erde bei dir stehen, Vater Himmel rechts von dir, Mutter Erde links von dir, deine kosmischen Eltern und du als ihr Kind, wie eine heilige Familie. Du spürst ihre Liebe und die Liebe dieser Familie, die Geborgenheit und die Wahrheit, die darin liegen. Und obwohl du das Kind bist, fühlst du die Liebe gleichwertig. Du liebst Mutter Erde, und Mutter Erde liebt dich. Du liebst Vater Himmel, und Vater Himmel liebt dich. Und Mutter Erde liebt Vater Himmel, und Vater Himmel liebt Mutter Erde. Alle drei Seiten spielen zusammen, fließen und sind präsent.

In dieser Liebe kannst du baden, dich geborgen fühlen und alles fallen lassen, alle menschlichen Konzepte von Liebe und von Familie. Du kannst beginnen, dich selbst zu lieben und dich so anzunehmen, wie du bist. Du kannst dich in den Arm nehmen, dir vergeben und dich selber ins Herz schließen. Spür einen Moment, wie es ist, in dieser Energie zu leben und jeden Augenblick geliebt zu sein. Spür die Gegenwart von Vater Himmel und Mutter Erde, wie sie bei dir sind und dich auf deiner Reise begleiten.

Gemeinsam fliegt ihr los über Täler, Wälder und Berge an einen Ort in deiner Landschaft, den nur du kennst und der dir vertraut ist. Während du ankommst, siehst du eine große Menschenmenge dort stehen, die nur auf dich zu warten scheint. Mutter Erde und Vater Himmel sind bei dir, sie bestärken, unterstützen und lieben dich. Du landest in der Mitte, siehst all die Menschen um dich herum und spürst, dass sie nur für dich da sind, für eine Feier, ein

großes Fest, das heute nur für dich gefeiert wird, um dir all das zurückzugeben, was über Jahrhunderte verloren gegangen ist. All die Menschen sind gekommen, um dich zu feiern. Es sind Ahnen von dir, Menschen, die auf deinem Weg vor dir gegangen sind und die zu deinem Leben gehören. Spüre ihre Gesamtheit, spüre ihre Kraft und Lebenserfahrung, all die positiven Seiten, die sie dir mitgeben können, die ihr Leben ausmachen und die die Essenz ihres Leben sind.
Stell dir sieben Generationen vor, die vor dir gelebt haben. Lass dir zeigen, wer die siebte Generation ist: 64 Männer und 64 Frauen, die du nicht zählen musst. Vielleicht siehst du auch nur einen Mann oder eine Frau, die sie repräsentieren.
Sieh, wie Mutter Erde hinzukommt und Verbindung aufnimmt mit allen Frauen dieser Generation. Spüre und fühle, wie alle Frauen ein Geschenk bekommen von der Erde, ein Symbol für die weibliche Kraft, ein Symbol, das die Frauen befreit und sie ihre Kraft spüren lässt, damit sie sich wieder als freie Frau wahrnehmen können, die in ihrer eigenen Kraft steht. Sieh, wie die Frauen dieser Generation dieses Geschenk annehmen, wertschätzen und wissen, welchen Schatz sie haben.
Gleichzeitig siehst du, wie Vater Himmel sich mit den Männern verbindet und den Männern ein Geschenk der männlichen Kraft gibt, ein Symbol, das die starke Männlichkeit und die starke Kraft der Männer symbolisiert, etwas, was den Männern die Freiheit zurückbringt. Sieh, wie Vater Himmel und Mutter Erde die einzelnen Generationen begleiten und immer da sind. Die Männer können die männliche Energie annehmen und die Frauen die weibliche Energie.
Du siehst, wie alle sich herumdrehen und die siebte Generation das Wissen und die Kraft weitergibt an die Frauen und Männer der sechsten Generation. Die Männer nehmen die männliche und die Frauen die weibliche Kraft an. Wenn es irgendwo etwas gibt, ein Ungleichgewicht oder eine Stauung, kannst du Vater Himmel oder Mutter Erde hinzunehmen und mit ihrer Hilfe den Ausgleich entstehen lassen. Manchmal möchte nur etwas gefühlt werden, und die Energien lassen sich wieder harmonisieren und verbinden. Die sechste Generation kann es annehmen, tragen und halten. Voller Stolz leben sie diese Kraft.

Sie drehen sich herum und geben ihre Kraft weiter an die fünfte Generation. Mit jeder Stufe, die Ihnen näher kommt, werden es weniger Ahnen. Gleichzeitig summiert sich die Kraft der Ahnen der Generationen davor, die zu ihnen strömt.
Die fünfte Generation kann es empfangen, aufnehmen und spüren: die Männer die männliche und die Frauen die weibliche Kraft. Du kannst schauen, dass die Energie fließt, dass sie genommen und gehalten werden kann. Die fünfte Generation dreht sich zu ihren eigenen Kindern herum und gibt die Kraft an die vierte Generation weiter. Es sind acht Männer und acht Frauen. Du spürst, wie die Kraft stärker wird und näher kommt. Dabei fühlst du, wie die vierte Generation diese Energie nehmen kann, sie hält und wie sie aus ihrer eigenen Kraft lebt. Du siehst, wie die vierte Ebene sich herumdreht und die Energie an ihre Kinder weitergibt, an die dritte Generation, deine Urgroßeltern. Und auch sie können diese Kraft empfangen: die Frauen die weibliche, die Männer die männliche Energie. Sie ehren und halten diese Energie. Auch hier kannst du schauen, ob es ein Ungleichgewicht gibt, und Vater Himmel und Mutter Erde hinzubitten, damit sie für Ausgleich sorgen, für Balance und Reinigung.
Wenn das geschehen ist, kann sich die dritte Generation ihren eigenen Kindern zuwenden, deinen Großeltern. Zwei Männer und zwei Frauen sind es auf dieser Ebene, welche die männliche Energie und die weibliche Energie empfangen. Und alle Ungleichgewichte und alles Ungesagte, was in früheren Generationen verborgen ist, kann sich nun auflösen. Mutter Erde und Vater Himmel sind dabei. Was unausgesprochen ist, kann plötzlich gesagt, gefühlt und angenommen werden. Es fließt Vergebung zwischen allen Generationen. Alles gleicht sich aus, sodass nur noch reine Liebe hindurchfließt durch dieses Muster. Die Kraft der Männer fließt zusammen in deinem Vater, und die Kraft der Frauen fließt zusammen in deiner Mutter, und alle bereiten sich vor auf den Höhepunkt dieses Festes.
Alle Ahnen, deine Lehrer und alle, die eine Bedeutung in deinem Leben haben, sind anwesend. Deine Großeltern können diese Energie tragen und weitergeben. Sie halten diese Kraft und ehren sie. Sie bereiten sich darauf vor, sie an deine Eltern weiterzugeben. Sie drehen sich herum, und deine Eltern, die sich noch nicht be-

gegnet sind, nehmen sie in Empfang. Sie stehen sich gegenüber und bereiten sich darauf vor, zusammenzukommen.
Du spürst die Besonderheit dieses Momentes, die Würde, die darin liegt, und das Besondere, das Heilige. Dein Vater und deine Mutter begegnen sich noch einmal neu. Vater Himmel und Mutter Erde sind dabei und geben ihren Segen dazu, als würden sie noch einmal Hochzeit feiern und sich vereinigen. Es ist die erste Begegnung der beiden.
In diesem Tanz, diesem Fest tritt nun deine Großmutter mütterlicherseits hinzu. Sie hat etwas Besonderes für deine Mutter dabei, eine Eizelle, die das ganze Leben deiner Mutter mitgelebt hat. Dein Großvater väterlicherseits gibt ein besonderes Geschenk an deinen Vater: die Essenz der männlichen Kraft.
Und dann ist es so weit. Deine Eltern kommen noch einmal zusammen. Die erste Eizelle, die deine Großmutter deiner Mutter gegeben hat, kommt zusammen mit dem Geschenk der männlichen Kraft und vereinigt sich zu der ersten Zelle, aus der du entstanden bist. Egal, aus welcher Konstellation heraus du gestartet bist, es gab mindestens einen Moment der Liebe, einen Funken, denn sonst hätten die Eizelle und das Spermium nie zusammenkommen können. Wenn Vater Himmel und Mutter Erde ihren Segen nicht gegeben hätten, wärst du nie entstanden.
Jenseits aller menschlichen Erfahrungen spürst du die Wahrheit darin und spürst, wie Vater Himmel und Mutter Erde dabei sind und symbolisch ihre Liebe einbringen. Vater Himmel und Mutter Erde durch deinen Vater und deine Mutter, in dem Moment, als beide zu deiner Zeugung zusammengekommen sind. Freudig schaust du zu.
Du spürst in dir die Vorfreude und Neugier auf das Leben und kannst dich noch einmal entscheiden, Ja *zu sagen zu diesem Leben, ganz gleich, was du erfahren hast. Jetzt beginnst du noch einmal. Und diesmal hast du mehr Erfahrung, und du freust dich darauf, sie einzubringen.*
Du spürst, wie es dich mitnimmt. Wie dein Vater und deine Mutter sich vereinigen und wie du hinzukommst, dich mit deiner Energie hineingibst und wie damit der Keim vollständig ist, der die erste Eizelle lebendig werden lässt. Du siehst, wie du eingehst in den Schoß deiner Mutter. Diese Zelle sprüht vor Lebensfreude. Und du

siehst, spürst und fühlst, wie du dabei bist, wenn die Zelle sich teilt. Erst in zwei Zellen, dann in vier, in acht Zellen, immer mehr und immer schneller. Du fühlst, wie dein kleiner Körper sich neu formt. Du bist die ganze Zeit mit all deiner Lebensfreude im Mutterleib dabei, beseelt von dem Willen, lebendig zu werden. Bis du zu dem Moment deiner Geburt gewachsen bist, an dem du noch einmal dieses Tor durchschreitest, aus der Gebärmutter hinaus ins Leben.

Du betrittst diese Welt von Neuem und wirst von Eltern und Ahnen empfangen, die dich lieben und sich von ganzem Herzen ehrlich auf dich freuen. Sie lieben dich vorbehaltlos. Du spürst die Liebe und die Heiligkeit dieses Momentes und siehst, spürst, fühlst, wie du als Kind wächst, dich weiterentwickelst und alle Phasen deines Lebens noch einmal durchlebst: Kindheit, Pubertät, Erwachsenwerden und Erwachsensein bis zum heutigen Tag. Gleichzeitig spürst du in deinem Körper, wie dieses Kind in dir ist, sich ausbreitet und wie die Zellen ausschwärmen und allen anderen Zellen in deinem Körper ein neues Bild liefern: »*Wir werden geliebt, wir sind angenommen, und wir freuen uns auf dieses Leben!*«

Du kannst es in jeder Zelle deines Körpers fühlen, wie mehr und mehr die Kraft und die Liebe ankommen, wie sich dein Leben neu anfühlt in einem neuen Licht, in einer neuen Geborgenheit.

Während du immer noch spürst, wie deine Ahnen um dich versammelt sind und sich mit dir freuen, senden sie dir symbolisch ihre Liebe in diesen Körper, aus ihren Wegen, die sie gelebt haben. Es gibt nur Liebe, es gibt keine Erwartungen, es gibt nur eine herzliche Verbindung und ein Herz, das durch die ganze Familie hindurchfließt.

Du kannst sehen, wie Vater Himmel immer durch die männlichen Ahnen und Mutter Erde durch die Frauen deiner Ahnenreihe gesprochen haben, wie diese Liebe bei dir ankommt und wie sie von jetzt an immer Teil deines Lebens ist.

Während du diese Energie spürst, merkst du, wie der Kreis sich verändert. Er öffnet sich, und die Ahnen sortieren sich ein, sie stellen sich hinter dich: auf der linken Seite deine Mutter, auf der rechten dein Vater und dahinter alle Großmütter, Großväter, Urgroßmütter und Urgroßväter. Alle sieben Generationen sind bei dir und geben dir ihre Erfahrung und ihre Liebe mit auf deinen weiteren Weg.

Während der Kreis sich öffnet, entfaltet sich nach vorn eine neue

Landschaft, deine Zukunft, dein weiterer Weg mit all seinen Erfahrungen, die auf dich warten, Erfahrungen, denen du neu begegnest, in dem Wissen, geliebt zu werden und angenommen zu sein. Du bist ein Kind des Universums, das so, wie es ist, gut ist. Du genießt diese Perspektive, diesen Augenblick, diese Liebe. Lass dich feiern! Freu dich auf das Leben und schau nach vorn. Nimm dir ein bisschen Zeit und lass diese Energie in dir noch wirken, nachklingen. Spüre, wie sie in deinem Körper, in deinem Mentalkörper, deinem Emotionalkörper wirkt und in dein Energiefeld neue Lebenskraft bringt. Fühle, wie du berührt und davon bewegt wirst, nimmt dir etwas Zeit für dich, diese neue Erfahrung zu integrieren.

Nun ist es an der Zeit, zurückzukehren. Du spürst deinen Körper und die neue Kraft, dieses bedingungslose Ja zum Leben und die Kraft der Ahnen, die hinter dir stehen, die dich mitnehmen und begleiten. Du bringst diese Kraft langsam ins Hier und Jetzt, in deinen Körper, verbindest dich damit und achtest darauf, dass du ganz im Hier und Jetzt ankommst. Du verbindest dich mit deinen Armen und Beinen, mit deinen Sinnen und kehrst ganz hierher zurück. Du atmest wieder tiefer, bewegst dich, streckst dich und öffnest deine Augen, dann gehst du hinaus auf deinen neuen Weg, einen Weg der Liebe und Kraft, auf dem du aus vollem Herzen Ja zu dir sagst.

11 Abschluss

Wenn das Herz erwacht, ändert sich alles, und die Welt beginnt zu leuchten. Was sich anhört wie eine Floskel, ist eine Erfahrung, die immer wieder auftritt. Sobald das Herz wieder erwacht, übernimmt es die Führung, sendet Zuversicht aus, bringt Entspannung und Lebensfreude zurück. Gleichzeitig hilft das Herz, alte Themen endlich abzuschließen. Manches, womit der Kopf sich noch beschäftigen will, ist für das Herz nur Ballast. Es fühlt die ungelösten Emotionen und drängt darauf, sie endlich anzugehen und zu lösen. Mit jedem gelösten Thema wird das Herz freier und lebendiger.

Das erwachte Herz möchte nicht eingesperrt werden. Es »denkt« vollkommen anders als das Gehirn, das im Schädel sitzt. Während das eine nur das Trennende sieht und analysiert, fühlt das Herz das Verbindende in allem. Es sieht nur mit einem Auge. Es möchte leben und mit anderen Herzen zusammenkommen und sich verbinden.

Nun gilt es, das Herz wieder in Ihr Leben zu bringen. Ich habe versucht, Ihnen in diesem Buch ein paar Brücken nach innen zu bauen – zum einen, damit Sie Ihr Herz wieder finden, und zum anderen, damit Sie aus Ihrer inneren Weisheit schöpfen können. Vielleicht erscheint es am Anfang schmerzhaft, sich dem Herzen zuzuwenden. Aber das, was hinter dem Schmerz liegt, ist sehr viel größer und gesünder als alles, was Sie dafür loslassen müssen.

Die erste, wichtigste Erkenntnis auf dem Weg nach innen lautet, dass Sie alles in sich tragen. Sie haben Ihre Sinne und Ihre Tore, mit denen Sie die Welt wahrnehmen. Gleichzeitig sind diese Sinne auch Fühler, mit denen Sie Ihre Innenwelt erkunden können. Neben den Sinnen gibt es noch einen guten Freund zu entdecken: den Beobachter. Er begleitet Sie immer und hilft Ihnen, Ihre Aufmerksamkeit darauf zu legen, welche Prozesse in Ihnen gerade stattfinden.

Wir sind Meister der Selbsttäuschung. Um alle diese Themen nicht sehen zu müssen, bauen wir uns Umwege, erfinden Ausreden und verdrängen die wichtigsten Ereignisse. Während wir uns ihnen nähern, werfen sie uns alle möglichen Schutzmechanismen entgegen. Aber aus Sicht des Beobachters, der sich nicht hineinziehen lässt, ist diese Abwehr ein wunderbares Zeichen, auf dem richtigen Weg zu sein.

Wenn Sie den Weg nach innen gehen möchten, ist Meditation der effektivste Weg, dieses Ziel zu erreichen. Meditierend schauen Sie genauer nach, was in Ihnen vor sich geht. Indem Sie dabei auf alle Körper achten, können Sie spüren, wie es dem physischen Körper dabei geht. Der Emotionalkörper spricht über seine Gefühle. Der Mentalkörper zeigt mit Bildern an, was in ihm liegt. Alle zusammen ergeben ein Gesamtbild, wo die Ursache liegt. Wenn Sie sich nicht von den Geschichten des Verstandes lenken lassen, sondern der Energie folgen, entdecken Sie auch die Ursache dafür.

In Ihrem Herzen finden Sie den treuesten Begleiter Ihres Lebens. Sie können es zu jeder Zeit besuchen und seinen Raum erfahren.

Das Herz kann Sie mit Erinnerungen überraschen, an die Sie schon lang nicht mehr gedacht haben. Es kann Ihnen aber auch das Gefühl in Erinnerung rufen, wie es ist, wenn es zu Ihnen spricht. Mit diesem Gefühl wird das Herz vom Begleiter zum weisen Ratgeber, der Ihnen auf Ihrem Weg hilft und Sie berät.

Der *Einheitsatem* dient als ein Hilfsmittel, sich an den Energiefluss des Kosmos anzuschließen. Mit ihm haben Sie die erste Voraussetzung, das Herz wieder bewusst zu erfahren. Wenn sich das Herz ausdehnt, verbindet es sich noch mit zwei weiteren Bereichen: Das innere Kind ist der Verwalter der Erinnerungen und der Gefühle. Es möchte geliebt und geachtet werden und bringt dafür die Kreativität und die Neugier mit. Mit seiner Hilfe finden Sie wieder Anschluss an Ihren Lebenstraum, mit dem Sie hierher gekommen sind. Das innere Kind öffnet aber auch den Weg zum Unterbewusstsein der ganzen Welt. Es kennt alles auf der Erde und im Bewusstsein der Menschen. Es kennt den Weg zum höheren Selbst, zum Kondor, der über Ihnen fliegt und die großen Pfade Ihres Lebens sehen kann.

Nun liegt es an Ihnen, genauer hinzuschauen. Hören Sie auf Ihr Herz und bringen Sie Ihr Licht wieder in die Welt. Jeder von uns wird mit einem Sinn und einer Aufgabe geboren. Wenn Sie diesem Traum folgen, ist es unausweichlich, dass Sie glücklich werden. Nicht aufgrund äußerer Umstände, sondern aus sich selbst heraus. Den Weg des Herzens zu gehen heißt, seine eigene Quelle zu entdecken. Aber welche Reise ist lohnenswerter als jene, auf der wir wieder unseren Ursprung finden? Es gibt nur einen Weg nach Hause, und das ist der Weg in Ihr Herz, das erwacht.

Stichwortverzeichnis

Atem	19, 35, 111, 113, 121ff., 131–135, 138, 142f., 146, 149, 152, 158, 161, 163–167, 169, 174f., 177f., 180, 182, 195, 221, 236
Beobachter	23, 28, 35, 79, 88ff., 96f., 108, 113, 126, 131, 145, 156, 235
Dreieck	13, 118, 182
Dualität	29, 31, 40f., 46f.
Element	17, 32, 50, 117f., 145, 166
Energiefeld	41f., 60, 147f., 150, 153, 201, 219, 226
Erde	11, 19, 27, 37, 39, 42f., 50, 54, 65, 90, 106, 109f., 117f., 123ff., 129, 137, 142–145, 147ff., 157, 164–170, 175, 177–182, 185, 191ff., 195, 199, 200ff., 205, 219, 221ff., 226–232, 236
Gefühl	37f., 42, 44, 58f., 64f., 67, 70, 74f., 77f., 81, 84, 88f., 95, 101, 106, 115, 119, 121, 127, 129f., 134, 136, 143f., 152–155, 158, 167f., 170, 175, 177–180, 187–191, 194, 196, 198, 201f., 206ff., 221, 223, 225, 235f.
Gehirn	15, 40–44, 60, 62, 65, 91, 100, 113, 126, 128, 151ff., 163, 175, 234
Gehirnhälfte	41f., 46f., 101, 113ff., 140
Heilige Geometrie	10, 13f., 43–48, 51, 118
Kommunikation	9, 86, 129, 149, 152, 165, 192
Kreis	13f., 16ff., 20f., 25, 29f., 33, 46f., 53, 80, 83, 98, 136, 148, 195, 212, 232
Liebe	31, 33, 60, 70, 101f., 109, 117, 120, 122, 135f., 150, 153, 159–162, 167–170, 175, 177, 179–182, 197, 200, 202–205, 219, 221, 223–228, 230 – 233
Musik	45, 69, 97, 119, 132, 140f., 143, 153, 210
Natur	27, 64, 74, 80, 112, 115, 117, 120, 125, 129, 141–147, 163, 165f., 179, 181, 192, 209f., 216, 219, 226
Nerven	15, 41, 67, 97, 152, 159, 165
Organe	17, 40, 50, 52, 150, 152f., 156f., 159, 161
Quelle	11f., 21, 26f., 39, 77, 91, 103, 124, 126, 165, 236
Raum	21, 26, 42, 45, 49, 66, 70, 77, 81, 84, 97, 104f., 117, 133f., 140, 146, 149, 153, 155, 159, 170, 178f., 181, 191, 205, 207, 228, 235
Ruhe	12, 29, 36, 61, 64, 76f., 95, 108, 121, 131, 138, 145f., 158, 170, 193, 199
Sonnensystem	17, 52, 150, 181, 228
Stille	104, 131, 140, 145
Tochter	18, 38, 70, 83, 217
Traum	79, 90, 96, 106f., 115, 194, 203f., 209f., 236
Trauma	68f., 71, 75ff., 132, 196, 222
Wahrnehmung	9, 11, 18–25, 27, 44, 57, 72, 81, 83, 86–92, 94ff., 98ff., 102, 104, 108, 112f., 128f., 137, 139, 143ff., 156, 159, 169, 178
Yin und Yang	29f., 33, 46

Literatur

Allgemein:

- *Beutel, Andreas:* Die Blume des Lebens in dir. KOHA 2012

Zu Kapitel 8

- *Melchizedek, Drunvalo:* Aus dem Herzen leben. Verständigung ohne Worte, Schöpfung jenseits der Polarität. KOHA 2004

Zu Kapitel 9 und 10

- *Bass, Ellen/Davis, Laura:* Trotz allem. Wege zur Selbstheilung für Frauen, die sexuelle Gewalt erfahren haben. Orlanda 2001

- *Bode, Sabine:* Die vergessene Generation. Die Kriegskinder brechen ihr Schweigen. Klett-Cotta 2014

- *Bode, Sabine:* Kriegsenkel. Die Erben der vergessenen Generation. Klett-Cotta 2014

- *Brackmann, Andrea:* Jenseits der Norm – hochbegabt und hoch sensibel? Klett-Cotta/J.G. Cotta'sche Buchhandlung Nachflg. 2007

- *Forward, Susan:* Vergiftete Kindheit. Elterliche Macht und ihre Folgen. Goldmann 1993

- *Lew, Mike:* Als Junge mißbraucht. Kösel 2001

Der Autor

Andreas Beutel leitet in Dresden das Pythagoras Institut und führt mit seiner Arbeit viele Menschen zurück zu der Erinnerung an eine Einheit von allem Leben im ganzen Universum, die seit langer Zeit verloren scheint. Er ist Schüler von Drunvalo Melchizedek und forscht auf vielen Wegen, um den Weg wieder begehbar zu machen, der zur Einheit mit dem universellen Bewusstsein des Kosmos zurückführt.

Zur Heiligen Geometrie und Harmonik sind bereits zwei Bücher und zwei DVDs von ihm im KOHA Verlag erschienen.

Andreas Beutel hält regelmäßig Seminare und Vorträge zu den im Buch vorgestellten Themen.

Aktuelle Termine finden Sie unter:

www.pythagoras-institut.de

Bücher und DVDs von Andreas Beutel im KOHA-Verlag

112 Seiten • 978-3-86728-202-4   112 Seiten • 978-3-86728-203-1

Die Welt ist Illusion. Doch wie entsteht sie? Und was ist unser Platz darin? Kommen Sie mit auf eine Reise zur Heiligen Geometrie und lernen Sie die Matrix hinter unserer Welt kennen. Erfahren Sie alle mythischen Traditionen über die **Mer-Ka-Ba** als Thronwagen, himmlisches Pferd und geheimnisvolles Dimensionsfahrzeug. Entdecken Sie schließlich das größte Geheimnis aller Religionen, das in unserer Mitte verborgen ist: das Herz.

108 Min. • 978-3-86728-167-6   82 Min. • 978-3-86728-181-2

Die **Blume des Lebens** ist ein uraltes Symbol aus der heiligen Geometrie des Universums, die sich in der Formensprache der Natur vom kleinsten Atom über den Bau des Menschen bis hin zur größten Galaxie offenbart. Durch diese DVD-Präsentation werden Sie wieder eine tiefe Verbundenheit mit dem Universum spüren.